高等职业教育“十二五”规划教材
浙江省绍兴市重点教材

呼叫中心管理实务

主　编　张立平　樊扬祖
副主编　黄庆儿　王　姝　孙　莹
主　审　陈依群　李　谦

西安交通大学出版社
XI'AN JIAOTONG UNIVERSITY PRESS

内容简介

本教材从高职人才培养目标出发，力求向广大读者提供全面、系统的呼叫中心服务管理知识，充分体现“以职业能力为导向、以职业能力为核心”的指导思想，突显产学融合的特色。

本教材分为四大模块十七个项目。第一模块是走进呼叫中心，包括呼叫中心的基本知识、产生发展的历史、呼叫中心工作环境、岗位职责、服务行为规范等项目；第二模块是提升职业素质，包括呼叫中心发音发声、礼仪规范训练、倾听技巧、电话沟通技巧、客服代表情绪与压力管理等项目；第三模块是提高岗位技能，包括呼叫中心电话营销、客户回访与关怀、呼叫中心投诉处理等项目；第四模块是强化团队管理，包括业务流程管理、排班与调度、质量监控与培训、绩效考核、团队建设与人员激励等项目。

本教材力求做到学以致用，达到可操作性强的目标，可作为高职以上院校的相关专业教材，也可供从事相关职业的工作人员参考使用。

图书在版编目(CIP)数据

呼叫中心管理实务/张立平，樊扬祖主编．—西安：西安交通大学出版社，2014.11
ISBN 978-7-5605-6825-6

Ⅰ.①呼… Ⅱ.①张… ②樊… Ⅲ.①呼叫中心-企业管理-职业培训-教材 Ⅳ.①F626.3

中国版本图书馆 CIP 数据核字(2014)第 262897 号

书　　名　呼叫中心管理实务
主　　编　张立平　樊扬祖
策划编辑　张　梁
责任编辑　张　梁　雷萧屹

出版发行　西安交通大学出版社
（西安市兴庆南路 10 号　邮政编码 710049）
网　　址　http://www.xjtupress.com
电　　话　(029)82668357　82667874(发行中心)
(029)82668315　82669096(总编办)
传　　真　(029)82668280
印　　刷　西安建科印务有限责任公司

开　　本　787mm×1092mm　1/16　**印张** 14.625　**字数** 353 千字
版次印次　2015 年 1 月第 1 版　2015 年 1 月第 1 次印刷
书　　号　ISBN 978-7-5605-6825-6/F·474
定　　价　33.00 元

读者购书、书店添货、如发现印装质量问题，请与本社发行中心联系、调换。
订购热线：(029)82665248　(029)82665249
投稿热线：(029)82669097　QQ:8377981
读者信箱：lg_book@163.com

前 言

目前，我国呼叫服务产业正处于爆发性增长期，具有专业技能的人力资源供需矛盾突出，缺乏通用、规范、适应岗位实际的教学资源是重要的制约因素。呼叫服务行业具有人员密集、知识密集、技术密集的行业特点，对从业人员不仅要求具有高技能，而且要求具有高素质，对语言表达能力、人际沟通能力、应急反应能力和发声发音技巧等方面都有很高的要求。因此，根据呼叫服务企业需求设计有针对性的教学内容，编写工学结合的项目化教材具有迫切性。

本教材旨在体现高等职业教育的特色，在内容的编排上突出适用与实用的原则，以通信运营企业客户服务中心的呼叫服务为行业背景，确定教学目标，进行岗位能力分析与课程目标设计，较好地体现了服务职业的岗位要求和行业特点。可作为高职以上院校的相关专业教材，也可供从事相关职业的工作人员参考使用。

本教材由浙江邮电职业技术学院张立平、樊扬祖两位老师担任主编，黄庆儿、王姝、孙莹三位老师担任副主编。在编写本教材过程中，参考借鉴了相关呼叫中心的著作与教材，吸收了一些客户服务与呼叫中心研究的新成果，同时得到了浙江邮电职业技术学院、西安交通大学出版社、浙江电信客户中心等单位的大力支持与协助，在此特致真诚的谢意！

由于编者水平有限，书中难免有疏漏之处，恳请广大专家、学者和读者朋友批评指正。

编 者

2014 年 9 月

目　录

模块一　走进呼叫中心

项目一　初识呼叫中心

第一节　呼叫中心的基本概念

对于刚刚接触呼叫中心(Call Center)的人来说，一般常见的问题就是什么是呼叫中心？在我和朋友闲聊的时候，也总是有人问我什么是呼叫中心？而在我给他们照本宣科地讲解后，发现朋友似懂非懂的时候，我就赶忙再补充几个例子。我说比如你拿手机拨打10086，接电话的小姑娘使用的就是呼叫中心；你给银行打电话，查自己工资卡里的钱，播放语音的就是呼叫中心。这时候，提问题的人就会含笑领悟，原来每个人都是曾经跟呼叫中心打过交道，只不过他们并不知道什么是呼叫中心或者不知道这就是呼叫中心。目前有关呼叫中心的定义，不同的人从不同的角度有不同的版本，一般来讲，呼叫中心是一个基于CTI(Computer Telephony Integration)技术(见图1-1)，充分利用通信网和计算机网的多项功能集成，并与企业连为一体的一个完整的综合信息服务系统。通过呼叫中心，企业能够有效地为客户提供高质量、高效率、全方位的营销服务。

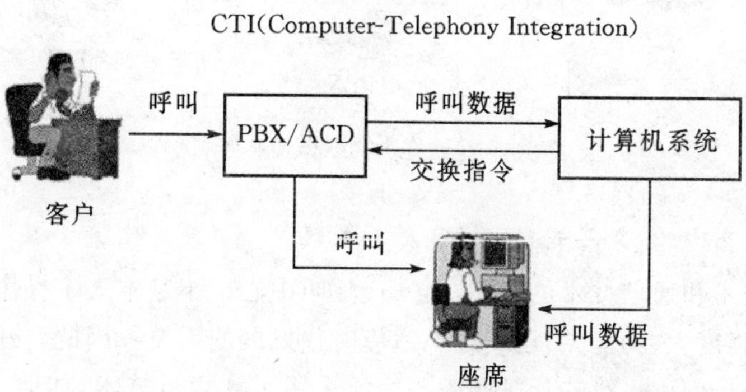

图1-1　呼叫中心关键技术

其实在日常生活中，我们总能感受到无处不在的呼叫服务，常常足不出门，通过电话就能购买想要的商品，享受所需的服务，非常方便快捷。呼叫中心也逐渐成为企业CRM(客户关系管理)的重要组成部分，是赢得客户，获得竞争优势的法宝。客户服务中心应用的领域非常广泛，任何需要语音、数据通信，特别是那些希望把计算机网与通信网结合起来完成语音数据信息交换的系统，都会用到呼叫中心。其中主要的行业有：电信运营商，电信增值业务服务商，服务行业(如大中型商场、连锁店、宾馆、酒店、娱乐公司、订票系统、拍卖公司、文化服务系统等)，公用/特种行业(如银行、保险、证券、铁路、公路、海运、航空、旅游、医院、学校、政府、邮政、急救中心、火警、防汛系统、气象中心等)。

第二节 呼叫中心的产生与发展

呼叫中心又叫客户服务中心(Customer Service Center),最早起源于20世纪30年代,是一些公司企业为用户服务而设立的。在80年代,欧美等国的电信企业、航空公司、商业银行等为了密切与用户联系,应用计算机的支持、利用电话作为与用户交互联系的媒体,设立了“呼叫中心”,也叫做“电话中心”,实际上就是为用户服务的“服务中心”。

一、呼叫中心技术发展历程

(一)第一代呼叫中心:人工热线电话系统

呼叫中心,早期是指一个由两人或更多人组成的、在一个特定地方用专用设备处理电话业务的小组。这些人就是通常所说的呼叫中心代理(人)。一个呼叫中心可以只提供信息接收服务,或者只提供信息发送服务,或者是一个混合式呼叫中心,其呼叫中心代理会负责所有这两项工作。

第一代呼叫中心硬件设备为普通电话机或小交换机(排队机),造价低、功能简单、自动化程度低,一般仅用于受理用户投诉、咨询,适合小企业或业务量小、用户要求不高的企业/单位使用。

人工热线电话系统见图1-2。

图1-2 人工热线电话系统

(二)第二代呼叫中心:交互式自动语音应答系统

随着计算机技术和通信技术的发展,第一代呼叫中心由于基本人工操作,对话务员的要求相当高,而且劳动强度大、功能差,已明显不适应时代发展的需要。因此,功能完善的第二代呼叫中心系统随即应运而生。第二代呼叫中心广泛采用了计算机技术,如通过局域网技术实现数据库数据共享;语音自动应答技术用于减轻话务员的劳动强度,减少出错率;采用自动呼叫分配器均衡座席话务量,降低呼损,提高客户的满意度等。

但第二代呼叫中心也存在一定的缺点:它需要采用专用的硬件平台与应用软件,还需要投入大量资金用于集成和客户个性化需求,灵活性差、升级不方便、风险较大、造价也较高。

交互式自动语言应答系统见图1-3。

(三)第三代呼叫中心:兼有自动语音和人工服务的客服系统

与第二代呼叫中心相比,第三代呼叫中心采用CTI技术实现了语音和数据同步。它主要采用软件来代替专用的硬件平台及个性化的软件,由于采用了标准化的通用的软件平台和通用的硬件平台,使得呼叫中心成为一个纯粹的数据网络。

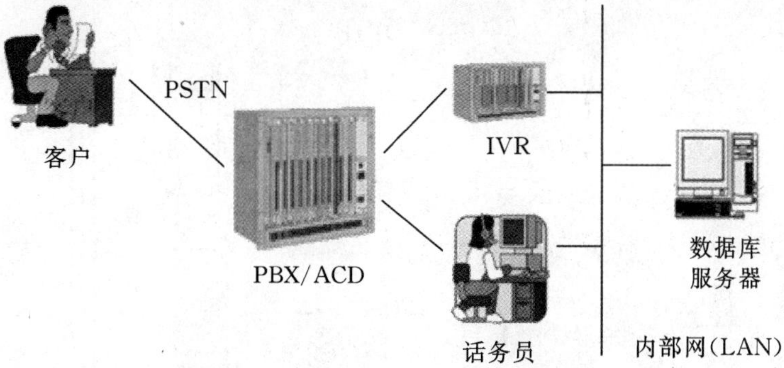

图 1-3　交互式自动语音应答系统

第三代呼叫中心采用通用软硬件平台，造价较低；随着软件价格的不断下调，可以不断增加新功能，特别是中间件的采用，使系统更加灵活，系统扩容升级方便；无论是企业内部的业务系统还是企业外部的客户管理系统，不同系统间的互通性都得到了加强；同时还支持虚拟呼叫中心功能（远程代理）。

兼有自动语音和人工服务的客服系统见图 1-4。

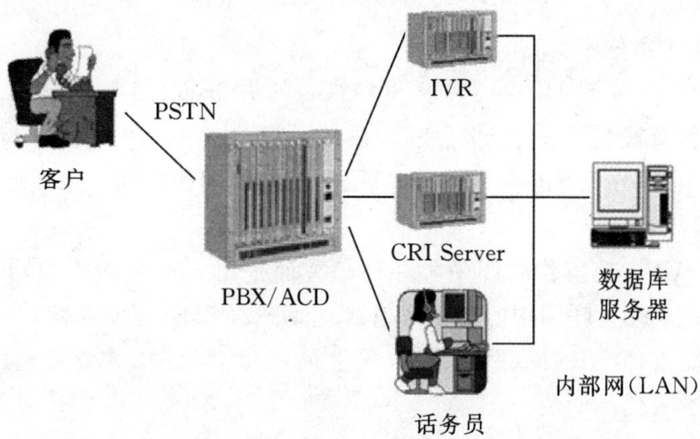

图 1-4　兼有自动语音和人工服务的客服系统

（四）第四代呼叫中心：网络多媒体客服中心

第四代呼叫中心具有接入和呼出方式多样化的特点，支持电话、VOIP（Voice Over IP，国际协议通话技术）电话、计算机、传真机、手机短信息、WAP、寻呼机、电子邮件等多种通信方式。能够将多种沟通方式格式互换，可实现文本到语音、语音到文本、Email 到语音、Email 到短消息、Email 到传真、传真到 Email、语音到 Email 等自由转换。

第四代呼叫中心引入了语音自动识别技术，可自动识别语音，并实现文本与语音自动双向转换，即可实现人与系统的自动交流。第四代呼叫中心是一种基于 WEB 的呼叫中心，能够实现 WEB Call、独立电话、文本交谈、非实时任务请求。

网络多媒体客服中心见图 1-5。

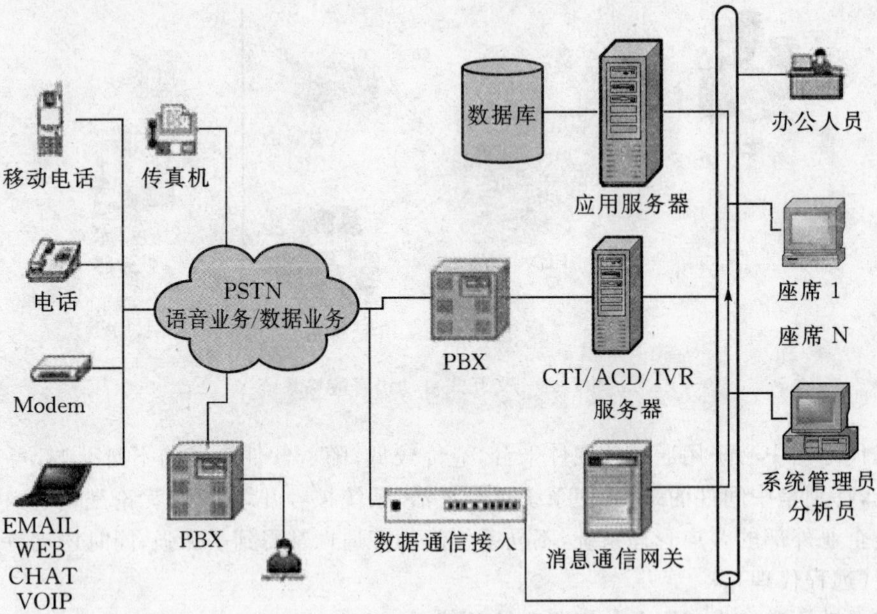

图 1-5 网络多媒体客服中心

(五)第五代呼叫中心

第五代呼叫中心是基于 UC 的、基于 SOA(Service Oriented Architecture 面向服务的体系结构)和实时服务总线技术的、具备 JIT(Just in Time)管理思想和作为全业务支撑平台(Totally Service Platform,TSP)的呼叫中心。因此,与第四代呼叫中心相比,第五代呼叫中心包含以下四个特性:

(1)通信,基于 UC。第五代呼叫中心在通信方面提出了更高的要求,允许客户以各种联络方式请求呼叫中心,并且呼叫中心能够和管理电话一样管理这些联络方式。这些联络方式包括:电话、传真、短信、电子邮件、网上音频、网上视频、文本交谈、文件传输、护航浏览、应用共享、桌面共享和电子白板。

(2)计算,基于 SOA 和实时服务总线技术。呼叫中心引入的软件系统越来越多,软件需求也在不断变化,因此第五代呼叫中心要求软件基于 SOA 技术,以满足系统之间的交互和不断变化的需求;同时,呼叫中心是典型的实时系统,要求系统之间的交互是实时的,而实时处理的需求也是不断变化的,因此必须也必然需要实时服务总线支撑。

(3)管理,具备 JIT 管理思想。准时化生产方式(Just in Time)是一种独具特色的现代化生产方式。准时化生产方式作为一种彻底追求生产过程合理性、高效性和灵活性的生产管理技术,已被应用于世界各国的许多行业和众多企业之中,其精髓在于持续改进。包括:"倒过来"的生产方式,杜绝一切形式的浪费,尊重人性和调动人的积极性,良好的外部协作关系。第五代呼叫中心在技术上需要对 JIT 管理思想提供有效的管理工具。

(4)业务,作为全业务支撑平台。第五代呼叫中心在业务模式上应该是一个全业务支撑平台:既可以应用于呼入,也可以应用于呼出;既可以应用于客户服务,也可以应用于电话营销;既可以应用于众多商业领域,也可以应用于 50 多个政务行业;既可以应用于自建呼叫中心,也可以应用于外包呼叫中心;既可以应用于大集中呼叫中心,也可以应用于分布式呼叫中心。

二、呼叫中心未来发展趋势

呼叫中心正在与一些最新技术融合，例如：IP，WAP，ASR（Automatic Speech Recognition，自动语言识别），DW（Data Warehouse，数据仓库）等。这些技术的“加盟”使未来的呼叫中心在性能、结构和应用等几个方面发生了质的飞跃，它可以完美地完成甚至超越目前的电子商务的各项功能，而成为未来电子商务的主体、平台、核心和灵魂。下面我们分别予以讨论。

1. 基于 Internet 网络的呼叫中心（ICC-Internet Call Center）

它不是简单的把互联网信息提供给呼叫中心，它是把呼叫中心与互联网集成为一体。用户可以从 WEB 站点直接进入呼叫中心，用点击按钮的方式实现与对方通话。当然远端可以用 IP 电话，也可做文本交互（如白板功能），自然一切 Internet 上的功能都可结合为一体共同使用，如 Email、IP 传真。由于 IP 电话、IP 传真、Email 的价格便宜，使得这种呼叫中心为大的跨国公司建立环球服务中心成为可能，用户不用 800 号也可全天候呼叫，企业减免了 800 号的电话费用负担。现在已有大公司试建立了环球呼叫中心而且一般选在第三世界低工资水平国家，企业可以把成本降到最低，而这些国家也可以获得更多的就业机会。前面已经论述过，在传统呼叫中心中，有的也引入了 IP 电话输入、Email 和建立了 WEB，但二者主要区别是与 Internet 网络。公共交换电话网络（Public Suritched Telephone Notwork，PSTN）和 CTI 技术以及各种软、硬件是否真正集成为一体。Internet 网络的引入使呼叫中心产主了革命性的变化，把 Internet 所具有的丰富的信息资源和强大的功能赋予呼叫中心。而 Internet 网络呼叫中心的核心是网络语音的传输，目前均采用 H. 323 标准。由于 H. 323 标准为 LAN、Intranet、Internet 上的语音、数字、多媒体通信提供了技术基础和保证，因此一切基于 Internet 网络的呼叫中心都用它作为集成的标准。目前国内正在开发 ICC 的公司尚不算多。北邮 CTI 研究开发中心正在开发 ICC，中兴的 AnyService 也属于这一类。

2. WAP 技术、ASR 技术与呼叫中心的结合

下面讨论的是基于 Internet 网络呼叫中心（ICC）的系统，也就是说这些技术将与 ICC 融合。

WAP 与 ICC 的融合：移动电话直接通过 PSTN 网可以访问 ICC。这与一般固定网电话接入呼叫中心并无区别。本文讨论的是 WAP 手机与 ICC 连接。基于 Internet 网络的呼叫中心，当然可以接受一切直接 IP 的接入，以便直接从呼叫中心中获得 WEB 中的丰富的文字和数字信息。这对于传统的 TACS，GSM，CDMA 手机来说是不可能的。为了实现移动手机（终端）能访问 Internet，人们联合开发了 WAP（Wireless Application Protocol，无线应用协议）：它针对移动通信网络的特点，对现有网络技术进行修改，并适当引用新技术，以实现 WAP 手机可直接访问呼叫中心的 Internet 网上的内容及其数据。由于网上内容丰富和基于 PC 机界面庞大而复杂，人们用 WML、XML 语言开发了一个 WAP 手机与 ICC 之间的“过滤器”或“压缩器”，把过于复杂的内容简化过滤，把主要的信息加以“提炼”、“压缩”，使其可在有限的手机屏幕上把主要的信息内容全部显示出来。这样作的目的是：把呼叫中心用户扩大到具有 WAP 手机的移动用户群（要知道这个用户群是最频繁访问 ICC 的用户，也属消费人群中的上层，他们花得起通话费和访问费），他们成为呼叫中心新的用户，使得 ICC 获得了更大访问量，使之业务收入大增。现在问题是可否用 WAP 手机即可直接访问 ICC 的文字、数据信息（也包括简单图形信息)，又能用语言听取 Email 和其他文字数据信息呢？答案是肯定的，目前自动语言识别(ASR)技术进步很快。它的一个研究分支叫做文字转换成语音(Text To Speech，TTS)。如果你正行驶在高速公路上，而又正在访问 ICC 的 Internet 文字信息，它可以很顺利地把文字转换成符合语言习惯的一段话来听。反过来，由于 ASR 技术的进步，您也可以用口述的方法，通过 ICC 的服务把一段话准确地译成文字(用 ASR 技术)用 Email 方式发出去，或传给呼叫中心的服务生。这些转换在国外已有不少公司作出了成果。以上讨论是把无线(移动)通信引入呼叫中心(WICC-Wireless Internet Call Center)。

3. DW 技术与 ICC 的融合

这是最近几年来发展起来的一种新的用于决策系统的技术，在国外很多规模较大的呼叫中心都引入了这一技术。它的主要功能是对用户的资料、市场的资料、业务、财务、成本、利润各项有关数据进行统计分析，最后可以获得非常有价值的结论，供公司领导者作公司营销、产品开发、竞争方式、方法等决策之用。目前国内有些大的呼叫中心，如广东电信、北京电信的呼叫中心都已经引入。采用它要投入大量的资金，但所获得信息的价值会远远超过付出。它是企业赢得未来的灵丹妙药，是值得的一种投资。有远见的企业家在建立呼叫中心时一定要把 DW 看成是 ICC 必不可少的一个部分，而且是非常重要的一部分。

4. 多媒体技术与 ICC 融合

目前，有些公司已提供了部分多媒体功能的呼叫中心，实事求是地说，这些中心还不是未来的功能强大而全面的多媒体呼叫中心。由于早期呼叫中心主要是基于 CTI 技术，其主要是语音与数据集成，所以引入视频部分早就为人们渴望。我在《CTI 世界》第一期曾写过，CTI 的未来发展必然是语音数据及视频信号的集成。由于人类接收信息的 70% 来自视频，因此呼叫中心引入视频技术，即采取多媒体技术将使呼叫中心在功能上有一个飞跃。当然要实现交互式视频通信，对用户端也提出了较高要求，即要有足够带宽的接入，至少目前国内大多数地区尚不具备。所以它仍属于未来的呼叫中心，但 ICC 已有丰富的视频图像信息。实现全面的媒体呼叫中心也是指日可待的事情。

通过上面的讨论，我们可以看出，如果把上述各项新的技术与呼叫中心融合，它再也不是一个传统概念上的呼叫中心了，在这里，它可以有线呼入、移动(无线)呼入、IP 呼入，由于 ASR、TTS 技术的采用，可以把语音信息自动变成文字、把文字可自动变成语音，完全看用户如何方便。所有信息可以自由往来于 PSTN 网、IP 网，所有的信息会自动记录下来，并不断积累改进，形成为用户提供个性化服务的基础。这些系统不仅可以提供信息服务，也可以完成电子交易(因为配有资金支付系统和货物派送系统)。大量的运行数据通过 DW 作出记录、统计、分析。领导者不断根据所获得的结果作出决策，改善服务，改善经营，使呼叫中心服务质量和利润双双上升。可以说，这样一个新的完整的呼叫中心已为电子商务构架了完美的模式，它肯定会成为电子商务的主题、平台、核心和灵魂。

第三节　呼叫中心的分类与功能

呼叫中心的分类大致有三种：按呼叫类型分类(服务型、营销型、综合型)；按呼叫中心的规模分类(大型、中型、小型)；按运营模式分类(外包型、托管型、自建型)；按硬件技术分类(数字交换机式呼叫中心、板卡式呼叫中心、一体机式呼叫中心)。

1. 按照呼叫类型分

按照呼叫类型分,呼叫中心主要分成三种类型:服务型呼叫中心、营销型呼叫中心和综合型呼叫中心 。

(1)服务型呼叫中心(见图 1-6):主要从事呼入业务,负责解答客户咨询,受理客户投诉,帮助用户解决疑难问题。它的营运可以为用户提供完善的售后服务,从侧面为企业树立良好的社会形象。具体的呼入服务包括:客户咨询服务、客户投诉受理、客户查询服务、在线业务受理等。

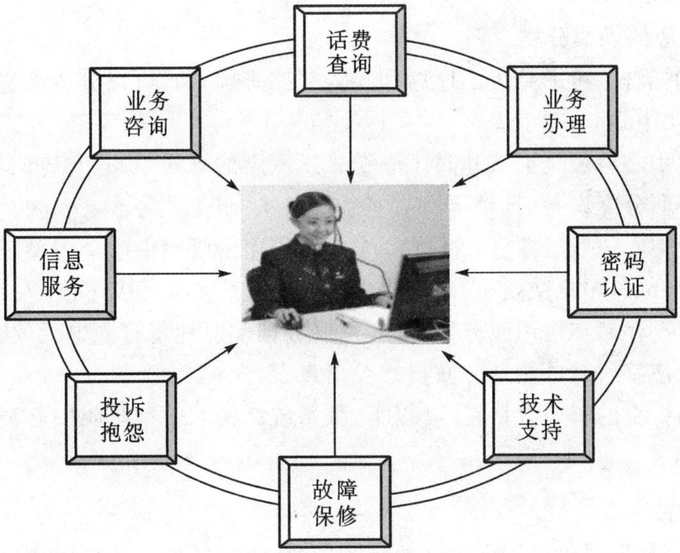

图 1-6　呼叫中心服务型

(2)营销型呼叫中心(见图 1-7):主要从事呼出业务,即将电话打出去,通过电话和用户进行联络,推销本企业产品,并将各类反馈信息详细存储于计算机中。通过这类呼叫中心的运

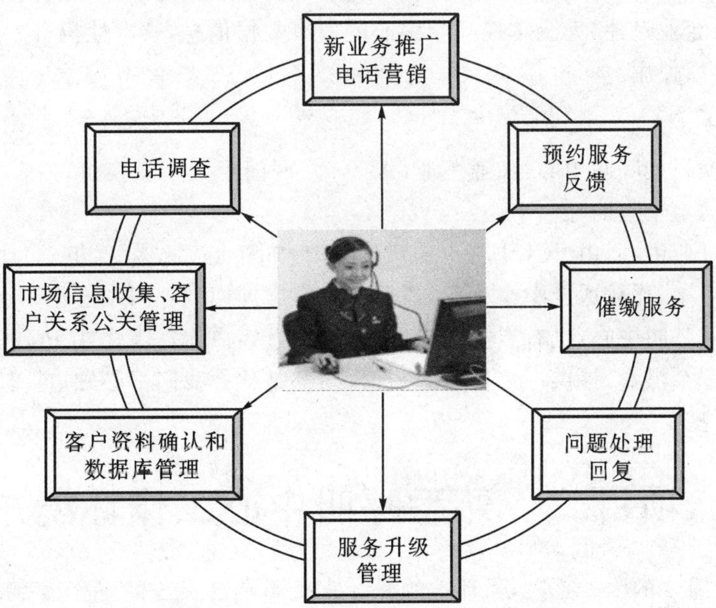

图 1-7　呼叫中心营销型

营,可以为企业创造直接的经济效益,但同时要求座席人员具有较高的专业水平和营销技巧。具体的呼出服务包括:客户回访、客户关怀、电话调研、电话营销、市场推广、产品促销、催缴欠费等。

(3)综合型呼叫中心:是一个较为完善的客户服务中心,呼入与呼出并存,在为客户提供最优售后服务的同时,积极地寻找客户和挽留客户,根据客户需求设计本企业客户服务中心的业务,为用户提供大量准确、及时的信息服务并收取相应的费用,通过它的有效营运可以促进企业整体经营水平的提高和经营利润的实现。

2. 按呼叫中心的规模分类

按呼叫中心的规模(考虑到人工座席和接入线路等因素),可以分成大型呼叫中心、中型呼叫中心和小型呼叫中心。

(1)大型呼叫中心一般是拥有超过100个人工座席的呼叫中心,它应该具备足够容量的大型交换机、自动呼叫分配设备、自动语音应答系统、CTI服务器等。

(2)中型呼叫中心一般是拥有50～100个人工座席的呼叫中心。中型呼叫中心PBX(Private Branch Exchange,用户交换机)与CTI服务器、人工座席直接连接,人工座席又与应用服务器连接,客户资料存储在应用服务器里,应用服务器实时地将打入电话的客户资料自动在计算机屏幕上弹出,使座席人员能及时获得相关信息。

(3)小型呼叫中心的座席数目在50以下,其系统结构与中型呼叫中心类似,不过在数量上相应减少。

3. 按运营模式分类

(1)外包型:由某公司建立一个大型的呼叫中心,再租赁给其他公司使用,包括租赁号码线路、软件、设备及租赁座席,座席集中固定在某处。

(2)托管型:由服务商提供呼叫中心系统,再租赁给其他公司使用,包括租赁号码线路、软件、设备,但座席还是由各个公司在各自的办公室使用,一般是通过互联网使用。

(3)自建型:企业自建,完全掌控呼叫中心的所有数据信息,一次性投资。这种模式为绝大多数大中型企业所使用。

4. 按硬件技术分类

(1)数字交换机式呼叫中心:如亚美亚(Avaya)、西门子大型交换机,适合大型的呼叫中心应用,如移动公司上千人的呼叫中心。

(2)板卡式呼叫中心:由PCI语音卡＋PC机＋呼叫中心系统软件组合。特点:扩容方便,使用灵活,价格适中,比较适合中小企业,搭建200座席规模的呼叫中心也不在话下。

(3)一体机式呼叫中心:也有点类似于板卡式,不过客户无需考虑买PC机,类似于一个整体,可以想象成一个黑盒,提供一个打包的东西,内部是什么我们不必知道。使用方便了些,但似乎扩展性差了些。

项目二　熟悉呼叫中心工作环境

呼叫中心最重要的因素是人,而环境的好坏直接影响着员工的工作效率、积极性。因此,呼叫中心选择什么样的位置,安排一个什么样的环境就显得非常重要。简言之,这些容易被企业忽略的因素往往决定着呼叫中心的成败。换句话，如果做得好最起码可以节省时间、资金，减少麻烦和人员流失。所以呼叫中心的定址及环境布置问题值得重视。

第一节　呼叫中心选址

呼叫中心的选址是一项系统性很强的工作，这与呼叫中心未来的健康运营有很大关系。呼叫中心在中国已步入快速发展阶段。许多企业在呼叫中心的建设和运作上已经积累了许多有益的经验，但也有不少企业在探索和发展中还是碰到了这样或那样的困惑与阻碍，走了弯路，特别是中心的规划和筹建过程中，因忽视而造成选址不当，给中心的经营发展带来诸多不利。

呼叫中心选址是一个综合性很强的工作，为呼叫中心选择一个合适的地点，往往比为其他商业活动选地点要困难得多，因为地点的选择通常会涉及当地的经济、文化、人口素质、电信基础等诸多因素。在实际过程中，呼叫中心选址应考虑如下一些问题：成本、供电系统、电信系统、周围环境、人力资源等。选址也应该充分考虑中心各运营系统之间的关系。选址不只是行政主管部门的事，而需要技术部门和多个运营部门的介入，以平衡各部门或系统的要求。当然，场地租金是企业首先要考虑的。选址没有固定模式，也没有一种绝对正确的方法，它是根据各个呼叫中心的功能和目标来确定的。

不论何种呼叫中心，他们都是要通过各种通信手段与用户直接或间接进行交流。呼叫中心的主要业务是经过电话和客户进行沟通的，或向潜在客户推销公司的产品或服务，是交流的窗口。目前，有许多呼叫中心提供 24 小时×7 天无间断服务。由于呼叫中心每天使用和接触大量的客户资料或企业数据，因此呼叫中心必须考虑并重点保证数据的安全，其安全等级高于普通办公系统。

呼叫中心场地选择应从两方面考虑：一是根据建设等级、运营规划等考虑呼叫中心场地必须达到的要求，主要包括供电和电信条件；二是影响呼叫中心运营的其他因素，如地理位置、楼层等。

一、电力系统

呼叫中心一般属于关键型应用系统，因此其供电系统的设计应放在首要位置。呼叫中心使用的电信交换设备和计算机等都是非常精良的电子设备，对供电有严格的要求。良好的供电系统不仅可以提供稳定的电源，还可有效地减少由于电力系统的浪涌或雨电雷击引起的尖峰对呼叫中心用电设备的破坏。这类呼叫中心应该远离电力系统不稳定的大型工业区，特别是严重不平失衡的电力网络。否则，电流非常容易在动力电系统的各象限之间、火线与零线之间以及火线同地线之间产生浪涌或尖峰。

小型或非关键型呼叫中心，一般设计中采取大容量在线式 UPS，这不仅可以提供 2～4 个小时的备份电源，还可以对不稳定的电流进行净化。当电力系统出现问题时，UPS 可以继续提供一定时间的电力。

对于大型或关键型呼叫中心，在采用在线式 UPS 外，还需要设计双路电力系统，由两个不同的电力变电所通过不同的输电电路向呼叫中心提供互为备份的电力供应。当一路出现问题或检修时，系统可以迅速切换到另一路。

如果要进一步增加电力供应的安全性，可以增加柴油发电机组，这对存在或潜在缺电的地区非常有必要。由于增加了柴油发电机组，在线式 UPS 系统容量和供电时间要求就可以大幅降低，减少了在购置 UPS 上的投资。柴油发电机组非常笨重，而且噪音大，因此其安放是有特殊要求的，在中心选址前，必须考虑到这些要求。

呼叫中心使用了许多计算机等电子设备，其总电力需求远大于一般写字楼的供电设计标准，因此，在场地选定后都会涉及到电力扩容问题。所以，在选址前，技术部门一定要计算好用电容量需求，包括办公用电、机房用电、座席用电及空调用电等；同时还要考察大厦物业原来的电力网络设计情况，确定原有动力电是否能承担起中心的最大用电负荷，是否需要改造，以及改造的费用等。在计算过程中，比较容易忽视空调用电，而实际上，空调用电有时占呼叫中心总用电的一半以上。

二、电信设施

呼叫中心对电信资源相当敏感。由于呼叫中心主要是通过电话、传真、因特网等方式同用户进行交流，通信资源的稳定性、可扩容性是呼叫中心场地选择的一个极重要的条件。现在通信技术发展迅速，大部分城市的通信资源都可以得到保证。但在一些地方，由于种种原因，电信资源还比较匮乏。同多个电信基础运营商(至少一个电信基础运营商)通过光纤接入是大型呼叫中心的必然选择。光纤接入不仅可以获得相对稳定的通信电路，同时还可以方便系统的升级和增容。呼叫中心系统最好能选择同多个运营商进行连接，以提高系统的安全性，同时得到更好的服务和性能价格比。由于电信公司电路路由的复杂性，使得电信电路备份非常困难，这主要依赖于电信公司系统的稳定。

三、周围环境与人力资源

呼叫中心的地理位置及其位置的交通情况和所在写字楼的等级条件等对人员招聘、座席人员的薪酬水平、座席人员的流失率都有一定的影响。众所周知，呼叫中心是一个劳动密集型和知识密集型的产业。据统计，呼叫中心人力成本占总成本的40%左右。由于其业务特点，座席人员的劳动强度大，工作单调，并且因为呼叫中心从业人员的待遇相对较低，呼叫中心座席人员的流失率比一般企业高，有的呼叫中心座席人员年流失率高达30%以上，给企业运营造成了巨大压力。呼叫中心的地址位置对此有很大的影响。建议：不要将呼叫中心建在商业区。建在商业区的呼叫中心座席人员很容易受到商业环境的影响，会增加员工外出购买和消费的次数，占用时间。由于在上下班的过程中能经常遇到各种商业活动，外界的诱惑容易引起员工对本职工作不认真或不切实际的想法，从而增加座席人员流失率。

同样，工作场地的不同，员工的收入预期也会不相同。在高级写字楼中运营的呼叫中心座席人员收入预期远高于其它环境下的座席人员。对收入相对较高或提供高等级技术服务或客户服务的呼叫中心，这种预期与公司的实际情况相符合。但如果座席人员的层次要求较低，座席人员的薪酬水平和流失率将会提高。低等级的座席人员在高等级的写字楼中工作，将会在两方面产生问题：首先，由于收入较低，与周围环境形成较大反差，使座席人员产生心理压力，加大了座席离职的可能性；其次，当座席人员初次应聘时，由于工作环境的暗示，他们对自己的工资水平要求相应就提高了，无形增加了薪金成本。

如果呼叫中心选择了较为偏远的地方，就很难招聘到高素质的员工。由于交通等问题使员工花了很多时间在上班路途上，工作时的精神面貌必然受到影响。但这里由于很少受到外界的干扰，员工层次比较低，因此其员工流失率也比较低。

大部分呼叫中心是 24 小时×7 天工作日，而职工女性占多数，因此中心必须提供良好的工作环境和交通条件。在场地选择时，重点考察的辅助性设施是男女洗手间，特别是女洗手间是否增加厕位，可否对对洗手间进行改造。同时中心所在的楼层也是一个重要因素。大型呼叫中心尽量使用较低楼层，以保证在电梯检修、上下班高峰时座席人员可以通过楼梯到达工作岗位。中心还要考虑夜班的休息场地等问题。

良好的交通是呼叫中心运营的基础。呼叫中心的交通可通过两种方式来解决：一是选择公共交通较好的地方；二是企业提供便利的交通工具。第一种对于招聘本地员工具有一定的优势，但场地租金高，管理却很容易；第二种中心可以选择相对偏僻的地方，其场地费用低，但增加公司的交通的费用，管理内容增加，管理难度加大。

四、其他因素

在呼叫中心选址时，还要注意到场地的楼层、层高、消防设施等相关配套。由于呼叫中心的座席区人员密集，必须考虑场地的空气流通。楼层越高，空气流通性越好，降低噪音的效果也越好。现在写字楼的层高一般在 2.5 米左右，而标准厂房的层高多在 4.5 米以上，这非常有利于座席区的空气流通。

一般写字楼采用中央空调，制冷或制热时间长于正常的工作时间，其制冷量是按一般办公环境设计的，对于人员密度较大的呼叫中心来说，其制冷或制热量显然都不够。所以，一般呼叫中心都需要安装独立的空调系统。由于空调大多装在室外，而一些物业公司和业主是不允许的，因此，选址时必须知道是否可以安装空调，以及可以安装的位置。

五、选址案例

某企业计划建设国内一流的大型外包型呼叫中心。第一期建设规模是 300 个左右的座席，主要服务于国内高端客户。座席代表预期平均月收入在 3000 元以上。租金在每平方米 5 元/天以下。场地面积约为 3000 平方米。

在选址过程中，对呼叫中心场地的各类要求分为 7 大类 24 小类。根据重要性采取加权平均的方法进行量化处理。表 1-1 中，给出了 8 个考察场地具体分数情况。根据各个地点的得分情况，初步选出前三个地址供公司决定。

表 1-1　呼叫中心选址打分表

	总分	天成	腾信	清华	金泰	恒通	庄胜	科电	工体
长期规划	10	9	9	5	10	10	10	9	6
地点的成熟度	6	5	5	3	6	6	6	5	4
5 年环境变化	3	3	3	1	3	3	3	3	2
10 年内环境变化	1	1	1	1	1	1	1	1	0
电力条件	20	14	15	7					
外部形象	10	8	8	5	8	9	9	7	5

第二节 呼叫中心内部环境

环境对于一个呼叫中心的成功与否较之其他办公场所更为重要，一个科学合理设计的呼叫环境能有效地舒解工作压力，降低噪音分配，提供迅捷资料检索与有力质量监控，对于工作效率的提升有着举足轻重的影响。到底如何设置环境才是合理的呢？相关调查显示，呼叫中心的设计不仅仅要考虑物理方面的因素（如光线、噪音等），还应考虑社会的、行为的方面的问题（如不安全感、缺乏与外界联系、低自我价值感等）。员工介意的方面有：环境必须满足员工有效地同外界进行互动式联系；空气质量、温度要求；环境空间必须保证人员之间的不互干扰；个人安全、舒适等方面。

一、采光

采光的问题经常和座席代表工位的布局联系在一起，却是很多管理者容易忽略的问题。在很多呼叫中心中，座席代表工位往往集中在大厅的中部，离窗口都较为远一些。在呼叫中心日常管理中，管理员是现场的灵魂人物，而且要能够看到全场的工作状况，可以把管理员工作台放置在中间。座席代表每天面对高强度的工作量，如果能在工作的间歇，抬头看看窗外，享受一下阳光，不失为一种很好的调节。因此，建议座席代表的工位尽量能够离窗口近一些。另外，呼叫中心一般采用日光灯照明，日光灯过强，容易影响座席代表的情绪。在有的呼叫中心，我们在座席代表的工位挡板上装饰一面镜子，一是可以拓宽座席代表的视线，二是利用镜子反光折射等，减弱日光灯的直接照射。我们也允许座席代表在工位上放置台灯，在值夜班或阴雨天气时，座席代表可以使用台灯进行调节。

二、装饰布置

这里说的装饰是指呼叫中心大厅的环境装饰和座席工位的装饰。如果有可能，应该让呼叫中心所有员工都参与到呼叫中心的装饰过程中，员工可以充分发挥他们的聪明和创意，激发他们的积极性和创造性。我们就有一个呼叫中心的环境装饰完全是由呼叫中心的员工自己设计的，包括地板的颜色、摆放的各种植物，以及各种各样员工设计的精巧装饰品，大厅中的每一个细节都凝聚了全体员工的热情和才智，而且非常节约，让人感叹不已。另外，我们发现，需要根据座席代表的工作性质区分座席工位装饰的标准。比如，对处理客户咨询、投诉等问题的座席代表，需要一个冷静的环境，座席工位要尽量简单整洁。在座席工位周围可以放置一些绿色植物或悬挂一些风景画，当座席代表疲劳或情绪不平时，可以帮助座席代表调节。对于为客户办理交易，处理业务的座席代表，需要相对安静的环境，座席工位要限制个人物品的摆放，防止分散注意力。对于进行客户关怀、客户维系工作的座席代表，工位上可以有一些温馨的小

饰品，如一些个人、家庭的照片等。对于进行外呼营销、需要时时进行鼓励的座席代表，可以装饰一些活泼的卡通、布偶等，工位周围放置一些奖励的礼品，悬挂一些激励的口号等。

三、环境色彩

我们曾在实践中发现，色彩对调节座席代表（客户服务代表）的工作情绪、减轻座席代表的心理压力、激发座席代表的工作积极性发挥了很重要的作用。轻快、明亮的绿色可以使人放松、保持心情愉悦，因此，我们尽量在呼叫中心的环境布置中使用草绿、浅绿、蓝绿等各种绿色，

如座席代表的工位使用草绿色，显示屏使用绿颜色的字体，大厅多摆放一些常年绿色的植物等。另一个主要使用的颜色是蓝色，蓝色尽量用深色的蓝，可以平静座席代表的情绪，保持稳定的心态，如在大厅的周围悬挂一些蓝色调的画，在大厅醒目的位置放置蓝色的装饰品，在每一位座席代表都可以看到的位置，用蓝颜色书写一些鼓舞人心的口号等。当座席代表心情低落、烦躁、心理压力增大时，看到一些绿色、蓝色时，可以很好地进行自我调节，及时恢复到正常工作状态。呼叫中心环境建设见图 1-8。

图 1-8　呼叫中心环境建设

四、隔音

对于呼叫中心来讲，隔音是一个比较令人头疼的问题。在这方面，我们也曾想了很多的办法。工位的挡板如果过高，不利于管理员进行监控，挡板如果低了，又达不到隔音的效果，座席代表之间相互干扰。为了降低噪音，呼叫中心的墙体材料或天花板最好能够使用具有隔音、吸收噪音功能的建筑材料。如果空间允许，可以将座席多划分几个小区，区之间相互隔开，或者增大座席代表之间的间距。呼入组和呼出组在空间上要分开，各种服务器、打印机、传真机、饮水机等设备尽量不要放在座席区，如果使用空调机等设备，也要远离座席区。对于大型的呼叫中心，应该设计有专门的通道供外界人员参观交流使用。这些物理方法只能减低噪音的干扰，最终还要依靠座席代表的自我调节，工作时尽量不受外界环境的影响。

五、工作台

作为学习型呼叫中心岗位，座席工作台宜有足够的空间摆放显示器、键盘、话机和必备的书籍、资料及个人用品，如图 1-9 所示。特别值得一提的是个人用品的加入，使座席代表对职场产生强烈的安全感和归属感，有利于客户服务质量的提升。

六、办公环境设计的人性化

前面我们仅就设计的科学性简单地对室内设计进行了阐述，这里我们再就设计的人性化对室内设计做进一步的说明。人性化设计主要考虑的是员工工作中的心理需求。

图 1-9　淘宝客服坐席

根据小群体生态学的原理，办公环境的设计除了要便于人们的交往、沟通外，还要保护个体的私密性。座席代表每天上下班路上的拥挤、噪音、人身安全，职场中噪音、精神压力引起的身体健康安全、个人生活空间的隐私安全等，都需要在设计座席时加以考虑。

第一，要重视个人环境，提高个人工作的注意力，就应尽可能让个人空间不受干扰，根据办公的特点，应做到人在端坐时，可轻易地环顾四周，伏案时则不受外部视线的干扰而集中精力工作。特别是隔断的高矮要适中，否则太矮了起不到“隔离”的效果，太高了为座席员之间时常必要的交流和管理人员的监督造造成麻烦，最好在 50～80 厘米，这样比较好地解决了私人空间和交流方便之间的矛盾。天花板要保留一定的高度，并且选择吸音表面材质作为装修材料，一些现代化的呼叫中心甚至专门添置吸音设备，让人进入工作场所中有一种静音体验。

其次，工作站被称为呼叫中心的“底线”(bottom line)。这是座席员创造价值的地方。工作站的设置会影响到座席员的工作效率。设计的总原则在于：座席员的工作形式和(独立工作还是分组工作)和对座席员工作需要的监督程度(他们是否可以很自觉地完成工作)。监督程度是一个需要恰当把握的管理原则。在没有足够监督的情况下，有些座席员是不能很好地完成工作的；可是对另一些自觉的员工则不需要过多的监督。因此，过少的监督不能保证服务的质量和工作的效率，而过多的监督可能会引起员工反感从而起到相反的作用。

大多数呼叫中心的座席员是独立从事工作的，只是偶尔需要和组长或管理人员进行一些交流。所以大多数呼叫中心的工作站都是设计成长方直角形状的，其布局既有直线直角的，也有折线形式的；另外，也有一些形状布局的，即几个工作站围成一个圆圈，这种格局在稠密的环境里降低噪音的效果比较好。这几种布局在提供给座席员一定的个人空间的同时，也为管理人员的监督提供了一定的方便。因为从员工的报告反馈表明，如果座位的设计不是很方便，同等情况下，员工将减少与主管或合作者的交流与沟通。

如果座席员是以小组的形式工作，每个小组之间需要经常交流的话，设计时应考虑把呼叫中心分成若干个以组为单位的对立的区间，或者以每组的组长为中心，组员以围绕的形式布局。

另外，呼叫中心通常会将座席代表按照 10～15 人分组管理，小组是倒班、培训、日常管理的基本单元，座席代表的社交需求体现为对小组内友谊、关爱以及隶属感的需求以及与其他员工进行业务、生活交往的需求。这些需要如果得不到满足，就会影响座席代表的精神，导致高缺勤率、低生产率、对工作不满及情绪低落。对应于 10～15 人/组的班组制组织结构，座席工作台设计宜采用一个班组一列的布局方式，有利于组员之间的沟通顺畅和归属感的加强。其中，班组长位于列首的位置，便于进行现场支持和管理。每组间过道宽度不低于 1.2 米，保证小组间业务的相对独立。现场主管、值班经理座席设计成 15 厘米左右的地台，便于随时监督、检查座席工作情况并提供支持。

呼叫中心坐席全景见图 1-10 和图 1-11。

图 1-10　呼叫中心坐席全景一

图 1-11　呼叫中心坐席全景二

总之，从软环境（人文管理）和硬环境（人性环境）两方面入手，以人为本，处处体现对员工的人文关怀，提高员工工作的舒适感、安全感、归属感、自豪感和成就感，满足员工多方位、多层次的需求，加强硬件建设，降低员工流失率，提高团队凝聚力，营造企业的人性化环境氛围。这对企业的成长大有裨益，是一个健康、向上的现代化成熟企业的必由之路。

在日常工作中，要利用环境促使座席代表时时学习总结，因此我们利用各种空间、网络条件为座席代表营造一个学习交流的环境。比如利用内部网络通信条件开办网络教室，为每一个座席代表建立专门的用户号，针对座席代表的特点编制具体的学习内容，布置一对一的学习任务。在休息区开立一个英语角，组织大家听英语、说英语，或开辟一个文章专栏，专门发表座席代表的散文、短文、诗歌等，还可以根据座席代表的特长，建立摄影展示区、手工艺品展示区等。

建立呼叫中心需要远大的眼光、宏伟的气魄，还需要深刻理解呼叫中心的定址与环境布置对呼叫中心本身所产生的影响。当今社会是一个竞争日益激烈的社会，为了在竞争中取得并保持优势，就必须关注、研究、提高呼叫中心的方方面面，否则的话就难以达到预期的目的。设计呼叫中心的人，不能仅仅是建筑家或室内装饰专家，他应该确实拥有设计呼叫中心的经验。寻找这样一个设计者的投入是值得的。如果你所在的地方没有合适人选，可以与其他呼叫中心经理交流，或者去其他呼叫中心考察。最后，让员工参与到设计中来，那样他们更容易接受或喜欢将来的呼叫中心。

项目三　了解组织机构岗位职责

第一节　组织结构设计原则

企业呼叫中心采用什么样的组织结构是由企业、呼叫中心自身的特性与企业所在的行业情况决定的。进行呼叫中心组织结构设计所需要考虑的因素很多，一些内部因素包括：管理幅度、策略目标、业务流程、产品及客户情况等；外部因素包括行业特点、市场特点等方面。呼叫中心组织架构设计的原则除了大家所熟知的企业架构设计的通用原则，如任务目标原则、分工合作原则、统一指挥原则、管理幅度合理原则、责权对等原则、执行和监督分设原则、协调有效原则及适应性、均衡性、前瞻性之外，还要充分考虑呼叫中心行业的一些特点。

一、组织架构的设计应与呼叫中心的定位及目标相一致

以呼叫中心战略的需求为依据，理顺组织架构，合理划分部门职责，通过对呼叫中心战略目标的一致认同，强化组织目标与组织成员行为方向的一致，从而增进组织绩效。

(1)组织架构要考虑关注于重要客户的小组建设问题；

(2)通过合并的销售和服务组织来确保减少延迟时间；

(3)呼叫中心内部面对客户的服务工作同行政工作相分离；

(4)建立全国级的呼叫中心组织架构，服务企业高端大型客户；

(5)在不增加管理层次的前提下提高一线员工工作的丰富性；

(6)考虑灵活的工作安排，如全职、兼职及灵活的排班安排；

(7)建立基于扁平的、灵活团队的组织结构，以便能迅速对客户及细分市场的需求做出反应；

(8)组织结构必须与组织成长及客户细分战略相适应。

二、呼叫中心的组织架构与核心服务流程的有机结合

作为企业价值链的有机构成,客户已经成为企业核心流程的重要一环。呼叫中心作为企业客户关系管理的交互平台及信息平台,在企业价值链中的作用日益得到企业管理者的重视。明确呼叫中心在企业价值创造中的地位和作用后,树立“以顾客为中心”的思想,将极大地增强企业面对多变竞争环境的适应能力。所以,在呼叫中心组织架构的调整上,要确保呼叫中心的内部结构与关键业务流程相似,体现权威、责任、及绩效挑战的直接统一。

三、构建明确授权的、有效的呼叫中心人力资源管理体系组织平台

对于呼叫中心,客户的每一通电话都有其一定的独特性,一线的客户服务代表和基层业务主管需要对绝大多数的客户问题进行直接处理,即使是流程清晰、知识共享的情况下,每个人都形成了自己处理客户问题的独到方式和技巧,呼叫中心内部工作人员的主动性和积极性对于呼叫中心整体目标的实现具有非常重要的作用。所以,呼叫中心组织结构的设计要考虑明确授权的问题,根据知识在呼叫中心内部的分布来分配相应的决策权。最好的方式是把决策权传递给拥有相关知识的人。

四、实际与发展相结合的原则

随着呼叫中心在企业中的定位变化,如由客户服务中心到利润中心,由信息中心到客户关怀中心、考核中心的不断演变,呼叫中心的工作重点和职能部门的重要性亦随之变化。因此在进行呼叫中心组织结构设计时,要突出呼叫中心现阶段的重点工作和重点部门,同时也要考虑呼叫中心将来的发展方向,本着职能设定,部分岗位暂时合并的原则,力求呼叫中心现实和发展的协调与均衡。如在一些小型的呼叫中心,现场管理和培训这两个不同的职能可以暂时合并到一个岗位。

五、考虑呼叫中心人员发展原则

人是呼叫中心最宝贵的资源,每年呼叫中心的流失人员中,大约20%左右是因为呼叫中心没有提供良好的职业发展规划,因此在组织设计中,除了分层级设定管理职位外,还可增设多类型的“虚拟职位”,例如:兼职培训讲师、兼职呼叫中心讲解员与兼职现场业务指导等职位,让一线客户服务代表也参与了解呼叫中心部分的管理工作,提升其对呼叫中心工作的认同感,呼叫中心管理层也可以从多方面培养人员,建立有效的呼叫中心人员选拔机制。

第二节　呼叫中心五环组织

不同的呼叫中心有不同的配制,都会有五块业务量:业务发展市场部、运营部、培训部、技术部和质检部。

【案例】

有一个可能是中国最小的呼叫中心,它只有三个座席,是一家世界著名的糖尿病治疗仪器的供应商,叫做“生命热线”。因为糖尿病人要在他身上带一个棒,埋在皮下,通过测定血糖的含量,去补充胰岛素,如果血糖含量高了,就自动补一点胰岛素进去,如果血糖低了,胰岛素就

不往里走。所以，这真的是一条生命热线，因为任何时候如果病人的棒坏了，都需要及时把电话打进来。这三个座席的呼叫中心就是 24 小时服务的，它提供的服务确实是很好的，该中心也有自己的发展部、市场部、运营部、培训部、质检部。

运营部负责所有话务的排班，知道什么时候是高峰，什么时候是低谷，要能够在高峰的时候整合足够的资源配合它，在低谷的时候安排一些休息、培训和其他的工作，要能够协调相关的技术部门，让它按照呼叫中心技术系统的要求提供相应的呼叫中心技术的系统。

质检部对呼叫中心每一通电话进行全程的记录，抽取一定的样本，对呼叫中心的服务质量以及客户的来话类别进行监听和分别。

培训部门是因为有不同的业务类型的变化，有不同的新业务的增加，需要有一个专门的培训部门，不但能够把一个人从不懂呼叫中心变得懂呼叫中心，而且在工作的过程当中，不停地进行业务知识的更新和个人职业能力的提升，所以要有一个培训的过程。

对于所有的呼叫中心来讲，所有的业务都是来自于业务部门，企业里面的销售部门、产品部门和总监办是业务部门。对于一个外包型的呼叫中心，毫无疑问，它几乎 100％的业务都是来自于外部，它要跟客户签订协议，在协议里面规定好，我们的服务指标是白天的 16 个小时，达到多少秒以内接听达到百分之多少以上，有一个指标。夜晚的 8 个小时，我们的服务指标相应调低，因为夜晚电话量相对会比较少，以节省成本。

从运营管理的角度来讲，通常呼叫中心会有一个运营总监，会负责与呼叫中心运营有关的所有相关事务。如果说以 24 小时倒班的呼叫中心来算，通常会有早班、中班、晚班和夜班，比如，早班是早晨八点到中午的十二点，中班是中午的十二点到下午的四点，晚班是下午的四点到晚上的十二点，夜班是从晚上十二点开始到第二天早上八点。

【案例】

有一个香港的呼叫中心是这么排班的，早班叫“Day Shift”，下午班叫“Night Shift”，夜班叫“Over Night Shift”，一天三个班。当然除了这一天三个班以外，会加一个“Shift”，这是一个加班。为什么说一天要分三个班还要有加班呢？话务量排班的曲线表明，一天中话务量分布一定是个正弦波，在这个过程当中，话务量不停叠加，最后形成一个正弦波。

早上的某个时段开始到某个时段，这是第一个班，中午会有第二个班，晚上会有第三个班，一天 24 个小时，每 8 个小时一个班，到中午的时候会有一个高峰时段，可能有四五个小时话务量特别多。所以，在这个过程当中要安排一个加班，请一些有经验的兼职人员来弥补。比如有个人曾经在呼叫中心工作过，现在做全职母亲，她就可以兼职贴补家用，每天中午去接几个小时的电话。这就是话务排班。

所以，从每个班开始，每个班的主管下面会管若干个技能组，对于一个企业资源型呼叫中心，可能有呼入的电话咨询、电话受理、投诉，有呼出的产品营销，它可能有若干个组。

第三节　呼叫中心运营管理架构

呼叫中心运营管理架构如图 1－12 所示。

在呼叫中心的组织结构及职能分工上，通常会设置如下一些组织单位。在这种类型的组织结构中，有些职位在管理运营中有着相当的特殊作用，这些职位有：

(1)呼叫中心总经理：在很多专业外包呼叫中心中由公司副总裁兼任，负责呼叫中心的总体运作，指导日常运营，负责预算及赢利目标、实施规划、设备选择、系统与项目设计开发。一

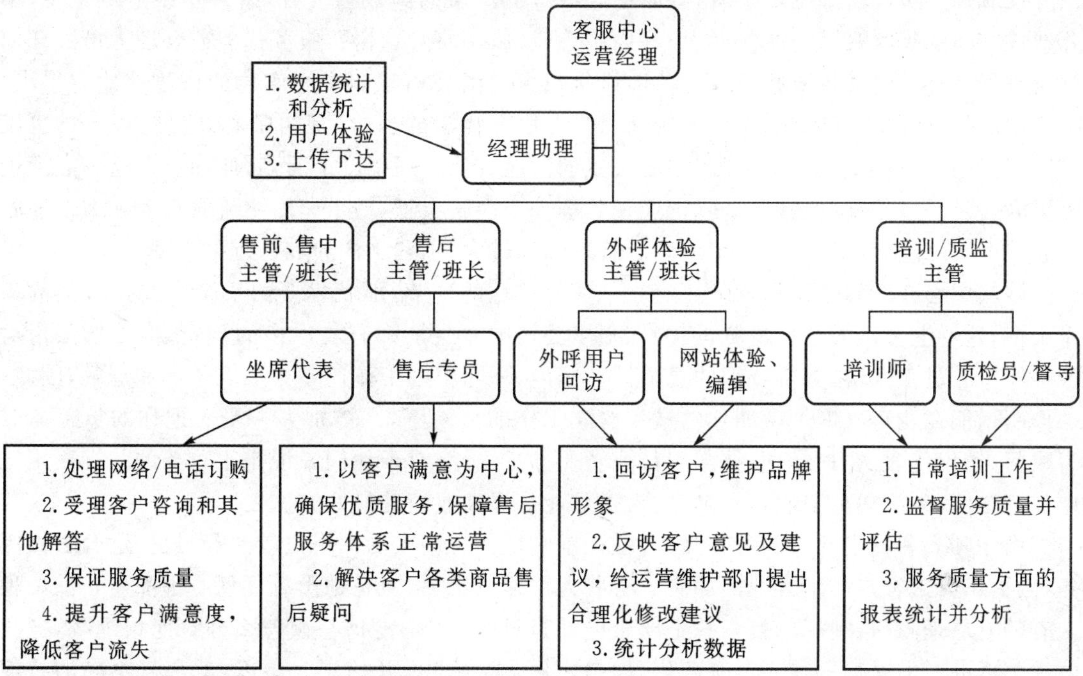

图1-12　呼叫中心运营管理架构

个成功的呼叫中心的总经理应该是一个通才，他应理解技术的作用，能够善用人才激励机制，能够制定计划，从事组织指导，分权与协调多种活动。他应有销售管理和人员管理的丰富经验，有心理学、财务、统计学等多门的学问，并有着很强的表达能力和沟通能力。

(2)运营分析师：这个角色非常重要，在国内很多呼叫中心中，没有相应的职位。为什么要这个职位呢？呼叫中心有着大量的数据，包括财务、电话数据、业绩/业务数据和客户数据等。有人说，呼叫中心是一个数字的游戏，的确如此，通过对这些数据及其衍生出来指标的分析能从各个层面各个角度来观察呼叫中心运营的好坏。呼叫中心需要量化管理，而且需要与行业作对比，这些都需要有专业人员来做。运营分析师就充当了这个重要的角色。他必须对统计学、会计学、运筹学、市场学等有着较深的功底，甚至通晓IT技术，应该说，从一定意义上讲，他必须也是一个全才。呼叫中心很多财务、管理上的决策都要依赖他的分析和建议才能完成。

(3)训导师(Coach)：主要职责是监听电话，然后及时地与被监督者沟通，指出问题，提出改进要求并一直进行追踪。训导师的座席一般设置在服务代表当中，他应对呼叫中心的电话营销/服务技巧有丰富的经验，并对呼叫中心服务准则及流程十分清楚。为什么要设立这个职位呢？一般来说，座席主管通常比较专注于眼前目标的完成，面对销售业绩指标或工作量的压力而有可能忽视或人为牺牲服务品质甚至是有违公司的服务规范，而训导师就能通过大量的监听电话来及时地发现问题并指出问题，设立"双轨制"有助于保证服务品质。

目前国内呼叫中心极少有设立运营分析师和训导师的职位，其实，这两个关键职位在呼叫中心中能起到十分独特的作用。另外，在呼叫中心的组织结构设置中，有一些职责是分工明确的，但不一定每一种职责是由一位独立的员工来承担。当此种职责在具体运营中工作量不够大到由一位员工全职担任时，可以将多种职能合并为一位员工的职责。

从管理层级及管理幅度来看，呼叫中心应重视沟通的高效与公开，管理层级应尽量少，不要造成很强的等级观念。在沟通上，呼叫中心应讲求一种“直接”，服务代表或管理人员的任何意见都能直接反映到想要找的人，这一点，从很多跨国公司呼叫中心座位的摆放就能看得出。呼叫中心的管理人员特别是座席主管通常坐在服务代表的当中，呼叫中心高层管理人员也没有完全封闭的座位，这有利于呼叫中心气氛的沟通。从管理幅度上看，呼叫中心在这一点上也要讲究一定的科学性，通常一个营销经理管理3个坐席主管，一个座席主管管理8～12个座席代表，一个训导师负责10～12个座席。管理幅度过大，不利于沟通和管理的效率。

呼叫中心在组织结构设置上还有一个值得注意的环节，那就是要给每个人安排恰当的工作头衔，这看上去不太合乎逻辑，因为在很多公司中对头衔都有着严格的规定，但工作头衔对于呼叫中心员工来讲，有着特别的意义。在国内，呼叫中心工作还不太被人了解和理解，因此，工作头衔能在一定程度上帮助你的员工树立工作的认同感，并被别人接受。把你的员工命名为顾问、销售代表、客户经理、技术专员或者业务主管等，对于他们来说是很重要的。在确定工作头衔之前，先想想员工们是不是喜欢，这可能是提高业绩的最好方法之一。

由于呼入和呼出的不同，人的配置往往不一样。有些人的性格比较温和，比较适合去做服务，因为不会跟客户产生太大的冲突。有些人说话很唐突，但是她没有任何心理障碍。前一种人有的有心理障碍：“哎呀，万一我把这个电话打过去，他先骂我一顿怎么办？他拒绝我，挂我电话怎么办？”但是后一种人没有障碍，她是先做，做完之后开始想。所以，就会有不同的技能组，每个技能组都有自己的组长，都有自己的高级座席代表、座席代表，有序地形成呼叫中心运营的人员体系。

一个呼叫中心运营的好坏，有一个很重要的环节即是人的管理，一个良好的组织结构是呼叫中心这台大机器正常运转的基础，而作为零件的呼叫中心中的各个职位的尽职工作则是呼叫中心整体正常运转的保证。作为第一线的管理人员的座席主管（或称之为班长，supervisor，team leader）的工作质量如何就有着尤其重要的影响。作为座席主管，他要承担什么样的职责呢？

从总体来看，座席主管是管理层与一线服务代表（Customer Service Representative，CSR）之间的桥梁和纽带，是呼叫中心管理措施实施的具体执行者，对一线服务代表的士气及服务水平高低有着直接的影响。作为坐席主管，他的主要职责主要包括对一线服务代表的管理，保证业务过程的正常完成，对业绩进行评估及具体实施相应的改进措施三个方面。在这三个职责中，对一线服务代表的管理是最基本的一个。而对一线服务代表的管理又分为两个方面：一是培训和指导服务代表，保证他们服务的专业化；二是参与或主导招聘活动和控制排班。

除上述三个职责之外，座席主管的职责还体现在：

（1）帮助建立整个呼叫中心的管理和业务流程，并维护它们的正常运转；

（2）对CSR进行质量监控，和把质量监控的结果对CSR进行反馈（通常专业的呼叫中心中都有专门的质量监控人员，座席主管通常不是质量监控的主要执行者）；

（3）参与呼叫中心战略规划制定；

（4）参与与呼叫中心软硬件系统相关的决策，比如对现有系统升级的要求，如何更有效地改进或使用相关系统等；

（5）参与或负责一些特定的业务项目，比如说临时的市场调查、促销活动等（这类型的活动通常由专门的项目经理来负责）。

表1-2清晰地描述了前面所讲的坐席主管三个最重要的职责。

表 1-2　座席主管主要的职责

对 CSR 的管理		保证业务过程的正常完成	对业绩进行评估及具体实施相应的改进措施
培训和指导 CSR	招聘和排班		
(1)质量监控并识别 CSR 改进的地方； (2)把 CSR 的弱点反馈给他们并推荐或给予相关的培训； (3)解决 CSR 在电话中碰到的问题并给予适时指导； (4)负责对 CSR 的一对一业绩评估； (5)为每个 CSR 提供职业发展计划； (6)当 CSR 需要的时候给出有实际应用性的正确的行为指导； (7)对 CSR 工作成绩进行认可或给予奖励	(1)制定人力安排计划和招聘计划； (2)保证上述计划的有效执行； (3)在工作进程中实时调整人力来保证正常的服务水平(service level)； (4)跟据电话量来调控 CSR 的休息、就餐和培训等的安排； (5)对 CSR 加班与请假的管理； (6)保证足够的 CSR 使工作不因人员流失而受到影响	(1)保证呼叫中心每天的工作正常执行； (2)处理“刁钻”客户； (3)帮助 CSR 解决具体业务疑难问题； (4)帮助 CSR 解决公司政策、业务系统或销售工具使用方面的问题	(1)收集、整理和分析业绩数据(销售业绩、客户满意度等)； (2)根据历史数据制作相关的能表明业绩状况及其发展趋势的图表； (3)和管理层一道制定 CSR 的业绩目标； (4)把业绩目标对 CSR 作小组和个人上的沟通； (5)参与呼叫中心的基准测试活动并掌握其它呼叫中心的相关指标和业务流程； (6)帮助相关人员对现有业务系统和业务流程进行评估； (7)主动提出业务改进措施并具体执行它

由上可见，呼叫中心座席主管的责任可谓大也。当然，这些工作并不是分割独立的，而是相互关联的。一个好的呼叫中心主管，应当能够自如地把这些工作串起来。同时，作为一名主管，还应当注意，有些事情是“要”做的，有些事情是“不能”做的。

呼叫中心座席主管一定“要”做的几个方面：

(1)激励 CSR 们，保证他们提供良好的客户服务，包括：

①监督、评估 CSR 的服务品质和业绩并立刻给予反馈；

②对服务或业绩突出的小组或个人给予认可和奖励；

③和 CSR 建立一种和睦的关系；

④表现出强烈的团队精神来影响整个团队。

(2)在技能和工具方面给予 CSR 实际的帮助，使他们能更好地胜任工作，包括：

①通过辅导、培训和正确的引导来巩固 CSR 的技能；

②帮 CSR 制定个人能力和职业发展计划。

(3)保持与 CSR 之间良好的沟通，包括：

①与 CSR 保持持续有效的沟通，保证 CSR 对呼叫中心的管理决策有着良好的理解；让 CSR 参与呼叫中心的一些管理会议和管理决策，特别是一些有培养前途的 CSR，加强他们对工作的认同感，同时又能让他们更好地理解管理层作出这些管理决策背后的原因；

②举行一些公开讨论会让 CSR 能畅所欲言，但要注意，一定要让 CSR 知道在会上不管说了什么都不会因为这个追究他的责任，一定要打消他们的心理顾虑；

③尽可能让 CSR 很容易找到你，不管是寻求你的帮助或找你谈心；

④一定要懂得作一个好的听众，要养成良好的倾听的习惯

(4)养成或保持一种“以客为先”的习惯，包括：

①对客户所关注的问题在第一时间内给予解决；

②主动地与客户建立一种良好的关系；

③随时解决那些 CSR 们提交上来的客户抱怨或客户疑问；

④警惕客户经常抱怨的问题并主动迅速地解决；

⑤如果对客户有什么承诺的话，一定要记得主动跟进而不要落空。

(5)养成自身良好的职业习惯，包括：

①能不断地去发觉工作中存在的问题并找出合理的解决办法；

②对呼叫中心运作的方方面面都要有一个较好的认识和理解；

③自己要不断地去寻找一些可以提高自身素质和业务能力的机会，并且要去主动争取，这些机会包括公司内部和外部的培训，行业内的交流，研讨会，等等；

④保证每天工作任务的完成，知道如何合理地安排时间、合理地作计划；

⑤重视事情的最终结果，虽然过程也很重要，但结果才是一件事情成功与否最终的衡量准则。

第四节　客户服务代表的角色定位

客户服务代表是通过呼叫中心客户服务系统，运用语音、传真、电子邮件、短信等综合信息处理手段，主动或者被动向客户提供各项产品售前、售中、售后服务的相关人员，见图 1－13。

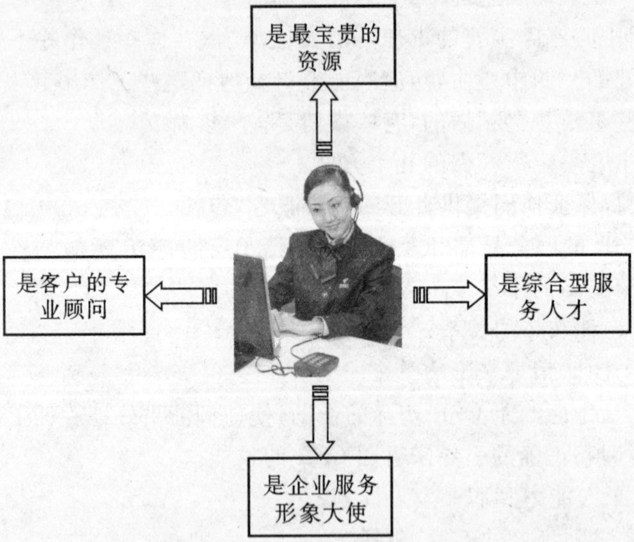

图 1－13　呼叫中心客户服务代表角色认识

客户服务代表利用“呼叫中心客户服务平台”对外为所有客户群，对内为其他营销服务渠道及相关部门提供业务咨询、业务查询、业务受理、障碍申告、投诉协调处理等服务和支撑。同时，利用客服中心资源及平台优势，实施主动营销、针对性营销、市场调查（满意度调查）、客户关怀、信息收集等工作。

第五节　客户服务代表的综合职业能力

呼叫中心座席代表每天要接打大量电话，如果没有自始至终的专业态度是难成功的。作为一名客户服务代表，除了需要具备身体健康、声音甜美、熟练掌握计算机操作技能、标准的普通话、良好的文化素质等基本条件外，还需达到以下岗位要求。

一、积极的心态

从事任何一项工作都要具备正确的心态，这包括对工作本质的认知与认同。客服代表在接听来话处理客户咨询、投诉以及外呼营销时要接触大量的客户，经常会遇到各种各样的挫折，客服代表必须要有承担这些挫折的勇气，把这些挫折变成下一个成功的起点。

二、自我管理的能力

（一）自我激励

客服代表在工作中面临着由于服务与营销带来的巨大压力，这种压力可能是来自业绩方面，也可能是来自身体方面，或者是长时间工作感到枯燥的压力。作为客服代表，你要善于自我激励，从而缓解这种压力。

缓解压力的方法有很多，例如积极思考，多看一些自我激励的书，听听音乐，或者一个人静坐好好休息一会，客服代表要找到最适合自己的方法。另外，树立正确的职业观对客服代表保持长期持续的激励也很重要。

（二）学习能力

作为客服代表所需要接触的知识甚为广泛，从行业知识、服务技能到营销知识等，可以说客服代表的工作是“综合素质”的竞争，面对如此多的知识和信息，没有极强的学习能力是无法参与竞争的。仅以销售技巧为例，从引导式销售到倾听式销售，继而提问式销售直至顾问式销售……销售技巧不断变化翻新，作为优秀的客服代表只有掌握各种销售技巧才能在竞争中胜出。当然客服代表需要学习的远不止销售技巧，并且还必须具有举一反三的能力。

（三）执行能力

执行能力体现的是客服代表的综合素质，更是一种不达目标不罢休的精神。客服代表在执行计划时常常会遇到困难，这时你如果只会说“主任，这个事太难了，我实在做不了”，那么你的领导也只能说“好，那我找能够完成的人来做”。没有困难的事情称不上任务，人人都可以完成的事也体现不出你的价值。

三、电话沟通能力

电话沟通能力，就是客服代表在与客户交互的过程中，运用声音感染力、提问、倾听等技巧与客户建立融洽关系，并进行交流与沟通。电话沟通能力要求客服代表第一是具备良好的表达能力，能够运用恰当的词语准确表达自己的意思，而且能用准确易懂的语言为客户分析或解答，能够向客户清楚地说明产品或服务的优势，以及能够给客户带来的利益，能让客户清晰地了解或理解；第二是具备倾听能力，能用认真、谦虚、宽容的心态倾听客户讲话，并能准确接收，快速正确理解客户所询问的问题，以及客户的真实需求；第三是具备意见征求能力，能够在适当的时候运用不同的提问技巧了解客户需要或控制对话方向；第四是控制情绪的能力，能控制个人工作情绪，保持正面乐观的情绪，并能引导控制客户的情绪，能安抚客户情绪，协助客户缓解压力，能为不同情绪的客户提供专业、全面、正确的解答。

四、业务处理能力

作为各运营商的呼叫中心的客服代表，应熟悉各类电信业务、产品、服务、营销等专业知识，具备熟练的业务处理能力，只有这样客服代表才能向客户全面、详细地说明产品和服务的卖点以及给客户创造的价值，清楚解答客户的疑问，恰如其分地处理客户的要求，提升电信服务的客户满意度。

这一点对于在呼入或呼出过程中开展电话营销尤为重要。熟练的业务处理能力，除了要对产品本身了解以外，更重要的是要对产品使用用途、客户使用环境、客户的价值要有清楚的了解。客服代表需要在电话中帮助客户进一步明确客户的需求，甚至帮助客户看到客户未来的但现在还没有意识到的需求。

业务处理能力反映客服代表对业务知识的掌握水平。业务知识范围涵盖业务功能、业务使用方法、使用范围、资费标准、促销活动等和折扣以及各类相关信息。业务处理能力包括业务处理解答、专业知识、文字书写能力。业务处理解答，要求做到积极倾听、安抚客户情绪、回答客户问题简洁有力；专业知识要求熟练掌握各类电信业务、相关支撑系统操作和市场营销知识，能熟练操作支撑系统，迅速查询相应的资料并处理，准确回答客户的问题，对需要记录的内容能够表述清楚、分类准确。

五、营销能力

营销能力是指客服代表在处理客户呼入电话和向客户主动打出电话时是否能及时把握住客户的商业需求及个人需求，并且有去满足客户需求的意愿及能力。营销能力要求客服代表能够针对客户的需求，及时把握商机，以恰当的营销切入点灵活推荐各类产品，做好主动营销、客户挽留、他网策反工作，并适时促成成交。

电话营销中，因为无法全面确知客户的具体情况，也无法面对面解决问题的情况下，许多时候客服代表必须依赖良好的营销技巧来克服困难。良好的营销技巧都是从以往的营销经验中总结出来的，客服代表在从事电话营销工作的时候，除了充分应用到这些营销技巧外，也要学会自我总结，总结出一套更适合自己的营销技巧。

对于以上的呼叫中心座席代表的专业要求，呼叫中心的经理和主管可以对此提出一定的考评要求，座席代表为实现这些专业要求，也可以配合给自己制定一个短期或中长期的规划，承诺自己每天表现出专业态度，不断表现主动，给呼叫中心客户最满意的服务与感受，增强客户的忠诚度。

【讨论】作为一个呼叫中心服务代表应该具备什么样的能力？

资料：中国电信10000号客服代表岗位技能认证标准

1. 总体要求

1.1　岗位名称：10000号客服代表。

1.2　岗位描述：通过10000号系统平台为客户提供查询、咨询、投诉、业务受理、障碍受理、客户回访、电话营销等服务的人员。

1.3 岗位技能等级：本岗位技能认证标准共设三个等级，分别为：客服代表五级、客服代表四级、客服代表三级。

1.4 适用对象：从事或准备从事本岗位相应等级工作的人员。

1.5 认证考核方式：分为理论知识考试和技能操作考试。理论知识考试采用现场闭卷笔试/机考的方式，技能操作考试采用现场实际操作方式，理论知识考试和技能操作考试均采用百分制，两项成绩均达60分以上者为合格。

1.6 考评人员与考生的配比：笔试的考评员与考生配比为1∶30，且每个考场不少于2名考评员；技能操作考试的考评员与考生配比由各省公司根据情况自行确定，且每个考场不少于3名考评员。

1.7 认证考核时间：各等级的理论知识考试时间为60～90分钟，技能操作考试考核时间为20～50分钟。

1.8 证场所：理论知识考试在标准教室或计算机教室内，技能操作考试在配备有相关通信硬件、软件设备、能模拟进行电话服务工作的场所。

2. 要 求

本标准对各级别客服代表的技能要求及相关知识要求依次递进，高级别包括了低级别的要求。五级标准(见表1-3)是对客服代表从事一般性销售服务工作应掌握的知识技能等方面的要求，四级标准是对客服代表从事专业性销售服务工作应掌握的知识技能等方面的要求，三级标准是对客服代表从事复杂性及顾问式销售服务工作应掌握的知识技能等方面的要求。

表1-3 五级10000客服代表岗位技能认证标准

知识技能分类	内容	要求	相关知识
通用基础知识			
行业基础知识	电信市场概况	(1)基本了解通信行业概况； (2)基本了解各运营商企业概况；	(1)通信行业概况； (2)各电信运营商简介；
	电信市场监管体系及相关电信法律法规	(1)基本了解电信条例、国家主管部门相关电信管理规定； (2)基本了解合同法、消费者权益保护法、反不正当竞争法等相关法规； (3)熟悉企业相关规章制度	(1)电信条例主要内容； (2)合同法、消费者权益保护法、反不正当竞争法等相关法规的基本内容； (3)安全保密等企业相关规章制度；
	企业文化及战略	(1)基本了解中国电信的企业概况； (2)了解中国电信的企业文化纲要； (3)了解员工职业操守守则	(1)中国电信企业基本情况； (2)企业文化纲要； (3)员工职业操守守则

续表 1-3

知识技能分类	内容	要求	相关知识
企业基础知识	品牌体系	(1)熟悉企业品牌名称及标识 (2)熟悉客户品牌名称、标识及传播口号 (3)熟悉业务品牌名称、标识	企业品牌、客户品牌及业务品牌的基本知识
	客户基础管理与营销服务体系	(1)了解中国电信战略分群; (2)基本了解客户信用等级、信用等级的应用方式,了解客户等级在业务受理环节的应用; (3)了解客户积分组成、回馈形式、客户卡名称和形式; (4)基本了解核心视图的基本信息,了解客户的认证方式; (5)了解业务登记单规范文本、服务协议规范文本的内容; (6)了解中国电信渠道体系架构、各渠道定位; (7)熟悉服务标准	客户基础管理与营销服务体系的基本知识
产品和业务知识			
业务知识	电话类	熟悉新装服务、通信服务、应用服务、信息服务类常用业务内容	常用业务的定义、特点等相关业务知识,业务办理的相关规定及资费、时限等
	上网类	(1)熟悉宽带上网类业务的定义、特点和办理的相关规定及时限; (2)了解窄带上网定义	常用业务的定义、特点等相关知识,业务办理的相关规定及资费、时限等
	电信卡类	了解全国卡以及本地常用电话卡的种类、使用方法和资费	全国卡以及本地常用电话卡的种类、特点、使用方法、资费等相关知识
	变更服务类	熟悉变更服务类各种业务的操作方法、办理的相关规定、资费及时限	各种业务定义、操作方法、办理的相关规定、资费及时限
	综合信息应用类	了解号码百事通和上网应用服务类各业务的定义	号码百事通和上网应用服务类各业务的定义
	商务领航	简单了解商务领航通信版套餐基本内容	商务领航相关知识

续表 1－3

知识技能分类	内容	要求	相关知识
	我的 e 家	熟悉我的 e 家套餐内容、办理的相关规定、资费及时限	我的 e 家套餐相关知识
营销服务知识与技能			
专业基础知识	客户服务中心及客服代表概述	(1)熟练掌握客户服务中心定位、职能、作用的要求； (2)熟练掌握客户服务的概念，客服代表的职业特征、岗位要求	(1)客户服务中心定位、功能、作用； (2)客户服务及客户服务代表概念及要求
服务礼仪	服务礼仪	(1)掌握服务礼仪的基本要求； (2)掌握接听和拨打电话的礼仪	客户服务礼仪
沟通技能	沟通技能	(1)基本掌握语音服务技巧； (2)掌握基本沟通的技巧，如倾听和提问的技巧	(1)客户沟通的原则和方法； (2)客户沟通技巧知识
情绪控制	压力与情绪自我控制	(1)了解压力的来源和负面情绪的影响； (2)了解压力和情绪控制方法	(1)压力和情绪的概述； (2)压力和情绪控制的方法
障碍处理	障碍处理	(1)能够根据脚本对障碍类型进行初步判断，对简单的客户端障碍进行预处理，对于复杂障碍转专台处理； (2)能对障碍进行分类记录并派单	(1)集团公司下发的障碍申告预处理手册； (2)本地编制的相关障碍处理手册
投诉处理	投诉处理	(1)掌握投诉处理的基本技巧； (2)能够按照投诉处理技巧及时安抚客户的不满情绪，缓解矛盾； (3)能根据客户投诉内容按投诉处理的脚本处理投诉； (4)对无法现场处理的投诉，能准确派单	(1)投诉处理的原则和方法； (2)各类电信业务投诉处理流程
客户保持	客户挽留技巧	能够按预定脚本向客户实施挽留	客户保持技巧
电话营销	电话营销技巧	(1)掌握电话营销的优点与特点、了解电话营销分类； (2)电话营销的流程； (3)初步掌握营销步骤中的销售技巧； (4)根据脚本向客户进行业务推介和受理提示，并述说产品卖点	(1)电话营销概念、优特点、流程； (2)电话营销成功的关键要素； (3)电话营销成功的六个步骤及每个步骤中的技巧； (4)各个电信产品的关键卖点及适用客户群体

项目四　学习呼叫中心服务规范

第一节　客户服务基本知识

客户服务中心是直接为客户提供服务的前沿阵地，在企业的生产经营中发挥着越来越重要的作用。呼叫中心客服代表在运营商企业中扮演什么样的角色，承担什么样的责任，应该提供怎么样的服务，是我们在实际的工作中经常讨论和思索的问题。

一、客户

电信企业的客户服务中心面对的客户就是通过拨打10000、10086、10010等电信运营商客户服务热线获得电信服务和收益的访问者。

对于一名称职的客服代表来说，从你接电话的那一刻起，确保客户的需要和期望得到满足就成为你的职责，从那一刻起他们就成了你的客户。你采取的沟通方法和满足客户需求和愿望的程度决定了客户对公司的满意度和忠诚度，最重要的是决定了他是否会再次与你合作。对客户来说，客服代表通常是他们与公司接触的第一界面，在客户的头脑中，客服代表不仅仅是公司的一名雇员，而代表的是整个公司。

在电话服务过程中，客服代表面对的客户通常可以分为三种类型：

(1)要求型：想了解你的产品和服务的客户；

(2)困惑型：对某个问题不清楚或有误会，需要你替他解释清楚的客户；

(3)激动型：对产品或服务不满意，情绪很激动的客户。

【案例讨论】谈谈对客户的认识。

客户是什么？

客户是来到本企业的最重要的人，无论是亲自拜访，还是电话来访，最终为我的工资付款的人，我的确是在为他工作。

客户是一个我不应当与之争论的人，因为我知道赢得争论的唯一途径是避免争论，尤其是与客户的争论。

客户是一个既能够使我成功，也能够使我失败的人，全看我对他的评论作出怎样的反应，只要我能控制自己的反应就能轻松地把握自己的命运。

客户是一个像我一样怀有偏爱和偏见的人，他也许不喜欢我的发型，而我也许也不喜欢他的着装。

客户是一个有时候意味着一种挑战的人，我接受挑战，并且很高兴让他转怒为喜；

客户是一个非常特别的人，他作为我的客户只有短短的几分钟，而在此期间，我却能帮助他并满足他的需要。

客户是一个我会不计劳苦对待他的人，他也许不会注意到这一点，而我却知道平庸与优秀之间的差别。

二、客户服务

服务是什么？(Service)

S——Smile for everone，微笑待客。

E——Excellence in every thing，精通业务上的工作。

R——Reaching out to every customer with hospitality，对顾客的态度亲切友善。

V——Viewing every coustomer on special，将每一位顾客都视为特殊的和重要的大任务。

I——Inviting your customer return，邀请每一位顾客成为岗位回头客。

C——Creating a warm atmosphere，为顾客营造一个温馨的服务环境。

E——Eye contacl that shows care，用眼神传递关爱。

企业客户服务意味着“客户”认为我们企业应当做什么或不做什么，而不是你实际做什么或不做什么。客户需要的不仅是产品和服务，更想获得一种真诚高效的服务来满足他们的需要。

客户服务的意义并非只限于接受咨询查询、处理投诉抱怨、受理业务等服务。就最广泛的意义而言，任何提高客户满意程度的因素，都属于客户服务的范畴。

客户服务是企业根据市场竞争策略，以最大限度满足客户需求、赢得客户信赖为导向所开展的从企业到员工的服务活动。服务是以不同形式帮助客户解决问题和满足客户物质和精神需求的全部行为过程。服务的本质是人与人的行为情感沟通，因此服务的关键是满足客户的心理情感需要。

企业客户服务工作具有以下几个方面的特点：

（一）难以感知性

主要从以下三个方面来理解：一是客户服务的很多元素对于客户来讲是看不到、摸不着的；二是客户在接受服务之前，往往不能肯定他能得到的服务，因为很多服务都非常抽象，很难描述；三是对于某些客户服务而言，具有一定的延后性，客户在接受服务后无法立即感受到服务的利益，也就无法对服务的质量做出全面客观的评价。

（二）互动性

客服代表向客户提供服务的过程是服务人员与客户互动的过程，两者缺一不可，而且双方都有可能对服务的结果产生影响。

（三）差异性

差异性是指客户服务是一个非常复杂的过程，在某种意义上来说很难做到标准化，每次服务带给客户的感知、服务质量都可能存在差异，这主要由于在双方互动的过程中，存在很多因素，都会对服务的结果产生影响。

（四）流程化

大多数的客户服务过程都遵循了一定的规范或符合一定的流程。

（五）不见面的服务

客服代表向客户提供的服务是利用以电话为主的各种通信设备完成的，因而客服代表很少有机会与客户直接见面，但同时这种服务又要求客服代表力争达到面对面的服务效果。因此，客服代表必须具备电话沟通技巧、良好的倾听能力和语言驾驭能力等多项技能。

三、客户满意

客户满意对于企业来说是至关重要的。但什么是客户满意呢？客户满意度是指客户对企业以及企业产品和服务的满意程度，通俗地说客户满意是客户所体验的高兴程度。

客户满意度是衡量客户是否满意的具体指标，是通过客户“期望”的服务与“感知”的服务之间的差异而表现出来的。在评价客户满意度的过程中，由于形成“期望”与“感知”的各种因素都很难控制，因此建立并维持与客户的融洽关系就不仅仅是客服代表工作的扩展部分，而是工作的全部。客服代表在座席上开始工作的时候心里必备的两个状态就是：客户永远是正确的，我代表的就是公司。

客户满意度的提升，将帮助企业持续提升客户价值，提升企业的竞争能力和盈利能力，在竞争中立于不败之地。而如果你不能改进服务，那么你就会在竞争中败下来。当客户的投诉得到满意的解决后，他们一般会继续做您的忠诚客户，并会向朋友和同事讲述自己的感觉，甚至主动推荐和介绍他的朋友成为你的客户。客户满意的感觉会传递给周围6～7人，但是不满的感觉可能会被传递给周围20个人。由此可见销售是决定商业贸易的关键环节，客户又是决定是否购买你的商品的核心任务，客户作出决定来自于满意度。

- 客户满意是可感知效果和期待值之间差异的函数关系。

(1)客户可感知效果大于客户期待值，客户超值满意。

(2)客户可感知效果等于客户期待值，客户基本满意。

(3)客户可感知效果小于客户期待值，客户不满意。

四、优质客户服务的价值

服务对公司来说是为了提升品牌。在竞争激烈的市场上，产品自身差异往往并不大，要树立品牌优势，靠的就是胜人一筹的服务，说到底就是要保证客户的购买目的。好的彩电生产企业提供的可能不仅仅是及时的包修、包换服务，它可能还会想到在维修期间先提供给客户另一台彩电，以最大程度地保证“看电视”这一购买目的的随时实现。与电信业一样，为什么最好的产品不一定卖得最好，其中客户服务的附加价值大小，很可能是关键所在。

归根到底，呼叫中心的目的要做的就是，用不断改进的、美好的服务，更大限度地满足客户的需求，同时提升公司品牌价值，树立良好的公司形象，以质取胜，以服务取胜，在各运营商抢滩4G的情况下，使自己立于不败之地。总之优质客户服务体现以下价值：

(1)客户满意度提高，客户关系稳定；

(2)企业服务利润链增值；

(3)企业持续竞争力和创新能力提升；

(4)员工职业自豪感以及个人价值提升。

第二节　客户服务代表的服务意识

【案例讨论】1. 从故事中你受到什么启发？

2. 你如何看待呼叫中心的工作？

3. 在客户服务工作中你认为最大困难是什么？

巴黎埃菲尔铁塔当年在打地基时，有一位报社记者去问打地基的工人，想知道他们对此项工作的看法。

第一名工人说：“当一天和尚撞一天钟，干一天算一天啦！我每天下班后，有酒喝，就心满意足了。”这个工人的工作态度懒散，对于修建铁塔似乎没有什么兴趣，是个典型的“为生活而工作者”。

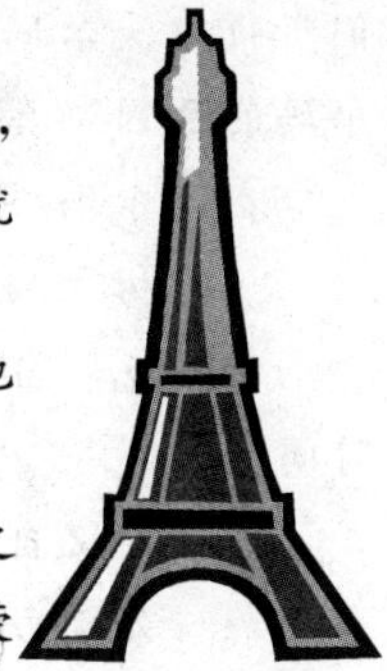

记者走了几步,碰到另一名忙碌的工人,也问他相同的问题。

工人擦擦汗回答说:"我一家五口就靠这份收入,所以我必须努力地工作,以养家活口。而且,我知道勤奋工作一定会获得上司的赏识,希望不久之后就会升级加薪。"这是"为工作而工作者"。

记者走到另一边,遇见一名工作得十分快乐并且若有所思的工人,又问他同样的问题。

工人昂首回答说:"我正在兴建一座世界最高大的铁塔,这件工程完工之后,全世界的人都将慕名来参观。能够参与这一件伟大的工程,我觉得很荣幸,而且我的家人也都以我为荣。"这是"为理想而工作"的典范。

一、服务意识

21世纪的市场结构,必定是客户导向的市场,要长期与您的客户建立商业联系,不在商品本身或销售能力,而是在于您能否满足客户的需求,甚至于提供的服务能超越客户的期望,让客户有惊喜的感觉。客户要的是只有两件事:在我需要帮助的时候,您能为我做什么;如果您关心我,就做给我看。要做到这两件事,需要我们呼叫中心工作人员有服务意识。那服务意识是什么?服务意识是指企业全体员工在与一切企业利益相关的人或企业的交往中所体现的为其提供热情、周到、主动的服务的欲望和意识。即自觉主动做好服务工作的一种观念和愿望,它发自服务人员的内心。

服务意识是服务提供者在思想和观念上真正地将客户的利益放在首位,最大限度主动满意客户在接受服务中的物质和精神需要的基础驱动力。

二、服务意识对服务质量的影响

服务是无形的,它既非完全虚无缥缈或不可感知,也非仅是无关紧要的修饰品,而是实实在在的产品,只不过其存在的形态是无形的,通过服务人员的态度和行为呈现给客户。服务意识决定着服务态度,服务态度直接影响服务行为,服务行为决定了服务的质量(见图1-14)。

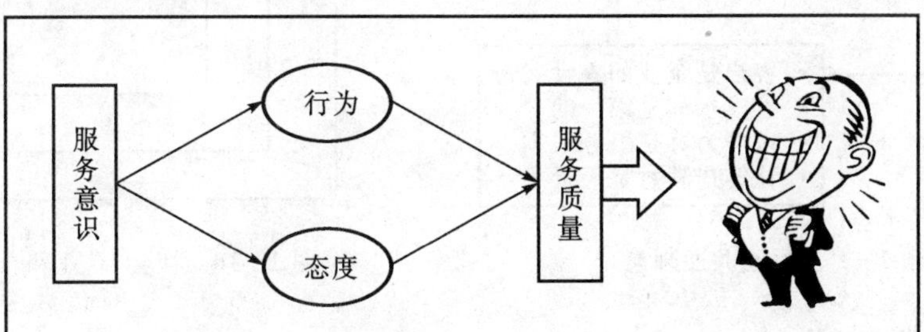

图1-14　服务意识与服务质量关系图

三、对服务意识的认知

【案例讨论】

沃尔玛,这个以客户服务为主的公司的发展势头是惊人的。这一切都是怎么实现的?我们听说过沃尔玛先进的信息管理系统，也听说过它精明的采购策略，但这些都不是客户光顾沃尔玛的原因。真实的原因是：在沃尔玛，你能真正地感受到自己受到欢迎。

在沃尔玛公司的《员工手册》上对员工的服务提出了这样的要求：

——树立“顾客永远是正确的”观念，必须以使顾客满意的方式解决问题。

——克制自己，避免因感情影响工作，措词上要谨慎，要用缓和的速度来说话，争取思考时间。

——牢记自己代表的是企业形象，绝不能抱着“不关我事”的态度。

——处理顾客的抱怨时不要拖延，而且处理抱怨的行动也要让顾客能明显地感觉到你的努力，以止息顾客的愤怒。

——向顾客道歉时要有诚意，绝不能口是心非，应该发自内心地关心顾客的需要。

——对顾客的抱怨要以婉转的语气，心平气和地加以解释，如果没必要解释的，不说为宜。

这就是沃尔玛对员工服务所提出的所有要求，这部分内容的核心就是“顾客永远是正确的”。

讨论：在你工作的时候，是否会以“顾客永远是对的”为服务指南呢？

“服务意识”是体现为主动发现客户需求，追求客户满意的一种职业态度，具体化为“迅速反应，马上行动”的工作作风。不是因为规章制度，不是因为利益关系不得已而为之。服务意识更多地表现为一种精神，一种“乐于付出，以他人利益为重”的精神。

服务产品同其他有形产品一样，也强调产品要能满足不同的消费者需求。消费者需求在有形产品中可以转变成具体的产品特征和规格，同时这些产品特征和规格也是产品生产、产品完善和产品营销的基础。但是这些具体的规格对于服务产品来说犹如空中楼阁一般。因而服务企业需要明确“服务产品”的本质或“服务理念”（见图 1-15）。

服务最终是由雇员提供的，特别是由那些与消费者发生交互作用的雇员所提供，所以服务企业的服务理念在满足消费者需求的同时还要满足雇员需求，其关系见图 1-16。

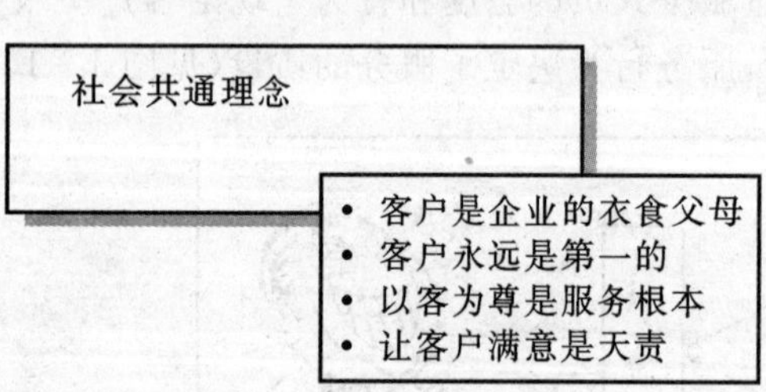

图 1-15　社会共通理念

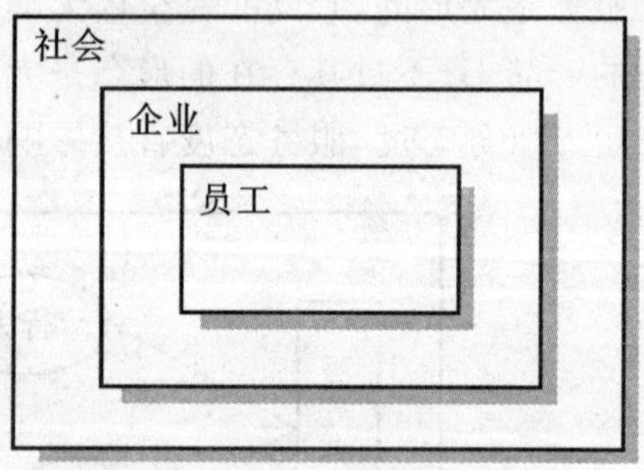

图 1-16　社会、企业和员工的关系

客户呼叫中心必须不断地转变观念，不断提高对服务工作的认识，加大抓服务工作的力度和深度。

四、正确的服务态度

呼叫中心的工作本质是客户服务，树立正确的服务态度是客户服务的基础。那如何为我们客户提供优质的服务？拥有正确的服务态度是我们必须要做的，并努力做到以下几个方面：

(1)尊重对方，增强自信；

(2)积极、认真、热情、诚恳；

(3)微笑友善；

(4)平和宽容；

(5)冷静客观；

(6)努力做到“一心”、“二要”、“三不”、“四一样”。

一心：一心为客户，满意在话务。

二要：业务要精通，服务要一流。

三不：不讲训斥客户的话，不做与工作无关的事，不计较客户的要求是否合理。

四一样：生人与熟人一样，心情好与坏一样，话务量心与闲一样，检查与不检查一样。

第三节　客户服务代表的行为规范

一、服务行为规范

服务行为规范是企业为树立社会公众形象和声誉，保障与提高服务品质，赢得客户信任而制定的重要保障措施，是企业全体员工为维护企业形象和声誉，自觉、主动和必须遵循的企业制度。

- 维护公司形象，体现职业风范；
- 理解尊重客户，体现文明礼貌；
- 优化工作程序，提高工作效率。

呼叫中心服务行为规范的原则如下：

(1)方便及时准确接入：

- 没有忙音；
- 语音提示不要过于烦琐；
- 电话被轻易搁在一边或被转接回拨。

(2)受到礼遇、被重视、被尊重：

- 座席服务人员的服务态度和接听用语具有亲和力，口齿清楚声音热情；
- 客户的问题被准确理解；
- 客户言谈没有被打断；
- 呼叫没有被匆忙挂断。

(3)一次性解决问题：

- 客户的问题得到及时专业解答处理并提供有效建议；
- 客户的要求被理解并且迅速做出行动；
- 座席人员专业能力令客户产生信任感；
- 负责任的承诺。

(4)问题被及时跟进：

- 电话转接的规范性，客户无须反复陈述问题；
- 所有问题得到清楚确认和解决方法得到客户理解；
- 客户无须对于座席人员回答做出核查和重复；
- 主动跟踪回复客户信息；
- 有社会责任感，诚实可信。

二、语言规范

人与人之间的相互影响是通过知觉来完成的。我们的电话服务工作，是通过听觉来完成的；行为心理学家告诉我们，在电话沟通中 38%的信息来自说话内容组织以及语种；62%的信息来自语音、语调、语气、语速以及电话传递的表情、身体、语言。声音是座服人员真正容貌和综合形象的展示，客户通过感知声音就可以判断态度、情绪、专业能力，以及是否可以信赖。声音就象一面镜子折射出对客户的影响力。

(一)规范服务用语的基本要求

(1)多使用礼貌用语：您好、请、谢谢、对不起、再见。

(2)禁止使用服务忌语。

(3)语速适中，语音甜美，语调柔和，亲切自然；忌说话没有激情，语调平淡，过于拖拉或速度太快。

(4)咬字清晰，避免出现方言较浓的普通话。

(5)耐心解释，态度热情周到；忌与客户通话时出现反问、质问的口气。

(6)应答过程中遇客户咨询自己不熟悉的业务时，忌烦躁、不懂装懂、推诿、搪塞客户。

(7)通话过程中不得无故打断客户说话，不要急于对客户做出解释，应请客户将问题表述完后再答复(否则将适得其反)。

(8)对客户反映的须提交的问题，客户代表应在客户表述后再复述一遍，确认所提交的问题即客户所反映的问题后，方可记录下来提交综合处理组，在查询处理过程中需要其他客户代表配合处理或与其他台席的客户代表交谈时，应先静音。

(9)严格按照服务规范用语应答。

(二)基本规范用语

(1)问候语："您好，请问有什么可以帮您？"

(2)客户问候客户代表"小姐，您好"时：

客户代表应礼貌回应："您好！请问有什么可以帮助您？"

(3)遇到无声电话时：

客户代表："您好！请问有什么可以帮您？"稍停 5 秒还是无声，"您好！请问有什么可以帮您？"稍停 5 秒，对方无反映，则说"对不起，您的电话没有声音，请您换一部电话打来，好吗？再见！"再稍停 5 秒，挂机。

(4)用户使用免提无法听清楚时：

客户代表："对不起，您的声音太小，请您拿起话筒说话好吗？"

(5)遇到电话声音小，听不清楚时：

客户代表："对不起，请您大声一点，好吗？"若仍听不清楚，客户代表："对不起，您的电话声音太小，请您换一部电话打来，好吗？"然后过 5 秒挂机。

(6)遇到电话杂音太大听不清楚时：

客户代表："对不起！您的电话杂音太大，听不清楚，请您换一部电话打来好吗？再见！"稍停 5 秒，挂机。

(7)遇到客户抱怨客户代表声音太小或不清楚时：

客户代表:“对不起!(稍微提高音量)请问有什么可以帮助您?”

(8)遇到客户来电找正在上班的客户代表:

客户代表:“对不起,公司有规定,上班时间不允许接听私人电话,请您下班后再与她联系,谢谢您,再见!”或请其留下联系电话。

(9)帮助客户完成话费查询工作后:

客户代表:“先生/小姐,为了方便您查询话费,我们开通了×××××(10086、10001 等)自动话费查询功能,欢迎您下次拨打×××××(10086、10001 等)查询您的手机话费。谢谢您的合作,再见!”

(10)请客户配合提供电话号码及六位数业务密码时:

客户代表:“请问您的号码是多少呢?”及“请问您的业务密码是多少呢?”

(11)遇到客户不知道自己的六位数业务密码要求查询时:

客户代表:“对不起,业务密码是您的个人保密资料,我们无法查询。”随即就引导客户本人带证件到指定营业厅办理密码重置业务,未设定过密码的客户可用本机通过相关服务热线进行设定。

(12)客户提供密码错误时:

客户代表:“对不起,请您将密码重复一遍好吗?”如果客户所提供的密码仍然不对,则客户代表:“对不起,您的密码不正确,请您查证后再来电,好吗?”

(13)若没有听清楚客户所述内容,要求客户配合复述时:

客户代表:“对不起,麻烦您将刚才反映的问题再重复一遍,好吗?”

(14)客户查询的信息较长,不容易记住,需要其记录下相关内容时:

客户代表:“对不起,麻烦您将刚才反映的问题再重复一遍,好吗?”

(15)遇到客户手机因欠费被停机时:

客户代表:“对不起,您有 * * 元的手机话费尚未结清,麻烦您尽快缴清话费,费用缴清后,我们会尽快为您开机。”

(16)遇到操作界面反映较慢或进行相关资料查询需要客户等待时,应先征求客户的意见。

客户代表:“对不起,请您稍等片刻,好吗?”在得到客户的同意后,按静音键取消静音后,客户代表:“对不起,让您久等了。”

(17)遇到客户打错电话时:

客户代表:“对不起,这里是×××××(10086、10000 或者 10010 等)客户服务中心,请您查证后再拨。”并根据客户的需求,引导客户拨打到其他服务台。

(18)遇到客户投诉服务热线难拨通、应答慢时(包括电话铃响三声后才接起)。

客户代表:“对不起,您能否将具体情况和联系电话告诉我,我帮您联系好吗?”

(19)遇到客户想直接打本公司内部其他部门电话时:

客户代表:“对不起,您能否将具体情况和联系电话告诉我,我帮您联系好吗?”

(20)遇到设备故障不能操作时:

客户代表:“对不起,线路正在调整,请您稍后再来电,好吗?”或请客户留下联系方式,等设备正常后及时与客户联系。

(21)遇到客户情绪激烈,破口大骂时:

客户代表:“对不起,先生/小姐,请问有什么可以帮助您?”同时客户代表应调整好心情,尽量抚平客户的情绪，若无法处理，应马上报告现场业务主管。

(22)遇到客户责备客户代表动作慢，不熟练时：

客户代表："对不起！让您久等了，我将尽快帮您处理。"

(23)遇到客户询问客户代表姓名时：

客户代表："对不起，我的工号是×××号。"若客户坚持要求，可告诉客户这是公司规定。

(24)遇到客户投诉客户代表态度不好时：

客户代表："对不起，由于我们服务不周给您添麻烦了，请您原谅，您是否能将详细情况告诉我?"认真记录客户的投诉内容，并请客户留下联系方式，提交给值班长或业务督导处理。

(25)客户投诉客户代表工作出差错时：

客户代表："对不起，给您添麻烦了，我会将您反映的问题如实上报主管，并尽快核实处理，给您带来的不便，请您原谅!"并记录下客户姓名、电话及复述投诉内容。如客户仍不接受道歉，客户代表："对不起，您是否可以留下您的联系电话，由我们的主管与您联系处理，好吗?"迅速将此情况转告现场业务主管，现场业务主管应马上与客户联系并妥善处理，客户代表切忌对客户说："不是我受理的，我不清楚，您拨××电话。"

(26)若客户手机欠费停机或单向停机要受理业务时：

客户代表："对不起，该手机已停机，无法为您办理业务，请您结清费用再来电，好吗?"

(27)遇到客户提出建议时：

客户代表："谢谢您，您提出的宝贵建议，我们将及时反馈给公司相关负责人员，再次感谢您对我们工作的关心和支持。"

(28)遇到在受理过程中需请求客户谅解时：

客户代表："对不起，请您原谅。"或"对不起，很抱歉。"

(29)遇到客户向客户代表致歉时：

客户代表："没关系。"或"这是我们应该做的。"

(30)遇到骚扰电话时：

客户代表："对不起，您的要求不在我们的服务范围内，请您挂机。"若客户仍纠缠不休不肯挂线，客户代表应将来话转接自动台或报告现场业务主管。

(31)遇到客户善意约会时：

客户代表："非常感谢！对不起，我不能接受，再次谢谢您!"

(32)遇到客户提出的要求无法做到时：

客户代表："很抱歉，恐怕我不能帮助您!"或"很抱歉，这超出我们的服务范围，恐怕我不能帮助您。"

(33)遇到客户向客户代表表示感谢时：

客户代表必须回应："请不必客气"或"不客气"。若客户进一步表扬，客户代表："请不必客气，这是我们应该做的。"或"这是我们的工作职责，感谢您对我们工作的支持，随时欢迎您再来电。"

(34)遇到无法当场答复的客户咨询：

客户代表："对不起，请您留下您的联系电话，我们查询后将尽快与您联系，好吗?"客户："……"客户代表："先生/女士，请问您贵姓?"客户："……"客户代表："谢谢您的合作，再见!"

(35)遇到无法当场答复的客户投诉：

客户代表："很抱歉，先生/小姐，多谢您反映的意见，我们会尽快向上级部门反映，并在2

小时之内(简单投诉)/24 小时之内(复杂投诉)给您明确的答复,再见!"

(36)向客户解释完毕后,应向客户确认是否明白了:

客户代表:"请问我刚才的解释您是否明白/清楚?"若客户不能完全明白,应将客户不明白的地方重新解释,直到客户明白为止。

(37)电话受理终了时应询问客户是否还有其他方面的咨询:

客户代表:"请问还有什么可以帮助您?"在确保客户没有其他方面的咨询后礼貌地说:"再见!"

(38)遇到客户业务受理完毕仍未挂机时:

客户代表:"请问还有什么可以帮助您?"若客户仍未有回应,客户代表:"对不起,我挂线了。"

(39)对于客户投诉,在受理结束时:

客户代表:"很抱歉,××先生/小姐,多谢您反映的意见,我们会尽快向上级部门反映,并在××小时(根据投诉类别和客户类别的不同而不同,见服务时限标准)内给您明确的答复,再见。"

(三)服务禁用语

1. 常见禁用词

喂、什么、不知道、应该、好像、不可能。

2. 服务禁用语气举例

反问语气、质问语气、机械语气、散漫语气、愤怒语气、讽刺语气。

(1)带有质问的语气:

如:我不是告诉过你了吗?

不是说……吗?/你还不明白,这次听好了!

你听不见吗?

明白吗?/知道了吗?/为什么?

叫什么名字的?

(2)带有命令式或不耐烦的口气:

如:你去××××××/你打××××××(号码)问一下好了。

你快……/没这回事!/怎么这么烦!/请诚实回答!

我告诉你什么来着?/你应该做的是……

你知道什么!/你什么都不知道!

你别再问了!/别再打这个号码了!

我只能这样,没办法了!/你必须……

你错了,不是这样的!/不可能,你把名字和地址给我!

(3)带有反问的语气:

如:难道你不知道……?

刚才不是跟你说了吗?怎么又问?

你问我,我问谁?

什么怎么样?/你的意思不是说……?

(4)禁止使用习惯性语言、俚语等:

如:啊、呀、喽、的呀……

(5)禁止使用侮辱性词语或带有嘲笑、责备的口气等：

如：你要这样，我也没办法。

语言表达技巧是一门大学问，有些服务用语是统一规范的，但更多的是客服代表自己对表达技巧的熟练掌握和娴熟运用，以使整个通话过程体现出最佳的客户体验和企业形象。

三、行为举止规范

1. 着装

着装规范见图 1-17。

图 1-17　着装规范

(1)着公司统一的制服；

(2)保持工装整洁得体；

(3)佩带工号牌。

2. 仪容、仪表、仪态

女性仪容、仪表、仪态规范见图 1-18。

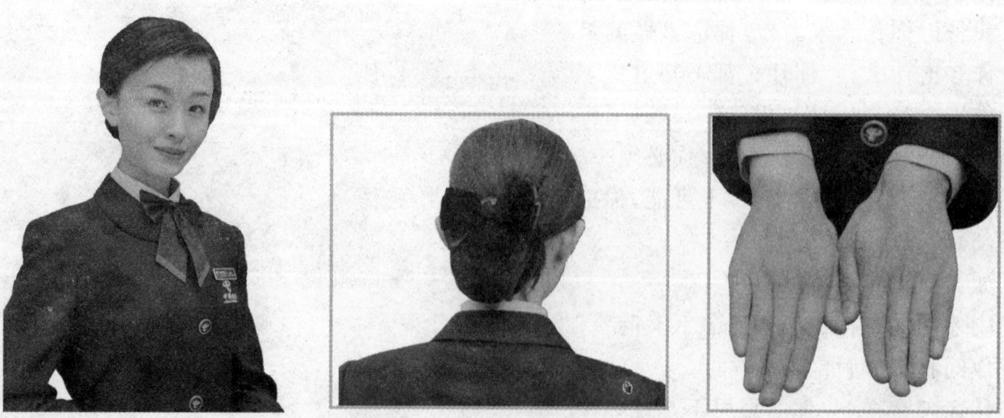

图 1-18　仪容、仪表、仪态规范

(1)头发梳理整齐,用公司统一配发的发夹装饰,头发不得染怪异色彩,理怪异发型;

(2)工作时应化淡妆,不得浓妆或者怪异妆容上岗;

(3)不得留长指甲,涂指甲油以无色为宜;

(4)佩带饰物不得夸张;

(5)鞋袜保持整洁,不得穿戴深色网眼丝袜,鞋跟不得超过 4 厘米。

3. 坐姿

坐姿规范见图 1-19。

图 1-19　坐姿规范

(1)采用中坐姿势,坐时身体占椅面 2/3 左右的面积,上身微微前倾,双目平视计算机屏幕;

(2)调整椅子高度到自身感受恰当,如因坐立时间过长而感到疲劳,可将身体轻轻倚靠座椅背部,起身离开座位时,动作应轻缓,尽量不发出声响。

4. 话筒佩带

话筒佩带规范见图 1-20。

图 1-20　话筒佩带规范

(1)话筒佩带左侧;

(2)距离嘴唇 5 厘米左右。

5. 工作环境

工作环境规范见图 1-21。

图 1-21　工作环境规范

(1)工作台办公用具摆放；

(2)屏幕离眼睛距离；

(3)键盘和鼠标的位置；

(4)工作台面积；

(5)书写记录文具；

(6)显示器上方夹卡子；

(7)小镜子；

(8)不适当的光线造成眼睛疲劳，因此当你不得不向前倾或者向侧面避开强光时，那么就应该调整光线。

客户代表职业守则

资料：中国移动 10086 客户服务代表值机制度

话务员值机制度：

1. 着装整齐，仪容整洁。精神饱满，以良好的精神面貌接班上岗。

2. 客户代表值机时严禁交头接耳、聚集聊天、喧哗嬉闹，不做与工作无关的事。

3. 客户代表应有问必答，耐心解释，对客户不训斥、不责备、不与客户争执。

4. 不得在值机机房内直接表示自己不满，特别是挂线后等待下一电话接入间隙。

5. 严禁出现站姿、坐姿不规范，在岗工作精神懒散，影响服务形象。

6. 值机时，严禁持与工作无关的个人物品(如手机、水杯、床被等)带入工作场所。

7. 严格遵守各项规章制度，自觉遵守通信纪律和劳动纪律，保守通信秘密，内部情况不得向外泄露。

8. 严格执行“首问责任制”，按规定时限，及时按规定为客户提供优质服务。

9. 严格交接班制度，认真填写值班日记和各种户录，如实登记和反映工作中发生的问题和处理情况(包括来访人员的登记)。

10. 服从指挥调度，密切协作配合，坚守工作岗位，不擅离机台，确保通信畅通。

11. 遇到客户询问值机人员姓名时，应报工号，值机人员不得把自己的姓氏及其他值机人员的姓氏和班次泄露给客户。

12. 遇到机房做相关系统调整应积极配合。

13. 下夜班人员在当天早上交接完毕后，应对休息室进行整理。

14. 定时巡查相关系统是否运行正常。

【案例讨论】

服务意识决定服务品质——记中国光大银行 95595 客服中心

中国光大银行 95595 客服中心成立于 1999 年，经过 8 年对于服务品牌的精心打造，成为在同行业和客户中享有良好声誉的银行业呼叫中心。光大银行客服中心先后于 2005 年和 2006 年获得"中国最佳呼叫中心"奖，并于 2006 年 6 月通过 CCCS(客户联络中心运营绩效标准)五星级客户服务认证，成为国内第一家通过该项认证的银行客服中心，在运营管理、系统应用、服务品质等各方面居国内领先水平。

中国光大银行 95595 客服中心的成功并非偶然，深入了解后，能深刻体会到他们所一贯秉承的"让每一位客户都满意"的服务理念，已渗入到日常工作的点点滴滴，服务意识的领先为服务品质的提升奠定了基础。那么，光大银行 95595 客服中心又是如何将这种服务意识进行实践的呢?

优化流程

优化流程架构的基础就是客户中心的服务理念，这种业务模式在光大银行客服中心得到了很好的体现。客户服务可以看做是一种特殊的金融终端产品，整个产品线中环节多，对部门之间的协作要求很高。据介绍，光大银行客服中心建立了重要部门联系人制度，定期或不定期地主动了解各项业务动态，不断地根据业务发展和客户需求变化，优化甚至再造流程，形成了一套以核心流程为主，提供给客户多样化选择的完整流程体系，并且这种流程体系是动态调整的，而调整的动力就来自于客户不断提高的需求。以高端客户服务为例，在最初的流程设计中，光大银行客服中心为了体现高端客户的差异化服务，设置了专门的服务技能组，使高端客户能够体验到更优质、更体贴的服务。但是运行了一段时间之后他们发现，客户最无法接受的其实是长时间的等待和无人应答。于是便调整了之前的路由策略，在专门的技能组提供服务的基础上，增加了话务溢出的处理，使专门技能组忙线时，由其他技能组先接听，并提供初步的服务。这样的调整使高端客户充分体验到：只要需要，光大银行就在他们身边。

国内银行业客服中心以往的流程设计更多地立足于业务的合法合规性，更多地从自身防范操作风险的角度出发，而这样的流程往往忽视了客户体验，很难达到较高的客户满意度。光大银行客服中心看到了存在的问题，对于所有业务流程进行了重检，在以客户利益为出发点的基础上，调整了业务流程。调整后的流程减少了业务的流转环节，大大地提高了效率，使业务运行呈现一种"扁平化"的模式。

完善授权体系

传统的客服中心是业务受理部门，在定位上主要是"渠道"，是连接客户和银行的桥梁。其实，这样的定位在很大程度上限制了客服中心所能发挥的作用，因为客户往往不能完全信赖客服代表，而客服代表也很难体会到工作所带来的成就感，长此下去，将很难保持提高技能的动力和信心，而最终影响到的还是给客户提供的服务质量。光大银行客服中心如何解决这样的问题呢? 他们通过严密的授权体系，对客户需求进行了分析调查，并根据不同需求进行了细分，对于操作风险低、可控性强的业务，按照不同层级对于客服中心工作人员进行逐级授权。经过授权制度的实施，客户更多地听到的是肯定的答复。"一站式"的服务使客户感觉到光大银行的客服中心能够实实在在解决客户的问题。而通过后台的品质监控，可以发现客服代表的服务有了明显的变化，同时，他们的责任心也明显增强了。为了配合授权体系，光大银行客服中心还建立了严格的事后监督机制作为体系运行的保障，充分防范了内部操作风险。

完善的授权体系，大大减轻了后台部门的作业压力，使后台部门能够更多地关注市场和产品，而最大的受益者当然是客户。

差异化服务

光大银行客服中心服务于全行的客户，不同客户的需求差异较大，在服务精细化程度日益增加的今天，如果只用一种标准提供服务，势必造成服务品质无法满足全部客户需要。该客服中心在广泛调查客户需求的基础上，对客户群体进行了多维度的细分，在业务类别、贡献程度等方面对不同客户群进行区分，并制定了差异化服务措施。他们设立了多个不同的技能组别，在日常培训、考核机制、人员选择方面制定不同标准，使得各个技能组服务于特定客户的优势得以体现。尤其是在高端客户的服务方面，光大银行客服中心经过长时间的实践，形成了一套完备的服务流程和服务标准，使得在银行产品同质化日益加剧的市场环境下，借助差异化的服务优势，帮助该行的多个产品在市场上赢得品牌优势。

关注核心指标

数字化管理是客服中心运营管理的核心，光大银行客服中心在日常运营管理中，借助应用系统对服务水平、运营效率、人员绩效评定等进行全面监控，其目标就是要不断提升客户满意度。

在光大银行客服中心的员工心目中有一条“生命线”，那就是电话呼损率。按照他们制定的呼损率指标不能高于5%的要求，所有员工都会时刻关注指标的变化情况，他们深知如果呼损率未能有效控制，就会有许多客户的诉求得不到应答。当出现大量电话排队的时候，所有的一线员工会自动放弃休息时间，二线员工也会增援一线，这些绝不是依靠简单的制度规定就能做到的，而是已经深入员工思想的服务意识使然。该中心有一整套完善的绩效考核体系，对于员工工作的评价完全凭借客观的数据，员工的作业效率、话务水平、工作差错，甚至是业务考试成绩等都能利用系统真实地呈现。员工在这种环境中可以进行公平的竞争，并以不断地提高自身的业务技能，力争提供完善的服务。全面的数字化管理体系，使得光大银行客服中心健康、高效地运营。

健全信息交流机制

光大银行客服中心非常注重与行内业务部门的沟通交流。在与他们的交谈过程中，能够感受到他们有着极强的合作意识。相关部门业务知识的传授和他们自身的服务水准被他们视为行走的“两条腿”。联系人与对口的部门长期保持着密切的联络，尽可能多地收集业务信息，对这些信息进行彻底地消化和“包装”，为客户提供动态需求的服务。作为一种检验，他们定期邀请业务部门听取客户来电，并对客服代表的话务质量进行评价。

作为直接面对大量客户的窗口部门，他们还非常重视客户需求的价值。定期对客户来电内容进行整理和分析，并将分析报告提交全行，成为业务部门决策的良好依据。由于建立了这样一套信息双向交流的机制，使得光大银行客服中心的服务品质呈现出螺旋式上升的态势。

八年来，光大银行始终坚持关注客户需求的服务理念，精心地磨砺服务品牌，在获得了各项荣誉的同时，还积极取得市场和客户的认同。正是这一切行之有效的努力，才是光大银行客服中心成为今天在银行业乃至呼叫中心行业服务楷模的原因.

讨论：

1. 中国光大银行95595客服中心在哪些方面下了功夫有利于提高服务品质?

2. 光大银行在客服中心的成功有哪些方面值得电信各运营商借鉴?

模块二　提升职业素质

项目一　以声夺人——发声发音训练

电话服务不能面对面的交流，客户无法看到客服代表的面孔，所以要给客户体现专业的声音形象。声音能够反映个性，客服代表的语音传递了态度，客户都会通过声音做出判断，说话的方式与说话的内容同样重要。因此，在与客户电话沟通中，表现出良好的状态十分重要，而这状态的塑造在于声音和语调(见图 2-1)，只有通过声音让客户接受，客户才能愿意听你说什么。

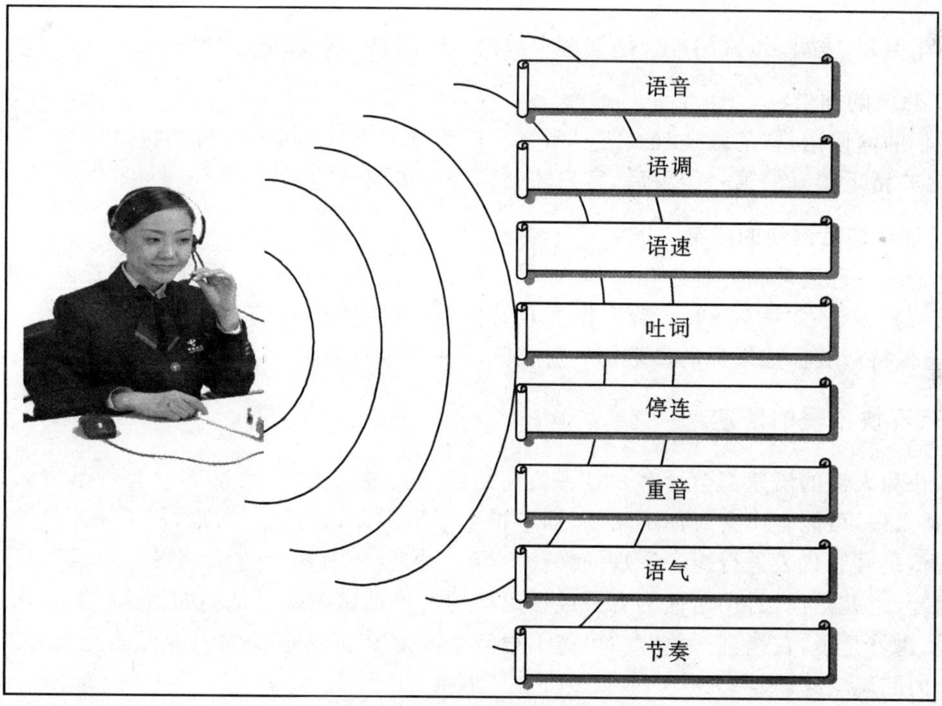

图 2-1　发声发音训练

优质语音服务的要求包括以下几点：

(1)咬字要清晰：发音标准，字正腔圆，没有杂音。

(2)音量要恰当：说话音量既不能太响，也不能太轻，以客户感知度为准。

(3)音色要甜美：声音要富有磁性和吸引力，让人喜欢听。

(4)语调要柔和：说话时语气语调要柔和，恰当把握轻重缓急、抑扬顿挫。

(5)语速要适中：语速适中，应该让客户听清楚你在说什么。

(6)用语要规范：准确使用服务规范用语，“请”、“谢谢”、“对不起……”不离嘴边。

(7)感情要亲切:态度亲切,多从客户的角度考虑问题,让他感到你是真诚为他服务。

(8)心境要平和:无论客户的态度怎样,客服代表始终要控制好情绪,保持平和的心态。

第一节　专业的声音形象

一、让你的声音抑、扬、顿、挫

声音缺乏抑、扬、顿、挫是不少客服代表的常见问题,她们的服务语气平平、声调单一,让人无法感觉到对每个客户的欢迎与重视。造成这种现象,有一定原因:第一,不断重复。面对的客户太多,常常又要说同样的话,说着说着就丧失了热情;第二,因为不是面对面,缺乏对方的表情反馈也会导致客服代表的茫然。克服的方法可以有:第一,想象对方是坐在你对面的一个具体形象,你是在和这个形象交谈,而不是在打电话;第二,认准一些关键词适当提高语调以表示强调。

二、通过声音表现你的热情与自信

一个温和、友好、坦诚的声音能使客户放松,增加信任感,降低心理屏障。

1. 热情的问候

我们的问候语是"三段式"的:"您好,×××为您服务,请问……"你的热情在这样的问候中,给客户留下很好的第一印象后,客户才会有进一步沟通的兴趣。

2. 让客户听到你的微笑

热情的展现通常和笑容连在一起,如果你还没有形成自然的微笑习惯,试着自我练习,这里介绍两种方法:第一,将电话铃声作为开始信号,只要铃声一响,微笑就开始;第二,照着镜子,时常保持微笑。如果你的微笑能一直伴随着你与客户的对话,你的声音会显得热情、自信。

三、不快不慢的语速

太快和太慢的语速都会给客户各种负面的感觉。说话太快,可能客户会听不清你说的内容;说话太慢,可能客户会对你不耐烦,恨不得早早地跟你说再见。所以,用不快不慢的语速与客户交流是客服代表进行声音管理的必修内容。另外,还有两个方面值得注意:第一,语速因客户而异,也就是说,对快语速的客户或慢语速的客户都试图接近他们的语速;第二,语速因内容而异,也就是说,在谈到一些客户可能不很清楚或对其特别重要的内容可适当放慢语速,以给客户时间思考理解。

四、不大不小的音量

保持适中的音量,会大大增加客户与你沟通的兴趣。如果你的音量微弱,客户听不清你在说什么,你与客户之间的距离就被拉远了。当客户几次要求你说"请大声一点时",你知道他与你继续沟通下去的兴趣就减少了许多。反过来,如果你的声音太大,除了让人耳朵感到不适外,还会带进很多诸如你的喘息声等恼人的杂音。

五、不高不低的音高

在很大程度上,音高是由个人的声带特质先天决定的。过于尖细或低沉的音高都会让人听起来不舒服，尤其让客户感觉别扭的是性别与音高的互置，也就是说，男性的声音尖细而女性的声音粗犷。但是，适当的练习可以使音高趋于适中。有这方面问题的客服代表，可以采取下面的练习方法：保持坐姿舒适、呼吸平稳、头不要抬得太高或压得太低，尽量让你的声音落在音高的中间段，并根据表达内容适当升高或降低。

六、不偏不倚的音准

为了不让客户漏听重要的信息，在与客户的电话沟通过程中，客服代表要注意：说普通话，咬字准确，发音清晰。

第二节　客服代表语音训练

一、口腔控制

口腔是最复杂、动作最灵活的腔体，它既可以上下开合，又可以因舌形的变化而改变形状、容积。口腔控制就是为使语音准确清晰，声音圆润集中。这里介绍几种常用的口腔控制方法，供电话呼叫人员参考。

（一）提颧肌

提颧肌是吐字的动作要领之一。当颧肌提起时，口腔前部有向上抬起扩张的感觉，鼻孔略有扩大，上唇展开贴住上齿。这一动作要领以颧肌活动为主，同时包括面部其他相关肌肉的活动。颧肌提起时，面部似微笑表情。

（二）挺软腭

为了改变自己松散的口语发音状态，从业人员要学会试着将软腭适当上抬，这样不仅扩大了口腔容积，增加了声音的圆润度，也给舌的前后活动增加了空间，同时还可以避免发音时过多气流冲入鼻腔，造成鼻音。

挺软腭的动作类似于打哈欠。当然，一般打哈欠是软腭上抬较高，而在发音时，只需适当挺起软腭即可。

（三）打开牙关

打开牙关，就是保持上下颌在发音时要有较大的开度。保持上下颌开度，可以增加发音的清晰度。如果说，挺软腭从横向上扩大了口腔的容积，那么打开牙关，可使口腔在纵向上加大容积，使舌位形成较鲜明的高低对比，从而扩大口腔开度。

打开牙关的状态可以用体会啃苹果的动作来获得。当然，打开牙关并不意味着口腔开度越大越好。口腔开度过大，声音会变散；打开牙关与张开大嘴也不同，张开大嘴是前开后不开，打开牙关是前后全开。同时应注意扩大上下颌开度时，要将着力点放在上颌上，下颌在打开时微前移，可使上下颌活动配合得自然。

（四）松下巴

松下巴是灵活发音的必要条件之一，它可以消除因下颌动作过僵而引起的喉部紧张、发音不畅。动作要领是发音时下颌向内微收，开合动作保持自然。初练者可用下面的方法体会下巴的感觉：用手扶住下巴，放松肌肉，缓缓抬头，打开口腔，再缓缓低头，闭住嘴巴。

(五)适当收唇

收唇是指唇齿适当贴近,而唇齿贴近主要依靠颧肌收缩带动完成。因此,这一要领与常用的提颧肌大体相同。

有不少人在发音时,唇形呈向前突出状,这样发音的结果是声音暗,响度低,影响字音清晰度,而且发圆唇音 u 和扁唇音 i 时对比不明显,容易造成语音普遍带有"u"音色彩。正确的方法是避免唇的突起,将唇齿适当贴近,这样可以改善吐字效果。如果电话呼叫人员的口语含混,则应检查一下是否发音时撅唇了。

实践证明,口语的含混与唇突出有密切的关系。所以,适当收唇,使唇齿贴近是改善吐字的一种有效的方法。而且在收唇过程中,会使面部表情更为生动。

(六)力量集中

电话呼叫人员的发音是有别于舞台或银幕上的发音的,在话筒前,并不要求很大的音量。音量过大,会使对方"震耳",影响声音效果;音量较小,有时又会造成吐字无力,字音松散,让对方听不清楚。如何在较小音量下又能保持吐字力度,那就要求吐字着力点集中于中线。发音时吐字的用力部位,即吐字的着力点应集中在唇、舌、上腭的中线上。

二、吐字归音

吐字归音是根据汉语语音特点,把一个音节的发音过程分为"出字"、"立字"、"归音"三个阶段。通过对吐字这三个阶段的控制,从而达到发音清晰有力、圆润自如的境界。

对电话呼叫人员而言,如果达到圆润自如是一种高要求的话,那么字音的饱满清晰还是必须要求的。

要想达到字正腔圆,首先就得了解一下咬字和咬字器官的相关常识。

(一)咬字和咬字器官

由肺呼吸的气流通过声带发出的声音,经咽腔后达到口腔,在口腔内因受到各种节制从而形成了不同的字音。这个节制的过程就叫做吐字过程。而口腔内对声音起节制作用的各个部位,就是咬字器官。

咬字器官有:上唇、下唇、舌(舌尖、舌面、舌根)、上下齿、上下龈、上腭(硬腭、软腭)和下腭。其中,唇和舌在形成字音的过程中起的作用最大。在这里,还要注意下腭,它可以有控制地开合,以改变口腔容积。口腔上部的软腭,能升能降,以阻塞或打开鼻腔通道(前后鼻音)。

总之,咬字器官是一个协调动作的整体,各司其职,又互相配合。正是由于它们的活动,才既形成了不同元音,又形成了不同的辅音,从而构成一个个音节。

(二)咬字器官配合要领

在熟悉了咬字器官,并知道字音主要是由咬字器官配合发出的之后,那么,咬字器官又是如何配送的呢?

1. 打开口腔

一般来讲,日常说话口腔开度不大,打开口腔就是要有提起上腭的感觉。同时下腭要放松,这样可适当加大口腔容积,为字音的打开创造条件。

2. 力量集中

在生活中,大多数人的发音一般是声音散、缺乏力度,其中最主要的原因之一是字音含混不清、唇舌无力。声音集中，咬字器官的力量就要集中。咬字器官力量的集中主要表现在唇和舌上。

唇的力量集中在唇中央1/3处。如果字音散，主要原因则是唇的力量分散，可以多练习双唇音的绕口令。比如“巴老爷有八十八棵芭蕉树，来了八十八个把式要在巴老爷的八十八芭蕉树下住……”

舌的力量集中在舌的前后中纵线上，另外舌的成阻部位要呈点状接触，而不是片状接触。如反复发出“de、te、ga、ka、ha、da、ta、na、la”，以练舌力。

3. 明确声音发出路线

在口腔打开的前提下，还应讲究声音发出的路线。声音沿软腭、硬腭的中纵线推到硬腭前部，这条中纵线就是声音发出的路线。硬腭的前部就是字音的着力位置，这样，容易产生口腔共鸣，可以明显改善音色，使得声音集中、穿透力强，更加明朗。

(三)吐字归音要领

吐字归音的精髓是音节发音的“头腹尾”说。它将一个音节分为三部分，比如“牌”(pái)这个字，其中的p是字头，韵母中的a是字腹，韵母中的i是字尾。

1. 字头有力

字头，也叫“出字”。作为音节的开头，其发音对整个音节是有重要影响力的。字头有力就是指字头的发音要运用气息，通过发音器官的摩擦阻力形成阻碍，阻塞部位要保持一定紧张度，形成着力点，出字准确有力，有叼住弹出之感。这主要是控制好声母的发音部位、发音方法。日常口语中，一般字头咬字无力，气息也会随之流失，相应的整个音节的力度也会变小，那么吐字会不清晰；反过来，咬字太用力，发音也会变得笨拙，语流就会不畅。戏曲界将咬字恰当地比喻为大老虎叼着小老虎过山涧，既不能把小老虎咬死，也不能让小老虎掉下去。

2. 字腹饱满

字腹，也叫“立字”。字腹饱满指气息流畅地通过各发音部位，音节中的主要元音发音清晰有力，明亮充实，圆润饱满，字音能“立起”。字腹饱满要求口腔随字腹立起而打开，口腔开合适度，松紧相宜。

需要注意的是，无论是单元音韵母还是复合元音韵母，字腹的发音都是在滑动中完成的，出字与立字不能有分解。字头太长，声音显得拖沓；字头靠前，声音浮浅；字头靠后，声音则闷暗。

字腹是a元音时，要打开口腔，使得字音饱满；字腹是i、u、ü等元音时，口腔开度不要过小，否则声音会发暗，缺少圆润感。

3. 字尾归音

字尾，也叫“归音”，即韵尾的处理。

照顾了字头、字腹，切忌虎头蛇尾，忽略了字尾。字尾不归音也是生活语言中常见的发音现象，这是因为字尾元音多为开口度较小的元音，再加上所处的弱化地位，发音时只需大致显露字尾去向就能使人大致听清，因此在生活中归音是否到位不太被人重视。而电话呼叫人员是用声音来传递信息的，则应重视字尾的归音。

归音要鲜明干净，不能拖泥带水，也不能音不到位。发音时口腔由开到闭，肌肉由紧到松，声音由强到弱。

第三节 客服代表嗓音保护技巧

一、保护好自己的声音

1. 控制好双脚的位置

声音教练给你的一条最基本的建议是：当你说话的时候，放松全身，保持身体挺直，同时控制好你双脚的位置——将你的身体重心平均分配到双脚上。这样会使你的声音也得到控制，音色变得柔和，音调变得有磁性，语速也不知不觉放缓。

2. 练习长跑

每天长跑能增加肺活量，令呼吸变得深、长、顺畅，不仅你的大脑能变得清爽，你的声带也能得到补养。

3. 按摩双耳

每天多次用力按摩整个耳朵，能促进你肺部的血液循环，有助于强化呼吸系统功能。

4. 保持微笑

说话时如果心平气和，嘴角微向上弯，保持面部微笑，那么肺部和胸部也能得到放松，气息变得通畅，声音也变得性感。

5. "m"发声练习

看邮件时，慢跑时，看电视时……只要一有空，就轻轻地反复发出"m"的声音，发音时要让喉部充分振动。这样的练习能使声音变得稳定，有助于改掉一紧张声音就发颤的习惯。

6. 多听法语歌

性感的声音发自胸腔而不是喉咙，因此要习惯利用胸部的气息来发音。多听法语歌有助于掌握利用气息发音的感觉。为了听出自己声音的变化，建议每天录一小段自己的发音，一周后统一来听。

二、最伤害声音的三种恶习

1. 频繁清嗓子

当嗓子有异物感时，不要用干咳的方式来清嗓子。因为这么做的话，气流猛烈地震动你的声带，造成声带损伤，不仅嗓子会更加不适，声音也会受到破坏。如果嗓子有异物感，可以慢慢喝一些温水来滋润缓解。

2. 喝冰水

喝冰水会造成黏膜充血，尤其是嗓子特别干燥或已经有异物感时，更不要喝冰水来刺激声带。喝温度适宜的蜂蜜柠檬水才是最好的滋润方法。

3. 不注意喉部保暖

喉部受凉的话，声带也会受到明显影响。尤其天冷时，要戴上围巾为喉部保暖。

项目二　以礼待人——礼仪规范训练

第一节　电话沟通礼仪

当我们打电话给某个单位，若电话一接通，就能听到对方亲切、优美的招呼声，心里一定会很愉快，使双方对话能顺利展开，对该单位也有了较好的印象。在电话中只要稍微注意一下自己的行为就会给对方留下完全不同的印象。

当我们接电话时："你好，这里是 x x 公司"，声音清晰、悦耳、吐字清脆，同样会给对方留下好的印象。因此要记住，接电话时，应有"我代表单位形象"的意识。

1. 要有喜悦的心情

打电话时要保持良好的心情，这样即使对方看不见你，也全被你欢快的语调所感染，你会给对方留下极佳的印象。由于面部表情会影响声音的变化，所以在打电话时，也要抱着"对方看着我"的心态去应对。

2. 端正的姿态与清晰明朗的声音

打电话过程中绝对不能吸烟、喝茶、吃零食，即使是懒散的姿态对方也能够"听"得出来。如果你打电话的时候，弯着腰躺在椅子上，对方听你的声音就是懒散的，无精打采的；若坐姿端正，身体挺直，所发出的声音也会亲切悦耳，充满活力。因此打电话时，即使看不见对方，也要当做对方就在眼前，尽可能注意自己的姿势。

通话时声音要温雅有礼，以恳切之话语表达。口与话筒间，应保持适当距离，适度控制音量，以免对方听不清楚而产生误会，或因声音粗大，让人误解为盛气凌人。

3. 迅速接听电话

现代工作人员业务繁忙，桌上往往会有两三部电话，听到电话铃声，应准确迅速地拿起听筒，接听电话，以长途电话为优先，最好在两声之内接听。电话铃声响一声大约 3 秒钟，若长时间无人接电话，或让对方久等是很不礼貌的。即使电话离自己很远，听到电话铃声后，附近没有其他人，应该用最快的速度拿起听筒，这样的习惯是每个办公室工作人员都应该养成的。如果电话铃响了 5 声才拿起话筒，应该先向对方道歉，若电话响了许久，接起电话只是"喂"了一声，对方会十分不满，会给对方留下不好的印象。

4. 认真记录电话

记录电话应牢记 5W1H 技巧，所谓 5W1H 是指：①When（何时）；②Who（何人）；③Where（何地）；④What（何事）；⑤Why（为什么）；⑥How（如何进行）。在工作中这些资料都是十分重要的，对打电话、接电话具有相同的重要性。

5. 有效电话沟通

上班时间打来的电话几乎都与工作有关，公司的每个电话都十分重要，不可敷衍，即使对方要找的人不在，切忌答复"他不在"，即将电话挂断。接电话时要尽可能问清事由，避免误事。对方查询本单位其他部门电话号码时，应查到后告之，不能说不知道。

接听电话时首先应确认对方身份，了解对方来电的目的，如自己无法处理，也应认真记录下来，委婉地探求对方来电目的，即可不误事又能赢得对方的好感。

对来电方提出的问题应耐心倾听，表示意见时，应让他能适度地畅所欲言，除非不得已，否则不要插嘴。通话期间可以通过提问来探究对方的需求与问题，注重倾听与理解，建立亲和力是有效电话沟通的关键。

接到责难或批评性的电话时，应委婉解释，并向其表示歉意或谢意，不可与发话人争辩。

电话交谈事项，应注意正确性，将事项完整地交代清楚，以增加对方认同，不可敷衍了事。

如遇需要查阅数据或查催事件，应先估计可能耗用时间的长短，若查阅或查催时间较长，最好不让对方久候，应改用另行回话的方式，并尽早回话。以电话索取书表时，应把握时效，尽快地寄达。

6. 挂电话前的礼貌

要结束电话交谈时，一般应当由打电话的一方提出，然后彼此客气地道别，应有明确的结束语，说一声“谢谢”、“再见”，再轻轻挂上电话，不可只管自己讲完就挂断电话。

第二节　情境分析法在电话沟通中的应用

情境分析法即5W1H技巧。在打电话时应注意使用情境分析法做好电话沟通计划，这也是通过电话成功实现沟通的关键步骤。

一、通话时间的选择

选择何时打电话是一种基本的礼貌，也是取得成功的前提。在打电话之前要非常清楚对方的工作性质和时间，否则时间选择不当，即使自身的业务水平再高，也不能达成预期目的。

(一)以职业来分

会计师：切勿在月初和月底，最好是月中才接触。

医生：11点以后和下午2点以前。

推销员：10点以前或下午4点以后。

行政人员：10点前后到下午3点为止。

股票行业：避免在开市后，最好在收市后。

银行家：10点以前或下午4点以后。

公务员：工作时间内，切勿在午饭前和下班前。

饮食业：避免在用餐时间，最好是在下午3点到4点。

律师：10点以前或下午4点以后。

零售商：避免周末和周一，其他时间最好在下午2点至3点。

(二)按一周来分

星期一：这是假期刚结束上班的第一天，客户肯定会有很多事情要处理，一般公司都在星期一开会或者安排工作，所以大多会很忙碌。如果要洽谈业务，尽量避开这一天。

星期二到星期四：这3天是电话营销最合适的时间。

星期五：一周的工作结尾，如果这时打电话过去，多半得到的回复是：“等下个星期我们再联系吧！”这一天可以进行调查和预约的工作。

(三)按一天来分

早上 8:00—10:00:这段时间大多客户会紧张地做事,电话营销人员不妨也安排一下自己的工作。

10:00—11:00:客户的一些事情基本处理完毕,这段时间是营销的最佳时段。

11:30—下午 2:00:午饭和休息时间,不要轻易打电话。

下午 2:00—3:00:这段时间人会感觉到烦躁,尤其是夏天。

下午 3:00—6:00:努力打电话吧,你会在这段时间中取得成功。

二、通话地点的选择

良好谈话的氛围可以促使双方尽快进入角色,在有限的时间内达到通电话的目的。如果在一个嘈杂的环境里面,可能彼此交谈的话都不能听清楚,这会使得另一方产生反感的情绪而结束电话交流;在接电话或者打电话给对方的时候马上结束和同事朋友的嬉笑也是为了尊重对方,创造良好的谈话氛围,促成通话目的的实现;和双方通话时,如果是比较重要的商业信息,最好能在一个私人的空间里进行,避免泄露信息,这是选择通话地点时应该注意的基本问题。

三、通话对象的选择

在通话前要知道你准备和谁交谈,通话时要弄清楚是谁在和你交谈,因此在接通电话向对方表明身份之后要先确认对方身份,如果出现拨错电话的情况,这时要有礼貌地进行道歉;如果打电话的目的是想找决策者,但接听电话的是秘书或者其他人,不能因为对方没有决策权就摆出居高临下的态度,在措辞和语气上盛气凌人。切勿在介绍过自己以后不管对方是谁,就开始介绍自己的产品或者服务,这会给人感觉你强迫别人在接听电话,浪费双方的时间。

四、通话内容的选择

在通话时一般要考虑对方的时间安排,遵循“电话 3 分钟原则”,这也是基本的礼仪。因此,通话时应该明白自己的主要目的是什么,用简练的语言清晰地表达自己的思想。切勿长篇大论或者语无伦次,不仅自己没有达到目的,而且还浪费了对方的时间,使其产生厌烦的情绪。

【讨论】

某家广告公司的销售人员张先生想和另外一家公司负责形象设计的经理讨论关于企业形象设计的业务,以下是销售人员的电话实况。

销售人员:“嗨,你好,张经理最近生意还好吧? 我也姓张,500 年前我们还是一家呢。要加入 WTO 了,是不是整天在想如何把企业的效率提上去呢?”

客户:“你是谁啊? 有什么事情吗?”

销售人员:“你不是张经理吗? 我找张经理。”

客户:“我是,你有什么事?”

销售人员:“我是某某广告公司的,免贵姓张,请问张经理,我想找你们企业负责企业形象设计的人谈一谈。”

思考题:

1. 这个电话表明了销售人员的主旨吗?

2. 如果你是销售人员，你会怎样说？

五、分析打电话的原因

在分析打电话的原因时，可以确定本次通话的预期目的。例如，销售人员章程打电话的原因是为了通知客户正使用的型号为3330的打印机不再生产，希望对方在使用过程中注意机器的保养，但是真正的目的是推销型号为4100的打印机。因为通话双方是老客户，所以销售人员并没有在一开始就提出来，而是先表示关心和感谢，这使得对方放下了戒备的心理并给予了信任。因此，好的电话沟通缘由可以避免对方产生反感的情绪。要做到打电话不会给对方造成困扰，这也是电话沟通中应当注意的。

六、确定打电话的方式

在电话接通中如何才能进行有效的沟通，从而达到双方通话的目的呢？虽然有很多方面的原因会影响通话的成功，如打电话的这一方是否做好了通电话的准备工作，包括是否明白顾客的性质、公司的产品是否适合顾客，是否可以应对顾客的各种问题等。但是在电话沟通中，对方不能看到你的非语言沟通表现出的信息，唯一可以判断沟通诚意的标准就是你的声音和措辞。

七、声音

日本推销大师原一平说过："音调的高低也要妥善安排，借此引起对方的注意和兴趣。"电话交流只有引起对方注意的时候才有继续通话的可能。声音包括音量、唯一可以判断沟通诚意的标准就是你的声音和措辞。

（一）音量

在通电话时声音的大小应该与你和桌子对面的人交谈时的音量相同，即距离一两米远。通话时不能离话筒很近，这样对方会感觉很刺耳造成心烦；同时也不能离话筒太远，这样的话对方可能听不清楚。对方的声音很小的时候一定要提醒对方，以免造成重要信息的遗漏。

（二）语速

电话沟通者要在3分钟内把电话沟通的目的表达清楚，但也要注意自己的语速，必要的时候可以加长交流的时间。如果说得太快，双方可能因为听不清楚而感到沮丧；如果说得太慢，可能会使双方不耐烦。

（三）呼吸

利用人的正常呼吸方法可以更好地控制音量，使自己的声音更有"力度"，保持适当的语速。

（四）发音

发音受到以下两个因素的影响。

(1)姿势。坐在椅子的前半部分，可以使姿势端正，发出的声音更有力、更清晰。如果在说话中间突然站起来，对方可以感觉到有压迫和发怒的气势。

(2)妨碍物。千万不要在打电话的时候让口香糖、香烟以及糖果之类的东西在嘴里面咀嚼或者是停留，它们会与牙齿、嘴唇发生摩擦，这种声音会让对方感觉到自己没被尊重。

八、措辞

措辞主要是指在电话交谈中应该注意用语的技巧，慎用俚语、术语，多使用礼貌用语。

(1)俚语。和对方讲话的时候最好不要用俚语，虽然对方可能听不懂，但是会让人觉得你并不尊重这个场合，做事不够认真。

(2)术语和行话。我们客户当中可能很少是行家，他们只是对产品本身好奇，所以只要以最简洁的语言把产品的性能和带来的服务介绍清楚即可。

(3)礼貌用语。教养体现于细节，礼貌的电话用语是必不可少的。当接起电话时要说："您好"，然后先将自己的名字或者公司的名称报给对方；当打错电话时要道歉："对不起，我拨错了号码"；当没有及时接听电话时，应该说："抱歉，让您久等了"。在整个通话过程中注意多使用敬称和尊称，通话结束后挂电话时要轻放话筒，这是一种无声的电话礼仪。

第三节　语言规范

人与人之间的相互影响是通过知觉来完成的。我们的电话服务工作，是通过听觉来完成的；行为心理学家告诉我们，在电话沟通中38%的信息说话内容组织以及语种；62%的信息通过语音、语调、语气、语速以及通过电话传递的表情、身体、语言来表现。声音是坐席服务人员真正容貌和综合形象的展示，客户通过感知您的声音就可以判断您的态度、情绪、专业能力，以及是否可以信赖。您的声音就象一面镜子折射出您对客户的影响力。

一、规范的问候语

铃声响起三声之内应接听电话，并致以问候语，然后自报工号，委婉询问客户需要什么帮助。问候时要以开朗的语气、微笑着表达。

(1)问候客户时：

"您好，××号很高兴为您服务，请问，需要我为您提供什么帮助？"

"您好，欢迎致电××呼叫中心，请问您需要什么帮助？"

(2)客户先问候时：

客户："你好！"

座席员："您好，请问您需要什么帮助？"

(3)让客户等候时，接通后要先致歉，不可以没有表示：

"您好，对不起，让您久等了，请问您需要什么帮助？"

二、规范的应答用语

如果可能，在应答过程中要尽量使用客户姓名，这样会使客户感觉到你对他的重视。

(1)需要客户重复时：

"对不起，我没听清楚您的问题，请您再重复一遍，好吗？"

"非常抱歉，您刚才说的我不是很明白，麻烦您再讲一遍。"

(2)接转客户来电的注意事项：

向客户解释接转电话的原因，以及接转给何人。

询问客户是否介意接转他的电话。

在挂断电话前要确认接转的电话有人接听。

把来电者的姓名和电话内容一起接转过去。

如果无法接转，要将对方电话告知客户或请客户留下联系方式。

“这事有专人负责，我帮你把电话转给专家座席好吗？”

“对不起，请稍等一下，您咨询的是技术问题，我请专家为您解答好吗？”

(3)客户咨询到无法回答的问题时：

“对不起，您咨询的问题我暂时无法确定，需要核实后再回复您，请您留下联系电话好吗？我会尽快查询后与您联系。”

(4)遇到客户询问服务范围之外的内容时：

“对不起，这不在本公司的服务范围内，请问我还能帮您做什么？”

(5)无法听清楚客户的声音时：

“对不起，您的声音太小，麻烦您说话大声点，好吗？”

“对不起，我没有听清楚您说的最后一句，请重复一遍，好吗？”

“对不起，可能是话机或线路问题，请您换一部电话打来，好吗？”

“对不起，您周围的声音太响，我听不清楚，如果您方便，换个地点打来，好吗？”

(6)遇到客户讲方言时：

“对不起，请您讲普通话，好吗？谢谢！”

“很抱歉，您讲的方言我听不太明白，请您讲普通话好吗？或者您讲慢一点。”

三、规范的查询用语

(1)需要客户等待时：

让客户等待要征得客户同意，告知等待的原因，如果可能还要提示等待时间的长短。回线时要感谢客户的耐心等候。

“这个问题我帮您查询一下好吗？请您稍等1～2分钟。”

“我需要帮您核实一下情况，这可能需要您等待1～2分钟，您方便在线等候吗？”

返回通话状态时要说：“××先生(小姐)，让您久等了。”或者说：“感谢您的耐心等待。”

(2)需要客户提供资料时：

“请问您贵姓？”

“为了更好地为您提供服务，方便留下您的联系方式吗？”

“为了准确地为您提供服务，请您将产品型号告诉我。”

“您的查询需要您提供××资料，请您将资料传真到××，收到传真后，我们会尽快为您办理。”

(3)需要客户记录有关内容时：

要引导客户完成必要的信息记录，不可以语速过快，也不可以不提示客户。

“麻烦您记录一下，好吗？”

“请问您记录好了吗？”

(4)答复查询结果时：

“您要求的××业务已受理，一般情况下大约在××时间内完成。”

“经过查询，您的问题正在处理，还需要××天(小时)的处理时间。”

四、规范的解答用语

解答问题时，座席员要自信地向客户提供正确信息，不能误导或说出模棱两可的话；遇到无法解决的问题时，不能退给客户。

(1)客户总是不明白时：

“对不起，是我没说清楚，我再给您讲一遍，好吗？”

“不知道我讲的您听明白了吗？”

(2)客户的要求与企业的规定相矛盾时：

座席员的态度要诚恳，要讲清缘由，争取客户的理解。

“对不起，按照××规定，您的这个要求我们无法满足，请原谅。”

“根据多数客户的情况，我们公司目前是这样规定的。请您谅解！”

“不好意思，这件事情恐怕暂时帮不到您了，因为……”

“这不符合公司目前的规定，但我们会尽力寻找其他解决方法。”

(3)客户提出的要求无法满足时：

座席员的表达要委婉，对客户的期望要表示理解，要告诉客户不能满足其要求的原因，争取客户的支持或谅解。

“我很愿意帮助您，但目前处理这件事有难度。”

“对于您的抱怨，我十分理解，但这个问题我实在无法立即给您答复。”

“很抱歉，这超出了我们的服务范围，恐怕我不能帮助您。”

(4)客户提出的问题无法立刻答复时：

对于权限之外或不确定的问题，要适当地对客户表示赞扬或致歉，要勇于承认自己无法立刻回答，要向客户保证，会迅速找到答案并尽快回复他。切忌不懂装懂。

“您提的这个问题非常好，我还是第一次碰到，您方便留下联系电话吗？等我请教了专业人士后，尽快给您回复。”

“对不起，这个问题有点特别，请稍等，我帮您查一下。”

“对不起，你的问题我暂时无法答复，我已记录下来，在××(时间)后我的同事会与您联系，您看可以吗？”

(5)需要请求客户谅解时：

“对不起，给您造成不便，请您原谅。”

“对不起，非常抱歉！”

(6)消除客户顾虑时：

“我一定会尽力而为。”

“您这次维修后，请放心使用吧。”

“我相信没有什么问题了。如果需要我帮助，尽管给我打电话。”

(7)需要回绝客户时：

“对不起，由于市场需求大，我们暂时没货了。您方便留下电话吗？到货后我通知您。”

“对不起，我们暂时没有解决方案。”

(8)当客户理解有误时：

“不好意思，也许我没说明白。”

"对不起,我再说一遍好吗?"

(9)对待有特殊要求的客户时:

"您的这个要求有点特殊,待我请示了上级后再答复您,行吗?"

"让我考虑一下您的这个要求,××(时间)后再答复您,好吗?"

(10)解答完客户问题时:

要确认客户的需要。不可以不与客户确认,就匆忙结束服务。

"××先生(小姐),不知我是否将您的问题解释清楚了?"

"您还有什么疑问吗?"

"问题这样解决,您看可以吗?"

五、面对抱怨或投诉时的规范用语

(1)客户抱怨应答慢时:

"对不起,刚才因为线路忙,让您久等了!请问有什么可以帮助您?"

(2)客户情绪异常时:

先稳定客户情绪,再处理问题。

"对不起,我非常理解您的心情,但是为了帮助您解决问题,请您慢慢说,好吗?我会尽全力帮您解决的。"

"非常抱歉,给您带来不便。"

"对不起,给您添麻烦了。"

"我理解您的苦衷。"

"请您放心,我会优先考虑处理您的问题。"

(3)客户抱怨产品或服务不佳时:

"我怎样才能帮到您呢?"

"您看,我能帮助您什么呢?"

"您希望我怎样帮助您呢?"

(4)客户抱怨受理过程太慢时:

"对不起,让您久等了,我将尽快帮您处理。"

"谢谢您的耐心,马上就办好了。"

(5)客户投诉座席员服务态度不好时:

"由于我们服务不周,给您添麻烦了,请您原谅。您是否能将详细情况告诉我?"

"您能说说具体情况吗?"

"您反映的情况我已做好记录,在××(时间)后,我们答复您好吗?"

(6)客户投诉座席员工作出差错时:

"对不起,给您添麻烦了,我会将您反映的问题如实上报主管,并尽快核实处理,给您带来的不便请您原谅!"

"对不起,您是否可以留下您的联系电话,由我们的主管与您联系处理,您看好吗?"

(7)客户失礼时:

"××先生(小姐)让我们一起找一个妥善解决问题的方法,好吗?"

"对不起,您一定希望尽快解决这个问题,是吧?"

(8)当无法答复的客户投诉时：

"多谢您反映的意见，我们会尽快向上级部门反映，并在××(时间)内给您明确答复，好吗?"

"很抱歉，这个问题有专人负责处理，现在我无法马上答复您，我把电话转给专家，让他答复您，您看好吗?"

(9)当客户语速过快时：

"对不起，请您稍微慢点讲，我正在做记录。"

"对不起，您说的问题很重要，请您慢慢说，我记一下。"

(10)投诉受理结束时：

"××先生(小姐)，多谢您反映的意见，我们会尽快向上级部门反映，并在××(时间)内给您明确的答复。"

"您反映的问题我意见记录下来，请您放心，我们一定会为您妥善处理。"

"我还有什么能为您做的吗?"

六、接受建议或表扬时的规范用语

(1)遇到客户表示感谢时：

"请不必客气，这是我们应该做的(这是我们的工作职责)。"

"感谢您对我们工作的支持，随时欢迎您再次来电。"

"非常感谢您的支持与称赞，你的满意就是对我们工作最大的支持。"

(2)遇到客户提出建议时：

"谢谢您，您提出的宝贵建议，我们将及时地反馈给公司相关负责人员。再次感谢您对我们工作的关心和支持。"

"您的建议很重要，我们会及时转给相关部门，谢谢您的支持！我们将尽快与您联系。"

"谢谢您的建议，我已记录下来，以后一定改进。"

七、其他方面的规范用语

(1)遇到客户打错电话时：

座席员应礼貌地说明情况。

"对不起，这里是××呼叫中心，我能帮您做什么吗?"

"对不起，我们是××呼叫中心，请问您需要什么帮助?"

(2)遇到客户想直拨企业内部其他部门电话时：

"对不起，您能否将具体情况和联系电话告诉我，我帮您联系好吗?"

(3)通话中出现口误或疏漏时：

"对不起，刚才我的解释有误，请允许我重新解释。"

(4)当系统或设备出现故障不能操作时：

"对不起，线路正在调整，请您稍后再来电，好吗?"

"能否留下您的联系方式，我稍后与您联系。"

(5)遇到无声电话时：

"您好，请问有什么可以帮助您?"

稍停，若对方无回应，再说：“对不起，您的电话没有声音，请您换一部电话再次打来，好吗？”稍停后，挂机。

(6)接到骚扰电话时：

座席员切忌由于气愤或其他原因与对方展开争论。

“对不起，如果没有业务需要咨询，请挂机。”

“目前线路比较忙，请配合我们的工作，请把线路让给其他客户，再见！”

“希望您能够理解，在您的身后还有很多客户正在焦急地等待我们受理业务。”

“很抱歉，这里是××公司，我们正在工作，若您有咨询我们产品方面的问题，我很乐意为您服务，其他工作以外的的事情，很抱歉，我无法帮助您。”

“对不起，如果没有其他业务咨询，请您挂机，好吗？”

“先生(小姐)，请您使用文明用语，否则，很抱歉，我将结束这次通话。”

八、规范的结束语

结束服务时，要与客户确认所谈相关事宜，询问客户是否还需要其他帮助，对客户的致电要表示感谢，欢迎其继续使用服务。要让对方先挂机，随后记录本次通话的重要信息。

(1)结束前的确认：

“请问我刚才的解释，您明白了吗？”

“请问还有什么可以帮助您的？”

“请问您还有其他问题需要解决吗？”

“还有什么是我可以为您做的？”

(2)客气致谢并示意收线时：

“不客气，谢谢您使用我们的服务，再见！”

“不用谢，很高兴为您服务，再见！”

“我是××号，欢迎您再次致电，再见！”

第四节　实用电话应答技巧

从客户代表坐在席上接听电话开始，就要面对各种不同的情景，遇到各种各样的挑战。如何轻松化解电话沟通的挑战，快速做出有效的回应和处理，将直接影响到客户的体验感知，非常重要的原则就是，任何时候都要婉转地回应客户。以下介绍几种实用应答技巧。

1. 听不清客户的声音

有时候客户电话打进来，接通了却因为种种原因听不清客户的声音。遇到这种情况如果不做足够的铺垫匆匆挂断电话，或者直接让客户重新拨打，都有可能引起客户不满或者产生投诉，影响客户体验。应对的有效方法就是非常婉转真诚地告知客户你遇到的困难，获取客户的理解和支持，站在请客户帮忙的角度提出建议。

2. 客户所处背景嘈杂

客户所在地方有嘈杂的背景音乐，或者有小孩哭闹的声音，电话接通后听不清楚客户说的话，遇到这种情况您该怎么办呢？

“先生，您那里太吵，我这里听不清楚，您换个地方打过来吧。”

“对不起先生，我听不清您的声音，请您再大声一点好吗？”

【点评】

第一种回答过于直接，“您那里太吵”有指责客户的倾向，容易引起客户误会，最重要的是客户打电话进来是为了解决问题，电话接通之前客户有可能已经等候了一段时间了，在问题没有解决之前要求客户重新拨打，有可能引导客户强烈不满甚至产生投诉。相比之下第二种回答更好，先用对不起表示抱歉，再做合理铺垫获取客户理解，最后请客户帮忙，客户更容易接受和配合。

3. 客户电话信号不稳定

电话接通后，发现信号不稳定，通话时断时续，根本听不清楚客户在说什么，作为客服代表既不能直接挂电话，又没有办法帮客户办理业务，该如何处理为好？

“对不起先生，我们的线路不是很稳定，我听的不是很清楚，您方便再打一次过来吗？”

“先生，您那里信号不好，请您挂掉重拨。”

“很抱歉！我还是无法听清您的声音，麻烦您换一部电话或者稍后再拨。感谢您的来电，再见！”

【点评】

第一种回答把听不清楚的原因归到自己线路问题，容易让客户产生“线路不稳定”的负面印象，影响品牌，坚决不建议采用。第二种回答，在无法确定原因的情况下，直接说客户信号不好，容易引起客户的挑战，同时有批评客户的倾向。第三种回答最为规范，避免提及信号不稳定的原因，同时获取客户的理解和配合。

客户打电话过来要求提供值班经理的手机号码，出现这种情况的客户很有可能是投诉，处理得不好很有可能火上浇油，怎么办才好？

“您是要投诉吗，您等一下？”（然后寻求主管帮助）

“不好意思先生，我们经理的电话不对外的，有什么事我能帮忙的吗？”

“很抱歉给您带来不便，您能告诉我出现了什么问题吗？我会立刻为您处理。”

【点评】

第一种回答主动询问客户是否投诉，现场不做任何处理，直接让客户等待，火上浇油的可能星极高，同时客户容易对客户代表的专业产生质疑，不利于后续投诉处理。第二种回答“经理的电话不对外”容易引起投诉升级，客户要经理的电话是为了解决问题，电话不对外中断了客户解决问题的途径，客户不容易接受。应避开客户要电话号码的要求，讲注意力转移到问题的解决上，才是安抚客户不满情绪的最佳方法，第三种回应最规范。

4. 在线等处理

客户打电话过来，通常都希望在最短的时间内解决问题，但是在线路使用高峰期，或者系统故障的时候，查询信息所花费的时间可能会超过客户的接受程度。遇到这种情况应如何处理，才能避免引起客户不满？

“先生/女士，马上为您查询，请稍等。”（客户等待 15～20 秒仍未查询到结果）“您好！我正在帮您查询，请您再稍等一会儿，谢谢！”（查询到结果后）“先生/女士，感谢您的耐心等待。”

“先生/女士，马上为您查询，请稍等。”（等待的 30 秒中无反应）

【点评】

非常明显，第一种回答要优于第二种回答。客户在等候过程中，因为是切入“保持/静音”键，客户听不到客户代表的声音，如果在等候过程中缺少必要的回应，客户没办法了解客服代表的工作状态，容易产生焦虑情绪和不安。因此，适时的回应不仅仅是对客户的尊重，也是舒缓客户焦虑情绪的有效办法。尤其在等候时间超过 30 秒的电话中，适时的回应显得更加重要。

5. 客户口音浓重

有地方方言的地区，当地客户通常喜欢使用当地方言进行电话沟通，如果话务员恰巧不熟悉当地方言而客户口音又非常浓重，客服代表听不清对方在说什么，遇到这种情况怎么办？

“先生，请您尽量讲普通话好吗？我听不懂您说的话。”

“对不起先生，我不熟悉您的方言，能麻烦您尽量说普通话吗？不好意思。”

【点评】

第一种回答过于直接，以命令式的方案要求客户讲普通话，如果遇到普通话说得不好的客户，会让客户觉得非常没面子，严重影响客户体验满意度。第二种回答要婉转得多，将问题的责任大胆归于自己，采用让客户帮忙的方式争取客户的理解和配合，更容易被客户所接受。

第五节　语言的提炼与概况

一、语言提炼与概况的含义

提炼、概况是一种抽象思维的过程，是对思维归纳、总结、筛选、压缩的过程。这一过程包含了两层含义：一是在思维上把本质特征相同的事物联合起来；二是将被研究对象的本质特征推广为范围更加广泛，并能代表同类事物的本质特征。

语言的提炼与概况就是通过与客户在语言上的交流沟通，理解客户意图，从而在语言、语意的整体上、层次上、要点上进行概况和归纳，最终提炼、总结出客户反映的重要内容或中心思想。

二、语言提炼要素按呼叫服务的内容分类

呼叫中心的服务内容非常广泛，根据客户诉求内容的不同，对其语言的提炼要素也不尽相同。

(1)受理客户报案(修)的语言提炼要素。这是指客户对产品在使用过程中向呼叫中心寻求帮助时，座席员要根据客户的需求，及时地对他们所提出的问题给予解答或指导。语言提炼要素应涵盖以下四个方面：

①产品功能；

②产品专业术语；

③产品使用方法；

④常见问题的解决方法。

(2)受理客户查询的语言提炼要素。这是指客户来电对某产品有需求，准备购买或准备投资时，座席员应向其提供所有相关的详细信息和咨询服务。语言提炼要素应涵盖以下四个

方面：

①投资产品的特点或卖点；

②投资产品的适用对象；

③市场上同类产品的差异；

④投资该产品易产生的疑虑。

(3)受理客户咨询的语言提炼要素。这是指当客户遇到问题或麻烦，寻求解决时，座席人员应向其提供相应的解决途径或办法。语言提炼要素应涵盖以下四个方面：

①问题的关键点；

②问题的管理部门；

③解决问题的基本流程；

④应注意的事项。

(4)受理客户投诉的语言提炼要素。这是指当客户产生不满进行投诉时，座席员应迅速受理，并尽快妥善处理。语言提炼要素应涵盖以下四个方面：

①投诉时间或内容；

②投诉对象；

③投诉目的；

④回复时间。

(5)受理客户建议的语言提炼要素。这是指当客户对目前产品或业务的现状提出个人设想或建议时，座席员应对客户的建议给予合理的解释或记录相关内容。语言提炼要素应涵盖以下五个方面：

①建议的对象；

②建议的内容；

③建议的合理性；

④建议的可行性；

⑤是否要求回复。

(6)受理客户申办业务的语言提炼要素。这是指客户来电要求办理指定的产品或业务时，座席员应明确客户需求，告知客户申办的具体流程及所需手续。如有需注意的问题，应特别提示。语言提炼要素应涵盖以下四个方面：

①明确申办的产品；

②具体办理流程；

③所需手续或证明；

④需要注意的问题。

三、提炼与概况客户诉求的基本要求

在处理说话内容方面，应务力突出必要信息，尽量排除干扰，减少冗余信息，不说多余的话。比如“大家都聚精会神、集中思想、全神贯注地倾听着专家的报告”这句话就不简明。

在语言材料的组织方面，要注意避免歧义，防止倾听者的误会。比如“开刀的是他的父亲”就没有表达清楚主语是谁。

在句子和词语的安排、调整方面，要注意表述的清晰性，要强调要点，以便于理解。

四、语言提炼与概况的基本方法

1. 简单事件的常用概况方法

(1)摘句法。在进行语言提炼时通常要做到以下四点:抓内核、分层次、明限度、懂方法。

抓内核是指每个事件都有中心,语言提炼首先要确认与客户沟通内容的主体,这是把握问题的关键。

分层次是指将整个事件或内容按环节分成若干个层次,要概况出层意。

明限度是指要根据客户的情况(如情绪、当时的紧急程度等),把与客户沟通的事件内容压缩到什么程度。

懂方法是指与客户交流的内容要懂得留、删、改。

(2)查找原因法。这是根据事情的结果找出主要原因,并对事件进行分析、提炼和概况的方法。所谓“无因不成果”。任何事物的发展变化都有其原因。找到了原因,提炼、概况其内容也就顺理成章了。

(3)明确关系法。世事万物都是有联系的,事件的人或事往往不是孤立的。在对已知资料进行分析概况时,如果能够弄清楚事件中的脉络关系,将有助于分析出事情的关键点。

(4)明辨倾向法。如果客户对事件本身带有很强的主观倾向性,就会将个人的爱憎褒贬表现出来。座席员要对此保持清醒、客观的判断,这将对自己提炼公正客观的观点尤为重要。

(5)抓住关键法。客户百搭的事情总有一个重心,为了突出重心,客户在表述时会突出一些关键词语,抓住它们就会大大提高提炼和概况的准确性。

2. 复杂事件的常用概况方法

相对于表达一层意思的简单事件而言,所谓复杂事件一般都会表述多层意思。复杂事件常用的分析概况方法主要有以下几种。

(1)同中求异法。相同的资料,如果从共同点出发加以概况,往往会缺乏深度。我们应能从相同的资料中发现其中的不同,再深入分析、归纳,体谅概况出结论。

(2)异中求同法。有些事物看似各异,甚至风马牛不相及,但事物的本质可能是相同的。因此,坐席员在对复杂事物进行分析概况时,可以通过本方法去提炼概括自己的观点。

(3)异中辨异法。有些材料有着明显矛盾的分歧,但仔细分析,我们仍能从相异中提炼概括出核心观点。比如三个和尚和三个皮匠的故事,共同点是:都是三个人,都想做一件事。不同点是:结果截然不同。其实造成结果不同另有原因,即人心齐与不齐的问题。由两个故事我们提炼概括出“人心齐,泰山移”,只有齐心协力才能取得事业的成功。

(4)叠加互补法。有些材料虽然性质统一,但各自并不全面,而是互为补充的。座席员只有发现这一点,并把它们叠加起来,方能概括出全面、科学的观点。

(5)分层归纳抽象法。简称分层法,是语言提炼中广泛应用的一种方法。这种方法首先要把事情分出层次,然后辨别出各层次之间的轻重次序,最后循序提炼与概况出最终观点。提炼与概况客户诉求的基本步骤是用恰当的开场白或问候语使对方冷静下来。座席员要认真听取客户的诉求,从中了解情况并获取有用信息。在了解事情的基础上,找出其中的要点进行概况。不能夸大其词,也不能有所遗漏。要对概括出的要点进行主次区分,抓住核心并视具体情况进行取舍。就客户诉求的主要观点提出处理意见或解决问题的方法。最后要与客户达成一致意见。语言提炼与概况的基本运用，精研词汇，把握要义。

这是指座席员在语言上要准确把握符合客观实际的基本情况。“准确”是指从总体上要求语言要讲究科学性和逻辑性，能准确地表达沟通交流的内容和思想感情。在遣词造句时要恰如其分地反映事物的本来面貌，要能如实、贴切地表达客户的意图和思想感情。要实现此目的主要通过以下两种途径。

（1）要注意辨析词义，尤其要注意意思相近的词语在含义上的细微差别。

（2）要注意区别词语的感情色彩，在选词上要掌握“分寸感”。

语言表达简明、连贯、得体、提炼、概况诉求信息应做到语言表达简明、连贯、得体。

所谓简明，就是应以尽可能少的语言传递尽可能多的信息，并取得最佳的表达效果。“简”反映了量的要求，即言简意赅，无多余语句；“明”含有效果的要求，就是表达清晰。

所谓连贯，是指一个语段的各个句子之间，或一个复句的各分句之间，在内容和形式上都互相衔接，前后呼应，做到语言流畅，朗朗上口。其基本要求是：句子的陈述对象、语法结构、语序（时间、空间、逻辑等）、意境、音调的和谐、词语的对称都保持一致。

所谓得体，指的是根据语境条件选用恰当的语句来表情达意。它包括语体色彩、文体色彩得体，对情境场合、身份对象、情感分寸的把握得当等。

（1）话题一致。话题一致是保持语言连贯性的先决条件，共同的话题使语段中的句子组成一个有机的整体，是联系各句的核心。诉求内容的话题一般由主语来表示，共同的主语是贯穿各语句的灵魂，是联系各语句的纽带。所以，说话时要尽量保持主语的一致性。

（2）语序合理。合理的语序是保持语言连贯性的逻辑条件。合理的语序反映了说话人的连贯的思路，说话人的思路正是排列句子顺序的线索，一般地说，人们吧空间顺序、时间顺序、逻辑顺序、心理顺序作为基本句序。

列入空间顺序以位置关系作为贯穿句子的线索。使用空间顺序要有表示位置关系的词语作为标志，如“这里”、“门的东面”、“山的后边”等，要有表明事物空间关系的对照物做参照点，参照点必须是实体，按参照点描述事物的深刻意义。采用临近原则（让先写的事物依次成为后写事物的参照点）。

在实际生活中，几种安排语序的顺序往往是综合运用的。

（3）前后照应。语言的照应与衔接是保持语言连贯性的语言条件。句子之间缺少必须的过渡、照应、铺垫，就会跳跃感太大，会影响到语言的连贯性。

如果能使用有过渡或有收束作用的连接性词语，也可以保持语言的连贯性。连接性的词语有关联词语，也有“如上所说”、“综上所述”一类的词语。

如果能使相同的词语重复出现，互相对应，也能加强语言的连贯性。

（4）咬接。

这种能使语句连贯得更紧密的“咬接法”，很像修辞中的“顶真”，即后一句话开头的词语或短语恰是前一句话结尾处的词语或短语。

3. 理解和明确客户诉求的目的

受理客户诉求必须建立在理解诉求内容的基础上，而是否能够理解诉求内容与客户之间的沟通程度密不可分。与客户沟通也就是使沟通双方的经验、思想和认识等达到一致。具体地讲，是指人、群体或组织之间传达思想、交换情报、交流信息的过程。沟通的形式通常包括语言沟通和非语言沟通两种。语言沟通比较容易理解，如面对面的交谈、通过电话进行交谈、互通电子邮件或信函、一点对多点的简报或工作报告,以及图片、计算机图标、公司标识、徽章等。非语言沟通的表现形式较多,如表情、座次、等候时间长短等。

在现实生活中,通常可以通过人与人之间的沟通来传递对事情的内容描述和对事件的看法。有些人的沟通能力很强,能准确概况并表达出对方意图,而有些人则沟通能力不强,从而影响了信息的传递,无法将对方的意思传达给他人。在与客户沟通过程中,首先需要理解和明确客户诉求的具体内容,提炼、概况出准确信息,然后在此基础上才能帮助客户解决诉求问题。准确传递信息是对座席员最基本的要求。

4. 理解和明确客户诉求的内容

(1)问候。从座席员与客户的第一声问候起,就要融入客户的世界,座席人员的问候是与客户交流过程中十分重要的一部分,虽然只是简短的几秒钟却表达了对客户的欢迎和尊重,同时也为接下来的谈话奠定了信任的基础。问候语通常包括以下三个内容:

①公司或部门的名称;

②呼叫服务员的姓名;

③诚恳的帮助提示。

问候语一定要声音清晰,语言简明扼要,语速平缓,语调积极(声调上扬),语气亲切。比如"早上好,先生,我能为您做点什么吗?"

(2)倾听。与客户沟通中的有效倾听是理解诉求内容的基础,要通过倾听了解客户需求。如果在交流过程中客户认为座席员根本没有听他说话,就容易对交流造成极大危害,甚至会使交流因受阻而终止。如果把与客户之间的交流比做体育运动,应该是羽毛球比赛而不是铅球比赛,因为羽毛球比赛是对手之间互相影响、互相作用、互相牵制的关系,是一种你来我往的过程。而铅球比赛对手之间相对独立,比赛过程中对手之间没有必然联系,其中一个对手比赛时另一方只是等待,不用有任何回应,是一种单一的过程。

(3)交流。正确理解诉求内容离不开与客户间的交流,交流是判断诉求、解决诉求的关键,成功的交流不仅可以让客户感觉舒服,更能使客户感到被理解和被尊重,从而建立起信任的基础。

首先,建立起彼此间的信任。众所周知,信任是交流沟通的基础,很难想象如果没有信任双方如何进行交流。座席员应该时刻和客户站在同一立场,从客户角度出发,为客户着想,这样才能得到客户的信任,引导客户间的交流向好的方向发展。

其次,营造和谐的交流氛围。有了信任的基础,就不要太计较说话的内容和客户的态度,不要因为客户的坏脾气影响或打断交流的进行。的确,有时客户的态度和语言会有些过激,甚至所说话题不着边际,这就要求座席员应尽快建立起良好的交流氛围,这样有利于客户更快、更直接地说出诉求,在明细诉求后迅速解决的语言。通常会用到下面的一些语句:"我觉得您说的很对","我很赞同您的观点","我很能理解您此刻的心情","我能体会您现在的感受","这事实在让人气愤","您的建议很合理"。

最后,引导客户明确诉求。有些客户的诉求极不明确,这就要求座席员凭借有关的专业知识和丰富的沟通经验,引导客户在最短的时间内说出诉求,达到最终解决问题的目的。

项目三　倾听技巧训练

倾听是有效沟通的重要基础，客服代表必须学会倾听，因为只有倾听才能学着去了解客户并提供最有效的服务。

第一节　倾听的定义

国际倾听协会的倾听定义：倾听是接受口头及非语言信息，确定其含义和对此做出反应的过程。作为一名客服人员，从电话里可以听到客户的基本特征、性格特征和基本需求，见图2－2。

图 2－2　从电话里你可以听到什么消息？

第二节　倾听的过程

有效的倾听过程包括如下 6 个阶段

1. 预言

相互作用的性质中，倾听起了一定的作用。根据我们对将要与之沟通的人以往的经验，对他可能如何反应进行预言。例如，如果你拿一份超过时限的作业送给老师，根据以往的经验，你知道她将不高兴，并且你可能必须听她数落你作为一名学生的缺点。你也知道修好的策略是去听，而不是辩解。

2. 接收信息

在任何一天中，我们都要接收比我们所需要或能处理的更多的信息，包括广告、某人在楼道的喊叫、老师的讲课、与朋友的交谈等。我们听到了许多这样的信息，但没有倾听所有的信息。

我们听到声音，如词语和这些词语被说的方式。但在倾听时，我们做出更多的反应。听是一种涉及听觉系统不同部分的生理过程，而倾听时涉及对他人全部反应的更加复杂的知觉过程，包括口头语言以及非语言沟通。

因此，接收信息不包括听，信息由多种形式和来自各种渠道。在我们倾听时，剔除无关的信息，进入倾听过程的下一个步骤——把注意力集中在我们认为重要的或者有趣的内容上。

3. 注意

我们能把注意力集中在某种特定的刺激物上。例如，傍晚在宿舍楼里，你会听到各种声音，包括学生相互之间的叫喊声、音乐声、关门声。然而，当计算机上的“千千静听”播放到你喜欢的歌曲时，你就是会全神贯注，这些歌曲消除了周围的所有其他声音。

把感知集中起来的能力被称为选择性注意，这是相当奇特的。在这一项研究中，参加者坐在四个播放不同内容的喇叭中间，并被告知只注意听某一个喇叭中传出来的信息。在各种情况下，听者在会意来自哪个喇叭的信息方面都显示出几乎完美的表现。

虽然我们能按某种特殊的方式集中注意力，但注意力集中的时间是有限的。很少有人能对信息完全集中注意力超过 20 秒钟。有时信息的内容使我们想起一些其他的事情。或者我们反对这些内容，或者它使头脑按照完全不同的方式考虑问题。不过，我们能很快地重新把注意力集中在相应的信息上，但要明白，注意力确实很容易分散。注意力集中的时间是与厌烦紧密相连的。研究者发现，最好的听者是不容易厌烦和在获得信息方面有一些基本技能的人。这样，上课时容易厌烦的学生就必须在集中注意力上做出特别的努力。

4. 赋予含义

当我们决定注意某种信息时，下一个步骤就是为它赋予含义。这包含吸收信息——使它成为我们的知识和经验的组成部分。为了赋予含义，必须确定信息中的内容与什么相关和它怎样让我们已经知道的内容相联系。这样，赋予含义的过程基本上是一种选择材料和设法把它与我们的经验相联系的过程。在赋予含义的过程中，我们也进行了估价。我们用所拥有的个人信念对说话者所说的内容进行衡量。对说话者的动机进行质疑，想知道遗漏了什么，并对其中观点的确切性进行质疑。不仅要明白说了什么，还要考虑是怎么说的。像对说话者表达的词语一样。我们对他们的腔调、手势和面部表情也赋予相应的含义。

5. 记忆

记忆也是一个决定什么重要和什么不重要的选择过程。作为学生，没有谁能复述出老师讲课的全部内容，但笔记还是能帮助我们记住要点。有些学生把太多的注意力放在笔记上，企图记下老师所讲的所有内容，而不是记录要点。这样的话，就可能只忙于记笔记，而没有注意老师所讲内容的含义。

6. 评价

评价是在倾听完成后的一种对所发生的事情的估计。在理想的倾听情景中，人们经过所有这些阶段。然而，如果倾听是无效的，这个过程可以在上述任何一个阶段上中断。

第三节　正确的倾听态度

正确的倾听态度是达到优秀倾听效果的前提。每一个电话对我们都是一个全新服务的开始，对公司都是展现价值的机会，铃响的同时，我们应调整好心态，照照你面前的镜子：找到你甜美的微笑了吗？

微笑着接听起电话，听到里面的声音，不论对方是男高音或是女低音，青年人或老人，吐字清晰与否，带着口音与否，都请积极倾听，而不是皱起眉头在心理抱怨：“天哪，他在说什么？”

如果在电话里是一个发怒的客户，请宽容地去倾听他们，因为他们不知道你是谁，这怒火不是针对你个人的，换位思考为对方的冲动寻找客观原因，从而给予谅解，其次要引导对方把他恼怒的原因说出来。可以尝试用你甜美的语言，让他平息心理的抱怨，让客户感受到你是真心地要为他处理问题，当你成功解决他的问题后，也许他还是不知道你是谁，但客户会牢记他所受到的理解、尊重与礼遇。

专心的倾听并抓住客户反映问题的重点，会使处理客户问题更快捷。专心倾听，不仅要用耳，更要用心。如果对谈话内容漫不经心，采取消极被动的态度，左耳进右耳出，那就很难和对方进行沟通，更无法取得较好的谈话效果。

倾听并不是想象得那么简单，如同演说和写作，倾听通常要付出艰苦的努力，倾听能力对很多人来说并非生来具有的，需要通过不断的实践与培训来加以提高。

客户：我家装了一个宽带网，现在马上九月份了要开学了，我就想把这个……

客服代表：您可以把费用缴清，到营业厅直接办理，每三个月 15 块钱的停机保号费就可以了。

客户：我怎么昨天打电话来一个小姐告诉我是 20 元一个月，怎么搞的？

客服代表：我们一直都是三个月收 15 元钱的。

客户：那你们昨天怎么说是 20 元一个月，叫你们领导来！

客服代表：我们电话停机保号一直都是三个月 15 元呀。

客户：什么电话？我是说宽带报停！

客服代表：（语塞）

【点评】

本次服务中客服代表在为客户服务时并没有做到认真倾听，而是带有主观意识，随意揣摩客户心理以致做出错误判断，造成客户不满。

第四节　倾听的障碍

倾听是困难的，有许多原因使你分散注意力。有时候你可能有意或无意间设置了倾听障碍。这里，障碍意味着一种阻碍对话流畅进行的行为。下面我们来分析造成不能有效倾听的一些障碍。

一、环境干扰

环境对人的听觉与心理活动有重要影响，环境中的声音、气味、光线以及色彩、布局，都会影响人的注意力与感知。布局杂乱、声音嘈杂的环境将会导致信息接收的缺损。一般来说，在日常应接呼入电话时，有 40％～80％的时间你会在听你的客户的声音叙述，也就是说，你的工资中有 40％～80％是公司付你报酬来听别人说话的。仅从这点讲，你也没有理由不重视倾听。而研究表明，通常人真正完整倾听到的只有 1/4 左右的内容，而在其它 3/4 的时间里，我们会忽视、遗忘、误解、歪曲传入我们耳朵中的话语。你应当学会如何“聚精会神”。注意不受下列干扰影响。

(1)环境干扰和打断。每天我们的环境中有大量的输入信号，周边的铃声、谈话声、电子显示屏的闪动，周围人的走动以至窗外的风声雨声等都会干扰你的倾听。

(2)“第三只耳朵”现象。通常周围的谈话会不断地让你听到，有的则引起你的注意。如果是与当前业务有关的，你可要求客户在线上稍候，然后起身弄清楚。但更多的时候，你要学会关闭你的“第三只耳朵”，不让周边与你为目前这个客户的服务无关的声音带走你的任何注意力。

(3)迫不及待。在倾听过程中克制抢话的冲动并不是一件容易做到的事情，要克服想教育人的念头，避免自认是专家，根据老经验或为了控制通话时长而打断客户，这样会给人以没有受到尊重的感觉。记住:倾听不等于等候你说话的机会。

(4)情感过滤。有的时候你不喜欢某一类人——说话不够婉转,带有特别口音,或有些结巴,你的情感定位会使你对客户的倾听带上过滤筛。选择性地摄取信息,试图让自己不要“以音取人”,时刻避免这种倾向。

(5)思维遨游。在倾听客户时,你日常生活中还在处理的事会涌上你的思绪:和男朋友斗嘴后下一步如何处理,下班后请刚来访的亲戚到哪家餐馆就餐更有意思,等等。稍不留神你的注意力就会转移,你必须训练自己在倾听时的高度注意力。把其它的思考活动放到班间休息或下班后的时间去做.

二、信息质量低下

双方在试图说服、影响对方时,并不一定总能发出有效信息,有时会有一些过激的言辞、过度的抱怨,甚至出现对抗性的态度。现实中我们经常遇到满怀抱怨的顾客,心怀不满的员工,剑拔弩张的争论者。在这种场合,信息发出者受自身情绪的影响,很难发出有效的信息,从而影响了倾听的效率。信息质量低下的另一个原因是,信息发出者不善于表达或缺失表达的愿望。例如,当人们面对比自己优越或地位高的人时,害怕“言多必失”以致留下坏的印象,因此不愿意发表自己的意见,或尽量少说。

三、倾听者主观障碍

在沟通的过程中,造成沟通效率低下的最大原因就在于倾听者本身。研究表明,信息的失真主要是在理解和传播阶段,归根到底在于倾听者的主观障碍。

1. 个人偏见

即使是思想最无偏见的人也不免心存偏见。所以,在团队中成员的背景多样化时,倾听者的最大障碍就在于自己对信息传播者存有偏见,而无法获得准确的信息。

2. 先入为主

行为学中的“首因效应”,是指在进行社会知觉的过程中,对象最先给人留下的印象,对以后的社会知觉发生重大影响。也就是我们常说的,第一印象往往决定了将来。人们在倾听过程中,对对方最先提出的观点印象最深刻,如果对方最先提出的观点与倾听者的观点大相径庭,倾听者可能会产生抵触的情绪,而不愿意继续倾听下去。

3. 防御措施

人们不愿意仔细倾听的一个重要原因纯粹是心理防御。一般来说,人们不愿意得到坏消息,更有些人经常以自我为中心,本能地排斥坏消息。或许我们认为听不到比听得到是一种更好的方式,因为听到后你不得不去面对它。其实不然,只有当你听到或能准确地预见危险时,你才会想到去避免和处理它。实际上,是要怀疑有坏信息时,都应该更深入地进行调查。

4. 焦虑

有时不能倾听是因为我们处于一种极度焦虑的状态中。假设你开车去一座陌生的城市,并发现自己完全迷路了。在行驶了很长时间却没看到任何指明附近城市的公路号码或标志时,你或许会感到似乎自己的心都快要跳出来了,这就是焦虑。当你最终停下来问路时,你就完全失去了自信,你的焦虑程度高到甚至不能倾听的程度,结果是你一旦重新上路,仍然不能找到正确的路。焦虑当然存在于课堂这种环境中。研究表明，如果老师告诉学生：考试内容将是很难的，学生们可能感到忧虑，这将干扰学生们的听课状况。例如，一位学生上了一门为了毕业必须上的数学课，每次遇到一个不明白的问题时，他就停止听课，最终他远远落在别人的后面，使他不再去上课了。一家航空公司发现，如果乘客能使用航空公司的音频系统来听飞机座舱与航管中心的谈话，那么这样常常可以安慰更紧张的飞行员。飞机的副驾驶说，对于某些乘客来说，亲身参与所进行的事可以使他们更放心。

5. 被动倾听者

人们经常认为听是毫不费力的事，他们的态度可能在"我不需要做任何事，只需背靠后坐着听"与"如果不是考试内容，我就不需要听"之间。没有兴趣的倾听经常出现在课堂中，因为在课堂里不是所有的教师讲课都同样吸引人。有些教师知识渊博，只是不太有趣，因而不太受欢迎。也有某些课不像其他课那样有趣，如沟通技巧课可能不像经济学那样有刺激性。但是，即使讲课者或科目不太有趣，也必须注意倾听。

6. 选择倾听者

许多人总是不愿意去倾听，更喜欢自己说。当你与这样的人交谈时，你和他就是在互相表演独角戏而不是对话。选择倾听者总是寻找一种方式去谈论自己和自己所想的。如果别人谈到某种经历，他们则说出一种更长更好的经历。如果你说自己买了一部性价比较高的手机，他们就告诉你某个人的手机更为经济实用。如果你说将去海边度假，他们就会告诉你应该去北京以使旅行更有价值。这些人很少注意到从他人那儿得到非语言暗示，他们对听话者呆滞的目光和经常偷偷看表的行为熟视无睹，他们也忽略了像对方"我最好开始做某件事"或"我才注意到已经很晚了"这样的暗示。

7. 不受欢迎的语调

作为倾听者，可能根据说话者的信息来说话或者发出声音，这对于讲话者的语调特别重要。它是讲话者举止的重要组成部分，讲话者的举止对听者的开放性或判断以及信息的表达方式有着重要的影响。讲话者语调的一个小小的变化，可能使听者从接纳转为恼怒或不高兴，就能改变或打断对话的流畅性。下面是一些能够产生交流障碍的语调。

(1)使用刻薄的，针对性的语调：你首先从别人那里听到了解释，然后才做出了反应，"你做了什么!"这种尖锐的语音产生了让说话者处于防御状态的效果。

(2)尖锐地讽刺：这种行为通常是对说话者的一种反应。这种情况下，声音里夹带着贬低的气息和嘲弄的味道，如"听起来好像你已经尽力了"这种评论，尽管听起来像是同意的，但却是用含有反义的讽刺语调来表示否定的意思，对说话者或听到的信息进行贬低的评论。

(3)单调的回应：这种用来回答说话者的语调听起来让人感到厌烦或是没有兴趣。例如，当说话者正热情洋溢地讨论一次难忘的经历时，"嗯，这很好"这样的回答就会显得沉闷和消极。单调的回应让说话者很快就泄气了。

8. 目光交流不得体

目光交流是影响对话通畅的一个重要因素。稳固的目光接触有助于你和说话者之间的沟通，而下面的一些行为将会起到阻碍作用。

(1)转移视线。偶尔移开目光并不是什么障碍，但切断目光接触时，说话者会感觉到你的注意力转移到了其他地方。并且，你注意力不集中时，说话者就会变得很沮丧，然后退出谈话。

(2)锁定。就是盯住或者直视说话者,让他产生一种很不舒服的感觉——当你的眼睛盯住说话者脸部以下的位置时,这种感觉就会更强烈。稳定的目光接触是一种放松的表情,而不是紧紧盯住说话者。

(3)眼神飘忽不定。对于说话者来说,这是你能给他的最具判断性的表情。这意味着你对听到的内容的讽刺与不满,有时甚至会打断说话者的思路——这是最大的倾听障碍。

9. 令人不快的面部表情

没有镜子时,倾听者看不到自己的表情,但是讲话者能看到它,而且经常对倾听者表现出来的这些令人不快的信息做出反应。下面就是这些倾听障碍。

(1)眉头紧锁。皱着眉头是一副不赞成或反对的表情。有时,这种表情伴随着不停的摇头和漫不经心地与讲话者交谈,这意味着倾听者不喜欢讲话者谈及的人或事。

(2)突然假笑。假笑就是在讲话者说到严肃的事情时,倾听者表现出半笑不笑的表情。不论意图如何,这对讲话者都是一种讽刺,好像他说的很严肃的事情对你来说仅是一个笑话而已——在别人同你说话的时候,这很可能导致谈话的转折。

(3)扬起眉头。与皱眉相似,这动作也显示了一个刻板的、不赞成的或怀疑的面部表情。它不像好奇的表情,前额收缩一点,眼眉轻轻向上扬起。而是在听到不满的事情时,眉头立刻向上扬起。谈话就这样被打断了。

(4)毫无表情。这是一种被动的、毫无反应的表情。它让讲话者怀疑倾听者是否什么也没听进去,是否心不在焉,是否毫不在意。在多数情况下,这种行为让讲话者身心疲惫——他们感觉自己是在对着一堵墙说话。

10. 不受欢迎的举止

姿势是在你接受信息是如何坐着或站着的行为。下面是一些引起障碍的姿势。

(1)无精打采。懒散就是指向后靠在椅子上到了双腿和头在同一高度的程度。倾听者可能喜欢在椅子上休息——尤其是又大又舒服的椅子上,而不是坐直了留心倾听讲话者的信息。这种无精打采的行为传递了一个不感兴趣或不愿参与的信号。

(2)坐立不安。这种情况下,倾听者的双手不停地在动,如摆弄文件夹、钢笔、或者是手头能拿到的任何东西。这种信息会引起讲话者这样一种感觉:你的注意力在别的地方,你太紧张了而不能投入地理解全部信息。

(3)扭动身子。扭动是一种在椅子上来回摆动的习惯。这种不停的身体摆动会给正在向你表达信息的人带来烦恼。

(4)把脸转向别处。这个习惯就是你不面对讲话者。有时,在某人讲话时你背对着他,或者在倾听说话的时候你把头转来转去,而不直面讲话者。这种行为通常让讲话者感到不舒服,因为他会感觉到,作为倾听者,你不喜欢进行对话。

第五节　有效倾听的原则

作为一名合格的客服代表,在与客户交流的过程中,既要能控制沟通的局面,又要跟上对方言语的思路。这不仅仅属于倾听的技巧,更体现一个人的修养层次。所谓"倾听",意在于"听",与单纯的"听"有本质上的区别。应该做到听得准确、理解迅速、记得牢固、回应及时、表意清晰。有效的倾听应注意以下几点:

(1)带着问题倾听。在倾听客户谈话中,要会带着问题倾听,从而更快更好地掌握客户内心真正的想法,我们可以在听客户谈话时自问下列的问题:

①客户说的是什么?

②它代表什么意思?

③他为什么要这样说?

④他这样说的目的是什么?

⑤从他的谈话中,我能知道他的需求是什么吗?

(2) 倾听中抓住主要问题。善于倾听的人,非常注意分析客户表述内容的主次,能够找出客户反映问题的焦点,抓住问题的根本所在,在倾听过程中捕捉主要信息,以有效收集更多有用细节。

(3)选择型倾听。有些客户往往在沟通中会向你传达一些与问题无关的信息,客服代表可以选择性地倾听,在沟通中捕捉出有效的信息,并适时引导客户提供有效信息。当然,选择型倾听往往容易遗漏一些重要信息,所以在进行选择型倾听时,特别要注意对客户所表达信息的整体把握。

(4)不要随意打断客户的谈话。在与客户沟通中,我们会出现无意识地打断客户谈话的情况,这样不仅会干扰倾听,甚至会终止对话交流,无法达到预期的效果。

第六节 过程训练

活动一 倾听对照训练

表 2-1 中好的倾听者与差的倾听者的表现特征是美国倾听方面的研究者迈克尔·普尔迪对 900 名年龄在 17～70 岁的大学和军队学员进行了调查的结果。请按照下面表格的内容与自己的倾听习惯进行对照训练,以训练自己能获得良好的倾听习惯。

表 2-1 好的倾听者与差的倾听者

好的倾听者	差的倾听者
适当使用目光接触	打断讲话者(不耐烦)
对讲话者语言和非语言行为保持注意和警觉	不保持目光接触(眼神游离)
容忍且不打断(等待讲话者讲完)	心烦意乱,不注意讲话者
使用语言和非语言表达来表示回应	对讲话者不感兴趣
用不带威胁的语气来提问	很少给讲话者反馈或没有反馈
解释、重申和概述讲话者所说的内容	改变主题
提供建设性的反馈	作判断
移情(起理解讲话者的作用)	思想封闭
显示出对讲话者外貌的兴趣	谈论太多
展示关心的态度,并愿意倾听	自己抢先
不批评、不判断	给不必要的忠告
敞开心扉	忙得顾不上听

活动二　倾听与回馈

体会“倾听”与回“馈’在沟通时产生的效果

(一)规则与程序

3～4 人一组，每人轮流当说话者、倾听者与观察者，每人皆须分别当过 3 种角色，体会角色的立场与感觉。

三种角色的任务如下：

说话者：在 5 分钟内主动引发各种话题。

倾听者：只扮演听与响应的角色，不主动引发任何话题。

观察者：不介入说话者与倾听者的对话，只负责观察两人的对话情形。

(二)相关讨论

每人皆当过 3 种角色后，小组成员作经验分享的活动，说话者与倾听者分享彼此的感受，观察者则说出所观察到的情形。

(三)总结

在人际沟通中，重要的不只是把自己的意见、想法表达出来，也要用心倾听对方所传达的信息，如此才能真正达到双向沟通的目的。此种倾听的能力，是一种基本的沟通态度，也是一种可习得的技巧。

活动三　同理心倾听训练

活动目的是让学员们体验在一定的情境下如何去倾听别人，去理解、获取别人想要表达的信息。

(一)规则与程序

1. 活动安排是全体学员参与，分 4 组进行。

2. 背景：公司的小张，是个很优秀的销售代表，在公司业绩领先，但他最近有点消沉。下班以后，他来到你的办公桌旁，和你聊天。小张说：“最近我用了整整一个月的时间做这个客户，但客户的销售量还是不高。”

3. 情景如下：

第一组演示小张在抱怨，第二组演示小张表示无奈，第三组演示小张在征求建议，第四组演示小张希望得到指导。

准备结束后，每组请两位同学上台演示，请别的学员注意观察，总结一下他们演示包含了哪些同理心倾听的技巧。

(二)点评

培训师根据同理心倾听体验对学员表现进行点评。

(三)讨论总结

通过活动，大家有什么体会呢?

人人都希望被了解，也急于表达自己，却疏于倾听。我们在聆听时一定要能做到理解对方的意愿和需求，作出最贴切的反应促进沟通顺利进行。

活动四　效果评估

评估一　倾听技能评估

1. 问题陈述

(1)在倾听他人谈话时,我很难区分清楚重要和次要的观点。

(2)在倾听时,我注意检查那些与自己了解到的不一样的信息。

(3)在倾听时,我知道别人在说什么。

(4)在倾听时,我善于观察他人的情感。

(5)在倾听时,我在考虑下一步要说什么话。

(6)在倾听时,我关注自己与他人的沟通过程。

(7)不等他人讲完话,我就表明自己的观点。

(8)与他人沟通时,我尽力理解那些被创造出来的含义。

(9)我注意观察别人是否理解我的话。

(10)当我不确定别人的意思时,我请他讲述。

2. 评估标准及结论

总体不符合打 1 分,一般不符合打 2 分,偶尔不符合打 3 分,一般符合打 4 分,总是符合打 5 分。

(1)、(3)、(5)、(7)、(9)项反向计分,即(1)=5 分,(2)=4 分,(3)=3 分,(4)=2 分,(5)=1 分;(2)、(4)、(6)、(8)、(10)项正向计分。

分数越高,表示倾听水平越好。

评估二　沟通状态水平自测

通过这个小测试,可以对自己在沟通状态水平有一个比较客观的认识。

1. 测试问题

第一部分:测试的是你在沟通中倾听的态度,共有 5 个问题:

- 你喜欢听别人讲话吗?
- 你会鼓励别人讲话吗?
- 你不喜欢的人在说话时,你也注意听吗?
- 无论说话是男是女,年长年幼,你都注意听吗?
- 朋友、熟人、陌生人说话时,你都注意听吗?

第二部分:测试的是你沟通中的行为,共有 15 个问题:

- 你是否会目中无人或心不在焉?
- 你是否注视听话者?
- 你是否忽略了足以使你分心的事?
- 你是否微笑、点头以及使用不同的方法鼓励他人说话?
- 你是否深入考虑说话者所说的意思?
- 你是否试着指出说话者所说的意思?
- 你是否试着指出他为何说这些话?

- 你是否让说话者说完他说的话？
- 当说话者在犹豫时，你是否鼓励他继续说下去？
- 你是否重述他说的话，弄清楚后再发问？
- 在说话者讲完之前，你是否避免批评他？
- 无论说话者的态度与用词如何，你都注意听吗？
- 若你预先知道说话者要说什么，你也会注意听吗？
- 你是否询问说话者有关于他所用字词的意思？
- 为了请他更完整地解释他的意见，你是否会询问？

2. 评价标准

每一道测试题都有5个档次的评分标准。如果你认为测试的问题几乎总是在你身上发生，给自己打5分；常常发生打4分；偶尔发生打3分；很少发生打2分；几乎从不发生打1分。

3. 结论

得分在90～100分之间，你会是个优秀的沟通者；

得分在80～89分之间，证明你是一个很好地沟通者；

得分在66～79分之间，你是一个勇于改进，尚算良好的沟通者；

得分在50～64分之间，你在有效沟通方面还需要再训练；

得分在50分以下的人注意了，请你们用心倾听，去和别人沟通，在沟通方面多多加强练习。

评估三　倾听习惯自测

1. 用“是”或“否”回答以下15个陈述

(1)我常常试图同时听几个人交流。

(2)我喜欢别人只给我提供事实，让我自己作出解释。

(3)我有时假装自己在认真听别人讲话。

(4)我认为自己是非语言沟通方面的好手。

(5)我常常在别人要说之前就知道他要说什么。

(6)如果我不感兴趣和别人交谈，我常常通过注意力不集中的方式结束说话。

(7)我常常用点头、皱眉等方式让说话人了解我对他所说内容的感受。

(8)常常别人刚说完，我就紧接着谈自己的看法。

(9)别人说话的同时，我评价他的内容。

(10)别人说话的同时，我也常常在思考接下来我要说的内容。

(11)说话人的谈话风格常常影响到我对内容的倾听。

(12)为了弄清对方所说的内容，我常常采取提问方法，而不是进行猜测。

(13)为了了解对方的观点，我总会很下工夫。

(14)我常常听到自己希望听到的内容，而不是别人表达的内容。

(15)当我和别人意见不一致时，大多数人认为我理解他们的观点和想法。

2. 评估标准

根据倾听理论得出：(1)否；(2)否；(3)否；(4)是；(5)否；(6)否；(7)否；(8)否；(9)否；(10)

否；(11)否；(12)是；(13)是；(14)否；(15)是。为了确定你的得分，把错误的答案的个数加起来，乘以7，再用105减去它，就是你的最后得分。

3. 结论

得分在91～105分之间，那么你有良好的倾听习惯；

得分在77～90分之间，表明你还有很大程度可以提高；

得分低于76分，那么你应该在此技巧上多下工夫了。

评估四　电话中的聆听态度和行为能力测试

表2-2　聆听态度与行为测试

聆听态度与行为	是	否
(1)虽然我对于那些人讲枯燥无味的事情感到没有兴趣，但是不知道如何把他的谈话内容引入正题		
(2)我仔细聆听客户的主要观点和依据		
(3)打电话时候我记录重要要点		
(4)我是不容易被干扰的		
(5)我非常能够控制自己的情绪不受影响		
(6)我注意力集中，而不是假装在注意		
(7)在最后对谈话进行评价前我会等待客户把话说完		
(8)在客户讲话的时候我适当给予“语言微笑”或者认可		
(9)我知道我如果插话，客户可能会更加反感或者不耐烦		
(10)我知道自己的嗜好，所以在聆听的时候我会格外控制自己的嗜好		
(11)我避免频繁地打断客户的讲话		
(12)我经常复述或者解释客户讲话的内容，以便我能够确认对方的意图		
(13)我在听客户讲话的主题内容同时，更加关注客户说话的感情色彩		
(14)我为了澄清客户所讲的内容使用提问		
(15)我一般不打断对方说话，除非被要求这么做		
(16)聆听时候做笔记或者操作业务软件输入相关数据库		
(17)我把注意力集中在说话者而不是自己		
(18)我谨慎对谈话内容进行评价而不是对谈话者进行评价		
(19)大多数情况下我是一个耐心的听众		
(20)当对方说话语音不清楚时我就心烦		

项目四　电话沟通技巧训练

第一节　表达的技巧

当你开始与客户进行电话沟通时，你的语言应该从“生活随意型”转到“专业型”。在家中，在朋友面前可以不需经过考虑而随心所欲地通过语言表达你个人的性格特点，而在电话沟通中必须注意合适的修辞、择语与发音的习惯、表达的逻辑性、咬词的清晰与用词的准确性。当客户对你的专业能力了解不多的情况时，他会通过你的谈话方式，包括语音、语调等因素来判断你是否专业。例：

客服代表：您好，请问有什么可以帮您？

客户：喂，小姐。

客服代表：喂，你好。

客户：请问我们那个天气预报是你们那里发出来的还是哪里发出来的？

客服代表：怎么啦？

客户：天气预报呀。

客服代表：天气预报怎么啦？拨打12121。

客户：不是吧，它是短信发出来的。

客服代表：天气预报短信，你是自己定制了还是没有定制呢？

（“十字用语”不到位，没有说“您”和“请问”，建议以提问探寻到客户的真正需求“请问您是咨询天气预报哪方面的业务？”或者“请问您是对天气预报短信业务有什么疑问吗？”）

【点评】本次服务中，该客服代表仍旧没将自己的语言从生活中转换过来，不能很好地运用礼貌“十字用语”，随意回答客户，给客户造成了很不好的印象。

一、不同的表达方式产生不同的印象

语言运用虽然要表达的意思差不多，但由于表达的方式不一样，会使客户产生不同的感觉，从而影响客户对中国电信10000号的印象。

【例1】习惯用语：“我现在帮你选个号。”

专业表达：“请问您希望选择什么样的号码，我会尽量帮您查找。”

【例2】习惯用语：“你讲的是什么意思嘛？”

专业表达：“请问你的意思是……，对吗？”

【例3】习惯用语：“问题是这款手机的优惠活动已经结束了。”

专业表达：“对不起，这款手机的优惠活动已经结束了。您如果现在要购买，我们的资费是……价格也比较便宜，而且我们现在有更多的机型可供您选择。您大概希望什么价位的手机，需要我向您介绍一下吗？”

二、选择积极的用词与方式

在保持一个积极的态度时，沟通用语也应当尽量选择体现正面意思的词，让客户更有信心使用你公司的产品。

下面举一些例子：

【例1】

习惯用语：“这个问题我不清楚或不知道。”

专业表达：“这个问题很专业，请留下您的联系方式，我替您查询后再回复您好吗？”

【例2】

习惯用语：对客户询问的某项业务不清楚，需要在系统咨询库里查询，“我帮你查一下”。

专业表达：“您的问题正在查询中，请稍等20秒。”或“您的问题我查一下，请稍等”。

三、善用"我"代替"你"

有些专家建议，在沟通时尽量使用"我"代替"你"，后者常会让人感觉有命令的语气，感到有根手指指向对方……如以下例子：

【例 1】

习惯用语："机主名字叫什么？"

专业表达："请问，我可以知道您电话的机主姓名吗？"

【例 2】

习惯用语："不对，你说错了，不是那样的！"

专业表达："对不起，可能是我没有说清楚，请允许我再解释一遍，好吗？"

四、站在客户的立场为客户解决问题

在解决某些问题时如果你站在客户的立场上着想，会使沟通更加愉快。例：

习惯用语："我们公司是不准接分机的，按规定分机故障不该我们处理，你自己负责维修。"

专业表达："为了不影响您电话的使用效果，建议您最好拆除分机试一下。"

五、站在公司的立场维护企业的形象

在解决某些问题时，能站在公司的立场上维护企业形象，而不是为了私人的利益而损坏公司形象。

【例 1】如果客户来电找某位客服代表时，习惯用语："她不在，下班了。"

专业表达："对不起，她现在已经下班了，请问您有什么问题，我能帮您吗？"

【例 2】如客户来电投诉营业厅的态度问题，习惯用语："你投诉的问题，我已经受理下来了，我们会进行查处。"

专业表达："您的心情我能理解，给您带来的不便，我代表公司向您道歉，我们会尽快协调相关部门解决并给您回复。"

六、适时真诚地赞美客户

"听您的声音，我就觉得您是个很自信的人……"

"从您讲话中，我觉得您在公司内肯定很有威信……"

"您是不是专门从事××职业的呀？您太专业了。"

"专家就是专家，您提的问题就是与一般人不一样，您提到点子上了。"

不经意地、真诚地赞美客户，往往可以达到非常好地效果。

例：客户反映电话号码有重号现象，客服代表通过适时的赞美巧妙地处理了这个问题……

客户：这段时间老是有人打进来问我们这里是不是一个什么单位，是不是你们把我的号码给其他人用了？

客户代表：哦，这个不会的，我们一个号码只会给一个客户使用的，他是用什么电话打进来的呢

客户：也不是同一个人，接到好多人打这个号码。不只一次，已有好多次了。

客户代表（微笑）：有可能是这样的，可能是这个号码跟别的号码比较接近，因为这个号码

比较好,6225588,对吧?

客户(笑了笑):是呀。

客户代表:你有没有问他们要打的是哪个号码呢?

客户:没有。

客户代表:可能是他们拨错了。我可以向您保证这个号码只有一个,因为我们在受理客户业务会通过系统查询是否有客户正在使用该号码,绝不会发生重号现象的,请您放心。若以后再有类似电话打入,您可以详细的问一下对方的电话是否拨错了?

客户:好的,谢谢你。

【点评】

客户在刚打进电话来反映她的电话号码有重号现象时,是带着一些不满的情绪的,处理不好的话,客户的不满情绪就会暴发出来。但是该客服代表在处理此投诉时沉着应对。首先很自信地告诉客户这种事情是不会发生的,然后自然地夸奖客户选的号码好,让客户觉得很舒心,从而刚开始的不满情绪烟消云散。在此基础上,再引导客户解决反映的问题。此次服务中最大的亮点就是,客服代表适时地夸奖了客户,安抚了客户的不满情绪。

在此次服务中,我们可以感觉到客户是沉着脸打进电话的,但最后却是微笑着放心地挂了电话。所以在处理投诉时,抓住机会适时地夸奖客户可以很好地安抚客户,从而转危为安。

七、巧妙使用同理心

在电话沟通中通过同理心的表达让客户感到你理解了他的心情、感受、处境和困难,从而缓解客户愤怒心情,降低客户戒备心,增加客户对我们的信任。

1. 运用同理心的时机

(1)客户来电进行投诉时;

(2)客户表达不满时;

(3)客户表达愉快心情时。

2. 如何表达同理心

(1)同意客户的需求是正确的;

(2)陈述该需求对其它人一样重要;

(3)表明该需求未被满足所带来的后果;

(4)表明你能体会到客户目前的感受。

3. 注意事项

(1)不要太急于表达;

(2)声音与表情、动作要协调一致。

客服代表要做到自然流露地表达同理心,不能表现不自然,让人感觉是在敷衍、牵强、不自然,这样反而会引起客户的反感,加剧不满。例:

客户:我前几天就反映过我家的电话只能打不能接,你们怎么回事,说 24 小时处理,现在还没有处理,你们怎么搞的?

客服代表:(沉默)我会尽快催一下,您再耐心等待一下。

客户:希望今天能够搞定。

客服代表：我不能答复您能不能搞定，我会帮您催一下。

客户：我要的是速度，都几天了还没有好，我是业务电话。

客服代表：好的，我现在帮您催一下。

客户很不满意，“啪”的地声挂断了电话。

【点评】

本次服务存在的主要问题是客服代表在客户表示不满时，不能够及时主动地向客户表达同理心，导致客户极不满意而挂机。

可以换一种方式沟通：

客户：我前几天就反映过我家的电话只能打不能接，你们怎么回事，说24小时处理，现在还没有处理，你们怎么搞的？

客服代表：非常抱歉，给您添麻烦了，请问先生贵姓？

客户：姓王。

客服代表：您好，王先生，您能将您的电话号码告诉我吗？我现在查询一下处理进程好吗？

客户：××××××××。

客服代表：王先生，我查询了一下，您的电话正在维修过程中，请您稍等，我们会尽快为您处理好。

客户：我要的是速度，都几天了还没有好，我是业务电话。

客服代表：王先生，电话不能正常使用一定很不方便，您放心，我们一定会尽快处理。

（表现出积极处理问题的态度，表明客服代表能体会到客户目前的感受）

【点评】

该客服代表通过同理心表达让客户感到你理解了他的心情、感受，缓解了客户的急躁心情。

第二节　提问的技巧

在与客户的沟通过程中，可以通过有效地提问来澄清、确认、了解客户的真正意图，从而达到顺畅的沟通。

提问的方式有两种：开放式提问与封闭式提问

一、开放式询问

开放式的提问方式一般是用于在初步了解客户需求的时候，为引导对方就选定的话题自由发表意见，希望得到更多资料让客户多说一些，充分了解启发客户、挖掘需求。

常用的语句是：

(1)请问有什么可以帮您？

(2)我怎么才能帮您呢？

(3)我什么时间打电话给您比较方便呢？

(4)您对我们服务有哪些更好的意见？

二、封闭式询问

封闭式的提问可以对客户的问题做一个重点的复述，可用来结束提问，也可用于转移话题。通过封闭式提问可获得简明扼要的回答、澄清疑问、收窄谈话范围、控制对话方向。

常用语句：

(1)您经常出差吗？

(2)我的理解是您有时开会的时候不方便接听电话，对吧？

(3)您的意思是……对不对？

(4)如果能把手机话费降低一半的话，对您会不会有帮助？

(5)您是否有兴趣了解一下？

(6)请问您的电话号码是……吗？”

对于意见很大的客户，建议使用封闭式提问，转移话题，避免引起客户更大的不满。

三、提问技巧

对于客服人员来讲，拥有一个亲切柔美的声音，让客户通过声音感觉到你能帮助他，是客服人员做好电话沟通的基础，除此之外，有效地利用提问技巧，是客服人员做好电话沟通的关键。如果向客户提问，客户可能会告诉我们他们想什么，不一定会说出我们想要知道的，因此要掌握好提问的技巧，会帮助我们进一步了解客户的需要。

很多人认为，向客户提问题是为了得到答案，但有的时候不是。在客户服务中很多提问的目的都不是为了得到答案，而是为了洞察当时客户的问题，提问的目的只不过是给客户提供一种发泄的渠道而已。提问的好处：通过提问，尽快找到客户想要的答案，了解客户的真正需求和想法。通过提问，理清自己的思路，这对于客户服务人员至关重要。“您能描述一下当时的具体情况吗？”“您能谈一下您的希望、您的要求吗？”这些问题都是为了理清自己的思路，让自己清楚客户想要什么，你能给予什么。通过提问，可以让愤怒的客户逐渐变得理智起来。客户很愤怒，忘记向你陈述事实，客户服务人员应该有效地利用提问的技巧：“您不要着急，一定给你解决好，您先说一下具体是什么问题，是怎么回事儿？”客户这时就会专注于对你所提问题的回答上。在他陈述的过程中，情绪就会从不理智而逐渐变理性起来，这是提问的第三个好处。

客服有效提问技巧：

(1)针对性问题是指什么？比如说，像中国移动或者中国联通服务热线，可能客户投诉说“开机的时候，手机坏了”，或者说“始终信号不好，接收不到”。这个时候，客户服务人员可能会问：“那您今天早晨开机的时候，您的屏幕是什麽样子的？”这个问题就是针对性的问题。针对性问题的作用是什么呢？能让你获得细节。当不知道客户的答案是什么的时候才使用，通过提出一有针对性的问题，就这些问题进行了解。

(2)选择性问题也算是封闭式问题的一种，就是客户只能回答“是”或者“不是”。这种提问用来澄清事实和发现问题，主要的目的是澄清事实。比如说：“您朋友打电话时，开机了吗？”开了或者没有开，也许会说不知道，客户只能回答“是”或者“不是”。

(3)了解性问题是指用来了解客户资讯的一些提问，在了解咨询时，要注意有的客户会比较反感提这些问题。比如说咨询：“您什么时候买的”，“您的发票是什么时候开的呀”，“当时发票开的抬头是什么呀”、“当时是谁接待的呀”，等等，客户觉得像在查户口。作为客户服务人员，提这些问题的目的是为了了解更多的资讯，这些资讯对客户服务人员是很有用的。可是客户有的时候不愿意回答，懒得回答。“我早忘了”，客户会这么跟你说。因此在提了解性问题的时候，一定要说明原因“麻烦出示一下您的身份证，因为要做登记”、“麻烦您办理一下密码，因为……”，这叫了解性问题。

(4)澄清性问题是指正确地了解客户所说的问题是什么。有时候会夸大其词说卖的是什么破手机呀,通话质量特别差,根本听不清楚。这时客户服务人员,首选要提澄清性问题,因为你这时候并不知道客户所说的质量差,到了什么程度。这时可以问:“您说的通话效果很差,是什么样子,您能详细地描述一下吗?是一种什么样的差?”了解客户投诉的真正的原因是什么,事态有多严重,这叫澄清性问题。

(5)征询性问题是告知客户问题的初步解决方案。“您看……?”类似于这种问题叫做征询性的问题。当你告知客户一个初步解决方案后,要让客户做决定,以体现客户是“上帝”。比如,客户抱怨产品有质量问题,听完他的陈诉,你就需要告诉他一个解决方案:“您方便的话,可以把您的机子拿过来,可能需要在这放一段时间。这就是我的解决方案”。再比方说你答应给客户更换,因为是属于退换承诺期内的,那这个时候客户服务人员怎么去回答客户呢?当发现确实有质量问题的时候,客户服务人员往往跟客户说:“那这样吧,给您换一个吧。”很少有人说:“我帮您退了,您看可以吗?”或者说:“帮您退了,您看这样行吗?”为什么他不说后一句,因为您知道对方肯定会同意的。有的客户服务人员在这个时候还要表现出是施舍给客户的,所以忽略了运用性的问题来结束你对客户的服务。

(6)服务性问题也是客户服务中非常专业的一种提问。这个提问应在什么时候来用呢?一般来说,是在客户服务过程结束时用的,其作用是什么呢?叫做超出客户的满意。“您看还有什么需要我为您做的吗?”当去一个档次比较高的酒店时,这句话会经常听到。没有经过培训的人员通常都不会说这句话。服务性问题的提出是体现一个企业的客户服务是否是优质的一个标准。比方说,去一些档次比较低的宾馆,前台服务人员要帮客户开门。扒开门,客户服务人员却先进去了。而档次高一些的酒店他就会让客户先进去,除非是提行李的人员。这就是高标准的客户服务,而这种服务在普通地方您就很难享受得到。

(7)开放式问题是用来引导客户讲述事实的。比方说:“您能说说当时的具体情况吗?您能回忆一下当时的具体情况吗?”一句话问出来,客户就滔滔不绝了,这就是开放式问题。

(8)关闭式问题就是对客户的问题做一个重点的复述,是用来结束提问的。当客户描述完问题以后,你说:“您的意思是想重新更换产品,是这样的吗?”这是一个关闭性的问题。

提问还应该注意以下几点:

(1)提问的长短。客服代表开口提问之前,一定要想好,注意每次只问一个不长的问题,问一个较长的问题会让客户感到不知该如何回答。

(2)提问的数量。提问的问题数量要少而精,问题要简洁,一次问多个问题会让客户不知回答哪一个问题。

(3)提问的时间。客服代表向客户提完问题后,应稍给时间让客户考虑,不需要马上让客户给予答复。

(4)提问的主题。提问要紧紧围绕谈话主题进行提问,这样可以获取有效准确的客户信息,把握谈话的方向。

(5)提问的原因。客服代表应知道为什么需要问这个问题,需要通过这个提问了解什么信息。

(6)提问的方式。可以根据需要变换提问的方式,尽快找到想要的答案,了解客户的真正需求和想法。可采用引导型的提问、试探型的提问、激发需求的提问、引导客户解决问题的提问、可延续对话的提问等多种方式。例:

客服代表：早上好，请问有什么可以帮您？

客户：我的电话怎么打不了长途呀？

客服代表：哦，打不了长途。先生，请问怎么称呼您呢？

客户：我姓陈。

客服代表：陈先生，请问是本机号码无法拨打长途电话吗？

客户：是的。

客服代表：您在拨打的时候提示语是怎样的呢？

客户：打不通，嘟嘟嘟。

客服代表：请问您是拨打长途的固定电话还是手机呢？

客户：都打不了。

客服代表：请您稍等，我帮您查查。

客户：好的。

（查询中……）

客服代表：陈先生，感谢您的耐心等候，本机号码已经办理了呼出限制加密。

客户：哦，好像是办了。

客服代表：请问您记得密码吗？

客户：密码呀？好像是我的生日，你帮我查一下好吧？

客服代表：非常抱歉，我这里是查不到的，您可以先试一下，在您拨打之前先要取消限制，取消的方法是……。

客户：我试一下。

客服代表：如果不行的话，麻烦您带上户主身份证到电信营业厅进行核查。

客户：好的，谢谢你。

客服代表：不用谢，请问您还有其他问题吗？

客户：没有了。

客服代表：祝您周末愉快，如您方便，请对本次服务进行评定，谢谢，再见！

【点评】

本次服务中客服代表亲和力非常好，沟通能力强，善用提问来了解客户信息，有效控制了通话时长；对电信业务非常熟悉，为客户提供了非常专业的、全面的、正确的解释。

第三节　确认的技巧

在与客户的沟通过程中，可能会有一些词语你没有听清，也可能有一些专业术语让你听不懂，这时你就特别需要向客户进行确认，进一步明确客户所讲的内容，以免造成理解上的障碍。

向客户进行确认的恰当时机：

(1)当回答完客户的一个问题或解决一个异议时；

(2)当客户沉默时；

(3)当刚刚进行完产品推荐时；

(4)促成前。

举例：

(1)您感觉这个怎么样？

(2)它符合您的要求吗?

(3)不知我有没有解释清楚?

【案例】 一位很健谈的客户致电10000号询问电话怎么装,在询问的过程中谈了一些其他的事情,客服代表在回答完客户的问题后,通过自己的确认技巧,将此次业务受理下来。

客户:(还在谈一些不着边际的话)

客服代表:您好!如果您需要装电话,我们10000号现在就可以帮您登记办理。

客户:可以登记,是吗?

客服代表:对,我现在就可以为您受理。

客户:好。再问一下,我不用的时候,想留住这个号码,怎么办?

客服代表:可以办理停机保号业务,每月收取停保费×元。

客户:你可以给一个好一点的号码吗?

客服代表:好的,尽量帮助您选一个好一点的号码。

客户:不带4,我比较喜欢6。

客服代表:哦,对,您的手机尾号就是8816,6是一个顺的意思。我在这里帮您备注,要求尾数带6,到时我们的配号员会为您考虑一下的。

客户:可以。对了,还有一个问题,我申请电话后,多久帮我安装?

客服代表:给您承诺是一个星期为您装通,但是一般来说×天左右就会有工作人员跟您联系。

客户:电话费用可以通过银行交吗?

客服代表:可以,邮政储蓄、交通银行、一卡通,都可以。

客户:那……谢谢你了。

客服代表:不客气。我现在帮您受理,好吗?

客户:好。

【点评】

在此次营销中,该客服代表很好地运用了确认技巧,牢牢地抓住了一个营销机会,从而成功的下了一个订单。

第四节　技能训练:话务员电话沟通项目训练

情景:1 一位客户来电咨询新装电话,作为话务员向他主动推荐来电显示、七彩铃音或者其他相关业务

情景:2 张先生想办理电信的e8套餐,还听说预存1200元可以送500元宽带使用费,觉得非常划算,打过电信的10000号,进入了电信我的E家专线申请,电话接通。

第五节　评估

评估一　在电话沟通活动中,你曾遇到怎样的突发事件?你是如何应对的?有何改进的心得?

表 2-3 突发事件应对表

突发事件	如何应对
听不清对方的话语	
接到打错的电话	
遇到自己不知道的业务或套餐	
接到无理客户的投诉	
接到客户的索赔电话	
补充	

评估二 找出目前在电话沟通中的不足之处并制定改进计划

表 2-4 电话沟通改进表

需要注意的要点	要点	具体改进计划
要点 1:电话机旁备有笔记本和铅笔	是否把记事本和铅笔放在触手可及的地方； 是否养成随时记录的习惯	
要点 2:先整理电话内容,后拨电话	时间是否恰当； 情绪是否稳定； 条理是否清楚； 语言是否简练	
要点 3:态度友好	是否微笑着说话； 是否真诚面对通话者； 是否使用平实的语言	
要点 4:注意自己的语速和语调	谁是你的信息接受对象； 先获得接受者的注意	
要点 5:不使用专业术语	用语是否规范准确； 对方是否熟悉基本业务知识； 是否对专业术语加以必要的解释	
要点 6:养成复述的习惯	是否及时对关键性字句加以确认； 善于分辨关键性字句	

项目五　座席客服人员自我管理训练

第一节　自我目标和时间管理

作为客服一线的座席员，或许都有过这样的经历，一天的事情多而繁杂。那么，怎样在有限的时间里提高工作效率呢？美国的管理学家唐纳德·C·伯纳姆在他的名著《提高生产效率》中提出了提高效率的三原则，即当你处理任何工作时必须自问：能不能取消它？能不能与别的工作合并？能不能用简便的东西代替它？这三原则对我们来说是可以借鉴的。

首先，我们可以根据自己的价值观和目标管理时间。时间管理的目的是让你在最短的时间内实现更多你想实现的目标。因此，每天在工作前，先把要做的工作罗列一张计划表，再确定每项工作的重要等级。人们通常会这样认为，每天要做的工作应该是急事而不是重要的事。所谓重要的事，是指真正有助于达成我们目标的事情，但是这些事情通常并不是那么迫不及待的——而这点也恰恰是时间管理的最大误区。接下来我们可以根据工作事项的重要程度把工作事项重新排序。列好计划表后，利用一到两分钟时间思考，哪些事情可以放弃不做，为什么？哪件事情有最高的优先级，为什么？你会高兴地执行这个计划吗？综上所述，我们可以得出有效管理时间的五个步骤：一是明确你的价值观；其次是确定你的目标；三是对你的目标按优先级排序；四是明确你的任务；五是对任务按优先级排序。这样，我们在每天的工作中就可以做到有条不紊。

其次，运用80/20法则，提高时间利用效能。所谓80/20法则，是指找出最重要的事情，将时间花在最重要的20%的事情上，而不要花在80%琐碎的事情上。我们都知道，座席员工作多而繁杂，每天的工作，都有所谓紧急的事情、重要的事情，然而到底应该做哪些事情呢？当然第一个要做的一定是紧急又重要的事情，通常都是一些突发事件，一些迫不及待要解决的问题，比如说客户的投诉。在这一点上，我们首先需要界定好自己的工作范围——很多人整天忙得团团转，实际上处理的不是自己的工作而是别人的工作，无原则地接受工作，就会使他人都认为可以将工作交给你做；其次，要尽量将紧急的事情能够委托他人完成的交给别人完成；最后，当你不得不处理时，也要尽量提高效率，能够同时处理的尽量同时处理。

一、学会善于管理时间

1. 做事要有计划

在每一天的早上或前一天的晚上，我们可以把一天要做的事都列出来，并按照事情的轻重缓急制定工作计划。举个例子，从市场走访回来，要做的事很多，如：信息整理、信息反馈、未订货客户跟踪、异常单据处理、工作日志等。我们要学会区分事情的紧迫性与重要性，紧迫的事不一定重要，重要的事不一定紧迫。可以将以上工作按照事情轻重缓急来先后完成：未订货客户跟踪、异常单据处理、信息整理、信息反馈、工作日志等。我们如果每天都按照计划去做事情的话，就能更好地管理工作时间。

2. 要学会统筹安排

什么是统筹安排，举一个简单例子：你要洗衣服，烧开水，有两个方法，一个是先洗衣服，洗完后再烧水，另一个是先烧开水，在烧水的同时洗衣服。这两种处理方式，时间的利用效果差异很大。首先我们可以列出每一天的各项工作，比如：晨会、客户回访、信息整理、信息反馈、客户订货跟踪、工作日志……根据每项工作的特性，统筹安排好各项工作的顺序。

3. 要克服惰性

萧伯纳说过："懒惰就像一把锁，锁住了知识的仓库，使你的智力变得匮乏"。所谓惰性是指因主观上的原因而无法按照既定目标行动的一种心理状态。当一个人有惰性心理时，常常会有以下的表现。

(1)你打算做一件事情，但就是迟迟不行动。与此同时，有更吸引你的事，使你顾"此"失"彼"。

(2)有时埋怨自己拖延时间，但总为拖延找借口。

(3)你也觉察到拖延时间的害处，可仍在拖延已经决定要做的事。

(4)有时勉强干一件事，干了一部分，还需要再努力才能完成时，你却放弃努力。

(5)什么事都一拖再拖，无休止地拖下去，结果一事无成。

(6)你对拖延的"恶果"引以为戒，也决心下不为例，但旧病复发，而使自己陷入又一轮的"折磨"中。

惰性会让我们在遇到比较困难的事情或一时难以完成的事情时，半途而废。我们要清楚地认识到惰性的危害并克服它，才能更好地管理好时间。

4. 要有文武之道

我们在工作的时候要一张一弛，对生活的松紧和工作的劳逸要合理安排。我们经常觉得时间不够用，工作一天忙得团团转。这种紧张繁忙的工作会让我们饱受压迫。因此我们要有适当的休息时间，这样有助于提高工作效率。每个人都有自己的生物钟，精神处于低谷的时候要么不安排工作，要么安排比较轻松的工作。一个不会休息的人，工作效率一般也不高。

5. 不要忽视一些小的时间片段

在实际工作中，时常有很多没有工作任务的时间片段，千万不要轻视它们。这些小小的时间片段累计起来的数字很可观。因此我们要学会利用这些小小的时间片段，做一些有用的事情。这样，我们就可以在相同的时间内，比别人做更多的事情。

6. 要对当天没有完成的工作进行重新安排

现在我们有了每日的工作计划，可是，一天下来那些没完成的工作项目又将做何处置呢？我们可以选择把它们顺延至第二天，同时添加到明天的工作清单中。每天事情很多，如果我们每天都有做不完的事，那么，往后每天的任务清单都会比以前一天有所膨胀。因此要及时对当天没有完成的工作进行重新安排，并借助时间管理方法保证它们按时完成。

第二节　座席员自我压力管理

情绪就是情感，是与自己身体各个部位的变化有关的身体状态，是明显而细微的行为。恶劣的情绪会使座席员变得消沉，充满敌意。要想成就一番事业，就要学会控制自己的情绪。

如果座席员在电话开展业务的过程中产生了不该有的情绪，那么从此也就生活在了阴暗的角落里。恶劣情绪首先伤害的是自己，因为我们不是把时间和生命放在人生的积极进取上。

而是放在不良的情绪中。因此，座席员要学会控制自己的情绪。

1. 保持积极的态度

电话业务开展的过程，其实也是推销自己的过程。座席员在推销商品或服务之前，首先要将自己推销出去。

2. 不要分神

不要分神去想让自己害怕、愤怒的事情，要将自己的思想集中到怎样才能赢得客户上。例如，搞清楚客户的需要，提出正确的解决方案满足客户的需求。

3. 不要惊慌失措

在电话业务中，如果我们在和客户的谈话中一时语塞，回答不出客户提出的问题，或者是下面不知该和客户怎样继续，千万不要惊慌失措、哑然或信口乱说，这无疑会使客户生疑，从而失去对我们的信赖。我们一定要克制住自己的情绪，显得冷静而稳定，可以问客户一些问题，在客户思考和回答时，我们及时开动脑筋，想出对策，把谈话继续下去。

4. 不要过于兴奋

一些刚加入呼叫中心的座席员，可能由于缺乏经验，面对准客户对自己产品或服务稍感兴趣的问话，可能会因此抑制不住自己的心情，由兴奋而产生的紧张情绪溢于言表。这样会引起客户产生新的疑点，所以要稳定自己的情绪，从容而认真地应答客户提出的每个问题，这样才能促使我们的电话业务迈向成功。

5. 转移注意力

一旦出现消极情绪，要立即用理智去分析其原因，全身心地投入工作，从而转移自己的注意力。不要抱怨自己"命运不好"，不要为"心情不好"而哭丧着脸。要喜欢自己的职业，处处为自己的职业着想。

6. 消除不良情绪

让自己的心静一静。保持好心情，不但对从事电话业务有利，对任何事情都很有帮助。

我们可以通过每天参加一些有益的活动来消除工作中的不良情绪，比如跑步、打球、看幽默电影等。

7. 要多交朋友

有这样一个案例，当营销人员刚刚把业务介绍完成后，就听用户说："我是一位孕妇，不能经常用电话的，这个业务我不用了。"这时营销人员说："那打扰您了，祝您母子健康。"用户用特别激动的语气说"谢谢，谢谢"，然后还说了很多感激的话。只说了一句祝福的话，用户满意了，而营销人员也高兴，一举两得。

其实，客户需要的不仅是我们的产品和服务，还有我们的友谊和尊重，产品是许多人都能提供的，而友谊和尊重却不是如此。

座席员在外呼业务过程中也许会想到，对方能听到的只是声音，我的声音很好，那我用什么样的表情，什么样的情绪打电话又有什么关系呢？事实上，声音可以传递我们的很多心理信息。比如，对两位很优秀的座席员进行后台录音，并做了一个统计。分别任选她们 15 个录音进行对比，其中一个 15 次通话中，中途被拒绝了 6 次，占总通话量的 40%，另外一个中途被拒绝仅 2 次，占 13%。当时就是两位座席员说话的语气不同，导致这种结果不同。另外，前者在介绍完业务之后，用户第一反应一般是拒绝，需要二次营销才能得到客户的认同；而在后者成功定制的用户里，有40%的用户是听完介绍直接就接受了我们的业务，不用二次营销。就是因为两位工作人员的语气态度，当时的情绪不同导致结果相差很大。

第三节　压力缓解方法

各种压力会使工作效率低下，有什么直接办法来应对这些压力？在日常工作中，客服代表可以采用以下的减压方法。

1. 深呼吸和数数

当上通电话时间过长，或用户声音太大、抱怨太多时，慢慢深呼吸，同时数数1、2、3…… 这是不用离开座席就能对付压力简单有效的办法之一。可以闭上眼睛，想象自己在森林中，小鸟在歌唱，做几个深呼吸，呼吸一下清新空气，慢慢从1数到10，然后再从10数到1，这有助于你从精神上放松，给自己一点时间缓冲紧张。当你再回到工作中时，会发现注意力容易集中多了。

2. 勇敢面对

当觉得压力来临的时候，要问问自己，是否有那么可怕，不要天马行空地胡思乱想，给自己平添烦恼，天下没有什么事是解决不了的，要以积极的态度来看问题。先双手轻拍一下，然后用轻松、愉快的心情说：

“太好了，我又有一次成长的机会了。”

“我是一个优秀的客服代表。”

“帮助客户就是帮助我自己。”

“我再也不要因为客户的态度而沮丧！”

“我不会因为这件小事而难倒。”

“我一定能行。”

“我是最棒的。”

3. 写作减压

写作的内容是什么呢？你的压力体验，你生理、心理上的一切烦恼。写作是一种效果显著的减压办法，只要一支笔一张纸，走到哪里都可以实现。特别是对于天天在室内工作的客服代表们来说，更可谓是最方便的好方法了。

4. 短暂休息

当感觉压力很大时，特别是刚上班就碰到很不客气的客户，暂时下线，站起来，走出机房，到走廊或窗户边，换换环境，呼吸点新鲜空气，用几分钟的停顿整理一下思路。

5. 用玩具泄压

在减压室或家里准备压力球或充气大棒这样的玩具，每当感到实在受不了的时候，就把它当成出气筒用力压、用力打，把心中的压力挤出去，尽情宣泄。

6. 向别人倾诉

把不愉快的事情隐藏在心中，会增加心理负担。找培训师或同事倾诉工作烦恼、诉说衷肠，不仅可以使自己的心情感到舒畅，而且还能得到别人的安慰、开导以及解决问题的方法。

第四节　情绪控制的方法

1. 有效利用班前和班后会，合理调整情绪

在班前会上仔细听取班长的讲解，及时分享其他客服代表的心得，大胆发言，表达自己观点，通过唱队歌、做体操和与同事间的互动，调整工作状态和心情。同时还可给自己定一个当天的目标，激发战斗力。

在班后讲评会上把自己当天遇到的烦恼和困难大声说出来，寻求大家的帮助。也可一起分享当天服务营销的得意之作，展现自己的风采，与同事共同疏导郁闷心情。

2. 及时总结，转移注意力

将所有的出色工作都记录在案，并不时查阅，一是总结经验，二是为自己寻找自信。客服代表可以养成做工作笔记的良好习惯，在台席前放好一本工作记录本，将容易忘记的业务，较难处理的异常故障、投诉处理、系统操作等问题以及情绪控制成功方法都记录下来，平时加以复习，这样有助于在今后的工作中直接借鉴，既节约了处理时间，又增强了自信心。也可在知识库中增加我的见解，将一些独到的见解记录下来，既可为知识库的优化提供宝贵资料，同时也可成为一本属于自己的书。当在工作中情绪不好的时候，通过翻看自己的工作心得，把注意力转移，增强自信心，从而激发积极、愉快的情绪。

3. 自我暗示

营销失败受到小挫折时，可以暗示自己“没关系，我是最棒的，我能用甜美的声音打动下位客户”。受到客户的指责时，可以反复地暗示自己“他不是针对我，不要发怒，发怒有害无益。”这种缓解情绪的方法称为自我暗示法。每天对自己说：

(1)因为我在中国电信这样的世界500强企业内工作，所以我很骄傲。

(2)因为我的父母非常疼爱我，所以我很温暖。

(3)因为我的班长、领班都愿意给我做更重要的工作，让我参加更多的培训，所以我很自信。

(4)因为今天气色不错，所以我很精神。

总之要在脑海中让自己看到一些美好、成功的景象，这样便能够让自己感受到良好的情绪。

4. 自我激励

自我激励法是用生活中的哲理或思想来鼓励自己。这是用理智调控情绪的一种方式，是一种精神动力。在自己座席上贴上自己最喜欢的格言，放上最心爱人的照片，当业绩相对落后时，通过阅读格言，看看相片，进行自我激励，从而有效地调控情绪。

5. 心理换位

心理换位，就是我们常说的换位思考。如果在商场买东西，遇到费用算错、服务不周，会有什么感受？这样想，就会增加与投诉用户相互间的理解与沟通，防止一些不良情绪的产生。

生活中的顾虑不要太多，不要给自己无谓的压力，对自己无法控制的事情就由它去。任何事不可能都是尽善尽美的。我们应学会做情绪的主人，当喜则喜，当悲则悲。在遇到发怒的事情时，一思发怒有无道理，二思发怒后有何后果，三思是否有其他方式替代。这样就可以变得冷静而情绪稳定，努力增加积极情绪。

接到骚扰电话后如何控制情绪？骚扰电话是10000号所面临的一个较为普遍的问题。它会造成客服代表的情绪不稳定，也会影响对其他客户的优质服务。对待骚扰电话处理方法：一是要识别，二是要技巧性地处理，三是要尽量防止再发生。同时在接到骚扰电话后，可这样对自己说：

(1)这是他(骚扰者)的错误，不要因为别人的错误生气。

(2)不能用自己的心情为别人的错误买单。

(3)我要用一如既往的热情为下位客户服务。

在处理客户投诉时如何控制情绪？处理客户投诉难免遇到情绪低落或情绪难以把握的时候，这时，就要求客服代表做好情绪的自我把握，可以进行以下几种把握情绪的自我对话：

(1)我是问题的解决者，我要控制住局面。

(2)客户的抱怨不是针对我。

(3)保持冷静，做深呼吸。

(4)客户不满意，不是对我不满意，我不能受它影响。

(5)我需要冷静地听顾客诉说，虽然他的措辞很激烈。

(6)我需要知道事情的经过和真相，所以我不能激动。

(7)我要用良好的情绪影响他，使他放松，缓和他的紧张心情。

第五节　过程训练

活动一　压力角色扮演

通过此活动培养学员诊断压力、辨别压力来源、应对压力的能力

(一)训练程序

选出两位角色扮演者，分别扮演王经理和陈总。

其他成员扮演观察者，应对两位扮演者的表现进行评分。

大家进行“关于如何进行压力管理”主题的讨论。

教师进行总结。

(二)训练角色

王经理，MM公司的业务经理，MM公司是一个从事市场营销的公司；陈总，MM公司总裁。

(三)训练场景

王经理处理的业务比其他业务代表要多得多，而且他已成为MM公司公认的业务经理之一。该公司赞赏那些只睡4个小时，不停工作的人。MM公司中的许多人都患有胃溃肠、胆固醇高等毛病，但还在继续以令人无法容忍的强度工作。

MM公司的总裁，陈总刚刚接到两笔曾经是该公司最具优势的业务。当然，陈总想把这两笔新的业务分配给工作业绩最好的人来做，王经理就是他们中的其中一位。由于今年公司至今为止财务状况不太良好，因此这两笔业务对于公司来说非常重要。如果一切进展顺利，监督业务运营的业务经理将会得到丰厚的奖赏，而且可能会被推荐作为公司的副总裁。但这两

笔业务将要付出额外的辛苦和努力。

王经理的角色：你是MM公司的高级业务经理之一，每天要处理15个业务和客户的30个紧急电话。虽然你正享受着成功，拥有一些声望很高的客户，一份不错的收入以及位于市中心的公司上班，但你关心的是日益增加的压力。你也感到自己已35岁，是该考虑人生大事，组建一个家庭的时候了。不幸的是，该公司每个人关心的唯一的事情就是生产和工作。

你的压力状况开始对你的健康产生了不良作用。你的体重增加了许多，而且你的整个周末都在工作而睡得很少。尽管医生告诉你需要休息，但是你知道在你的公司中，那些休息了一段时间的人，很快因为赶不上公司飞快的步伐，而被公司所抛弃。

昨天，你的上司陈总要你考虑再接手两个对公司很关键的业务。物质奖励和提升的机会是诱人的，但是你的现有业务已经超负荷了。而且你也同意医生的建议，在你崩溃之前休息一下，并离开一段时间。

你在扪心自问："我想要什么样的生活，我需要怎么做才能得到它？"这时，你的上司陈总正在敲你办公室的门，你该如何应对这种情况呢？

陈总的角色：对于MM公司来说，今年还没有很好的业绩。在经过两年的持平之后，公司面临着亏损。你不得不裁员而且你知道所有的业务经理都有巨大的压力，但是MM公司已经给了他们相应的补偿。

这些形势促使你努力去取得一些新客户。在经过一连串无法形容的工作、会议和谈判后，你得到了两笔特别的、可以拯救你的公司的业务。这两个业务对公司的未来至关重要而且你想给予它们更多的关注和额外的努力。

你不希望这两笔新业务有任何闪失，因此你要让最好的业务经理去做。昨天你已经让王经理将这两个业务都看了一遍，并希望他能接手这两个业务。你对王经理的情况有些了解，因为王经理近段时间看起来承受了很大的压力，而且情况不妙。王经理一直是你公司工作业绩最好的业务经理，你的父亲也一直对你说："如果你希望一切事情都按部就班并及时被完成，就将这些事交给最忙碌的人去做。"你决定到王经理的办公室去看看他是否接受了这两个新业务。你知道你所希望的是什么以及想让谁去完成它。

小贴士：

时间：60分钟。

如果时间允许，可以再选择两位学员进行扮演，以比较两组成员角色扮演的差异。

场地：空旷的场地或教室均可。

教师：要以引导和观察为主。

(四)观察者评分表

在练习完成之后，其他学员对角色扮演者的压力管理能力进行评价(见表2-5)，评价可以采用5分制来进行，"不满意"为一分，"不太满意"为2分，"一般"为3分，"好"为4分，"出色"为5分。每个学员评价之后，教师可以统计出两位角色扮演者的平均分。然后让大家围绕两位扮演者的表现进行讨论："王经理和陈总如何做才能更好地应对压力？"最后教师进行总结和反馈。

表 2-5 观察者的评分表

压力管理要素	王经理得分	陈总得分
压力控制行为		
指出压力的征兆		
辨别压力的来源		
缓解压力来源		
加强对压力的抵抗力		
减少压力征兆		
着重优先目标		
帮助下属(保护自己来反对上级施加的压力)		

活动二 想象放松

选一个安静的房间,平躺在床上或坐在沙发上。

闭上双眼,想象放松各部位紧张的肌肉。

想象一个你熟悉的、令人高兴的、具有快乐联想的景致,比如校园或者公园。

仔细看着它,寻找细致之处。如果是花园,找到花坛、树林的位置,看着它们的颜色和形状,尽量准确地观察它。

此时,敞开想象的翅膀,幻想你来到一个海滩(或草原),你躺在海边,周围风平浪静,波光熠熠,一望无际,你心旷神怡,内心充满宁静、祥和。

随着景象越来越清晰,幻想自己越来越轻柔,飘飘悠悠地离开躺着的地方,融进环境之中。阳光、微风轻拂。你已成为景色的一部分,没有事要做,没有压力,只有宁静和轻松。

在这种状态下停留一会,然后想象自己慢慢地躺回海边,景色渐渐离你而去。再躺一会,周围是蓝天白云,碧涛海滩。然后做好准备,睁开眼睛,回到现实。此时,你头脑清晰,全身放松,非常舒服。

评估一 你的压力从何而来

本节为大家介绍了压力来源的几个方面,具体到你个人,你的压力来自于哪些方面?通过下面的简易测评,来判断你的压力具体是由什么造成的。测评时,请你能如实回答:

0=没有;1=偶尔;2=时而;3=经常;4=总是

(一)情景描述

过去一年的经历中,你:

(1)我缺乏行使某项职责的权力。

(2)我感觉现在某种情形里,没有出路。

(3)我不能在对我有影响的决定中起作用。

(4)在执行某项任务时,会有许多要求妨碍我。

(5)我不能解决指派给我的问题。

得分:(　　)

(6)我不能确定我的学习或工作职责。
(7)我没有足够的信息去执行某项任务。
(8)我不能胜任别人认为我能做到的某项任务。
(9)同我一起学习或工作的其他人不清楚我在做什么。
(10)我不知道用来评价我的表现分标准是什么。

得分:(　　)

(11)我是如何学习或工作的与我受到的何种评价没有关系。
(12)我感觉人气和政治态度比学习或工作表现更重要。
(13)我不知道我的上司是如何看待我的学习或工作表现的。
(14)我不知道我做对以及做错了什么。
(15)我如何表现和我受到何种待遇无关。

得分:(　　)

(16)在对立状态中我必须作出让步。
(17)同合作者意见不同。
(18)同上级意见不同。
(19)我被夹在中间。
(20)我得不到完成学习和工作所需要的支持。

得分:(　　)

(21)对提升或发展的机会感到很悲观。
(22)我的上级或老板很严厉。
(23)感觉不能被同事接受。
(24)好的表现不受重视或赞赏。
(25)在学习或工作中的进步似乎不尽如人意。

得分:(　　)

(26)在学习或工作中不被重用。
(27)感觉同事或老板不支持我。
(28)我的价值观与管理部门的不一致。
(29)公司似乎不关注我。
(30)在学习或工作中不能做自己所想的事。

得分:(　　)

(31)我有太多事要做却苦于没有时间。
(32)旧的任务没有完成,新的任务又来了。
(33)我的学习或工作影响了我的生活。
(34)我不得不利用业务时间学习或工作。
(35)学习或工作太多以致我都不能很好地完成。

得分:(　　)

(36)没什么可做的。
(37)觉得目前的工作或学习对我来说太轻松。
(38)学习或工作不惧挑战。

(39)大部分学习或工作都很平淡。

(40)在学习或工作中你那个缺乏与人接触。

得分:(　　)

(41)学习或工作环境不愉快。

(42)没有人关注我的学习或工作。

(43)学习或工作环境的某些方面似乎危险。

(44)与人打交道的机会太多或太少。

(45)不得不去应付许多争论。

得分:(　　)

(46)我不得不做一些违背良心的事情。

(47)我不得不在价值观上妥协。

(48)我的家人或朋友不尊重我做的事。

(49)我的同事在做我不同意的事。

(50)我学习或工作的组织强迫我们做不道德或不安全的事。

得分:(　　)

总分:(　　)

(二)评估标准及结果

该测试题目主要选取的是工作和学习方面的压力事件。

总分大于100分,表明工作或学习压力超过了均值;大于130分,表明学习或工作的压力非常高。

每个部分的得分大于20分,显示在该方面具有压力。

其中:

1～5题,代表工作或学习中缺乏控制力;

6～10题,代表工作或学习缺乏信息支持;

11～15题,代表学习或工作中感到非常无助;

16～20题,代表在学习或工作中与人冲突严重;

21～25题,代表在工作或学习上发展受到限制;

26～30题,代表在工作或学习中的疏离感;

31～35题,代表在工作或学习的任务过于繁重;

36～40题,代表在工作或学习的任务过于轻松;

41～45题,代表工作或学习的环境不好;

46～50题,代表与他人的价值观存在冲突。

评估二　你受何种因素控制

(一)情境描述

根据你的实际情况,在表2-6中选择最切合你的答案。

表 2－6　受何种因素控制

序号	A	B	你的答案
1	能赚很多钱，靠的是运气	能获得升职，靠努力、恒心	
2	一分耕耘，一分收获	成败得失都是天意	
3	离婚率的增加，显示人们没有好好处理他们的婚姻	婚姻可说是一场赌博	
4	相信他人可以改变某人的基本态度，这是天真的想法	当我的做法是对的，我是可以说服他人接受	
5	能获得升职只是较他人更有运气罢了	在这个社会里，人们的赚钱能力往往与他(她)的才华有关	
6	某人懂得如何与他人相处，他会比别人优胜	我不太能影响他人的言行举止	
7	我的成就就是靠自己的努力，甚少或全无运气的成份	有时我付出很少便获得理想的成就	
8	假若大家都关心周围的事物，我们可以改变这世界	假若说某人可以影响社会，这只是一个空谈而已	
9	在我身上发生的一切，都可能是机缘巧合	命运在我手中	
10	与人相处是要学习的一门学问	完全没有任何方法去讨好别人	

（二）评估标准及结果分析

计分方法：如果选择表 2－7 中答案者，请给予 1 分。

表 2－7　评估标准及结果

1B	2A	3A	4B	5B	6A	7A	8A	9B	10A
你的总分是									

8～10 分表明你属于高度受内在因素控制的人；

6～7 分表明你属于中度受内在因素控制的人；

5 分是两种之间的混合；

3～4 分表明你属于中度受外在因素控制的人；

1～2 分表明你属于高度受外在因素控制的人。

呼叫中心班组长帮助话务员舒缓压力的 30 条法则

因为给移动、电信、电力的呼叫中心班组长、话务员上课比较多，在和他们交流过程中，无不抱怨话务员工作的异常辛劳和压力巨大。我们必须客观地发现，很多的话务员已经患上了程度不等的“机房综合症”，即一进入呼叫中心机房就心情沉重、情绪低落、愁眉不展，而且不太情愿坐到台席，有职业倦怠倾向，甚至不愿意戴上通话工具。不仅从呼叫中心的管理层，还是从班组管理层面,我们要正视话务员的现实心理现状,想办法、出方法尽量改善他们的心理状态,心情好了,做事情效率更高了,与客户沟通中也更为顺畅了,随之而来的是客户满意度也提高了。

首先,我们来简要分析一下话务员的压力构成,主要来自客户压力和公司内部压力,话务员每天都要面对不同的客户,接受不同问题的咨询并解答,而且要让客户满意;同时,公司内部有严格的管理制度和行为规范,又有严格的考核制度,还有频繁的业务和技能考试的压力。所以,作为一名基层的话务员,要尽善尽美地完成本岗工作,并非一件容易的事情。

现在给呼叫中心的班组站提供一些帮助我们话务员有效缓解职业压力的方法,如果运用得法,还是能取得一些效果的。

(1)人都有两种意识,下意识和上意识,下意识是基于人的本能反应,上意识是基于理性的自我控制,当客户对我们发怒时,请记住:你肯定会有本能反应,如情绪暴躁、愤怒、不满,但是你是面对的客户,是工作场合,你要用你的理性和冷静的上意识控制住你的下意识。

(2)客户情绪不好时,切勿雪上加霜,请降低你的声调和语速,多点关怀、关心、细心和理解。

(3)客户不是上帝,是我们的衣食父母,但不是唯客户是尊,如果客户总是喋喋不休,你应该很礼貌地提示他,并询问他想要确切了解或解决得问题是什么。

(4)每天都有新的客户和你沟通,你应该感到很庆幸,因为你可以服务更多的客户,想想你那天万一不在呼叫中心工作了,也可以自豪地和大家说,你曾经和N位客户电话沟通过,也是一种美好的回忆。

(5)不要让呼叫中心布置地像个战场,而应该像个小家,有温馨和熟悉的感觉。

(6)你不要整个板着脸对着你的话务员,而应该让你的脸部肌肉放松下来,然后带上甜蜜的微笑面对他们,他们内心会感觉愉悦。

(7)如果公司没有硬性规定,在制度允许的范围下,鼓励话务员按照个人喜好,把台席稍微布置一番,让他们找到属于自己的感觉。

(8)晨会或例会上,多点鼓励,少点批评,多点表扬,少点指责,鼓励先进,树立流动标兵。

(9)对于员工的业务技能考试,你要鼓励他们在工作之中也是一种学习,不是突击,不是临时抱佛脚,而是随时随地学习、吸收和应用业务技能知识,这样可以分解他们的心理压力。

(10)事前规范比事后规范更重要,因为凡事预则立,不预则废,不要做事后诸葛亮和一些秋后算账的傻事。

(11)员工的心情好不好,从他们的双眼、表情就可以观察出来,每天在他们值班前,多观察他们,发现有异常,就要立刻去和她沟通。

(12)不要在话务员工作时,总用眼睛盯着她,否则会让她感觉你对她的工作不放心,没有必要制造无端的心理压力。

(13)好好利用好班组活动经费,活动不要太频繁,只要精心准备即可,每次组织活动鼓励大家放开心扉,玩得尽兴。

(14)开展班组活动,建议不要带上某位领导,否则整个活动氛围都让这位领导给压住了。

(15)注意与话务员的语言沟通方式,和善亲切,毕竟他们是你的部属,也是你的内部客户。

(16)不要认为你高高在上,是因为他们的支持才让你能够坐在这个位置上,对员工多点感恩的心态。

(17)如果某位员工和客户产生了冲突,客户越级投诉了她,请记住,你要保护你的员工,不能在你的领导面前说你员工的坏话,因为你是班组的第一责任人。

(18)一日之计在于晨,如果有晨会,请多组织并让话务员参与一些互动的活动,调节整个班组的氛围,让整个团队沉浸在快乐、轻松和愉悦中。

(19)尽量为你的班组争取一些公司的资源和条件,为话务员创造最佳的工作环境。

(20)如果客户投诉了你的员工,请不要指责你她,而应该先听听她自己的想法。

(21)告诉你的员工,客户尽管看不到你的样子,但可以感受到你的服务态度,从业务投诉到服务投诉只有一步之遥,要把客户想象成就在你面对面地沟通,你的服务态度就不一样了。

(22)组织班组活动应该放在野外或郊区更合适,放开心情,换个环境等于换种心情。

(23)要让话务员了解压力的客观存在,但又要让他们明白如果情绪失控造成的危害和不良后果,同时引导他们在每次坐到台席前工作时,先快速调整好自己的情绪状态,平和,内心平静,并且自己对自己至少微笑三次以上。

(24)对于业务技能考试不佳的员工,主动帮她分析原因,查找差距,适当个性化辅导。

(25)鼓励话务员之间多沟通,每个话务班组内部一定要有好的文化,上进、积极、快乐、友好、和谐应该是主基调。

(26)让员工多参与班组内部管理的决策,充分尊重他们的建议,增强她们的归属感。

(27)呼叫中心内、外部提高跨部门沟通意识,培训、业务、质检等分部门、前台和后台、内呼和外呼,形成互动以及良好的内部沟通。

(28)冷漠、麻木、易躁、易怒、焦虑、无神、发呆均是不良情绪的表现,发现话务员有这样的苗头,最好让她休假或暂休,等调整好了,再正式上岗,不要把不良情绪传染给客户。

(29)呼叫中心的机房也应该改造一番,多点通风透气、活泼图画、绿色盆景、舒适活动间、各类饮料等,让机房不再呆板和单调。

(30)你是员工的上级,你就要对员工的心理健康担负起一份责任,因为大部分的不良的情绪问题是因工作或者是因你而生。

模块三　提高岗位技能

项目一　客户投诉处理技巧

第一节　客户投诉的概述

当客户的愿望和要求得不到满足时，就会心里失去平衡，由此产生的抱怨和想"讨个说法"的行为就是客户投诉。

一、投诉产生的原因

客户投诉的原因表面上看来很多，但最根本的原因是客户没有得到预期的产品或服务，即实际情况与客户期望的差距。即使我们的产品和服务已达到良好水平，但只要与客户的期望有距离，投诉就有可能产生。

(1)在使用服务过程中，有人歧视或小看他们，没有人聆听他们的申诉；

(2)没有人愿意承担错误及责任；

(3)因为某人的失职令他们蒙受金钱或时间的损失；

(4)他们的问题或需求得不到解决，也没有人向他们解释清楚；

(5)客户认为我们应该义不容辞地去解决一切。

当出现以上情况时，投诉就产生了。中国电信常见的投诉主要有服务态度、服务质量、通信质量、费用争议等。

二、客户投诉的意图

客户往往希望通过投诉使他们的问题得到重视，同时得到相关人员的热情接待，从而获得优质服务，最终使问题得到圆满解决。

我们可以将客户投诉的意图分为以下三种：

(1)希望被关心和重视。客户需要得到关心和关切，希望自己受到重视和善待。

(2)对存在的问题得到快速解决。客户需要迅速与彻底的反应，而不是拖延或沉默。客户希望听到"我会优先考虑处理你的问题"或"如果我无法立刻解决你的问题，我会告诉你我处理的步骤和时间"。

(3)今后服务的期望。客户希望在今后使用中不再出现各类问题，甚至希望得到更好的服务。

三、对投诉的正确认识

投诉是"坏事"，也是好事。正因为有客户的投诉我们的服务才会进步，客户的投诉也是机会，关键在于你如何理解及面对。如果你视客户投诉为坏事，你将会每天背负沉重的压力；如果你把它当作好事，投诉有助于提高企业服务水平，会促成客户成为企业的长期忠诚客户。

(1)投诉可以发现公司的缺点；

(2)投诉是提供你继续为他服务的机会；

(3)投诉可以引导他成为公司的长期理性顾客；

(4)投诉可以使公司产品更好地改进；

(5)投诉可以提高处理投诉人员的各项能力；

第二节　客户投诉处理的原则、步骤

一、处理客户投诉的原则

(一)首问负责制原则

(1)首问负责，即谁受理谁回复(这里的"谁"不单指具体受理人)。

(2)所有客服代表在受理客户投诉时，应态度诚恳，耐心倾听客户的抱怨，坚决避免与其争辩，始终保持对客户的关注，让客户感觉你在为他解决问题。

(二)情绪稳定原则

(1)控制自己的情绪，保持冷静、平和。

(2)理解客户的心情，做好沟通，安抚客户情绪，然后处理投诉内容。

(三)积极配合原则

虽然实施了首问负责制，但对处理投诉过程中的求助，应予以积极配合。

(四)中立原则

要站在客户的立场上将心比心，对客户的投诉进行实事求是的判断，不得加入个人情绪和好恶。

二、处理客户投诉的步骤

(一)仔细聆听，迅速响应

首先要保持镇定，仔细聆听。这是接待投诉客户最基本的态度。认真并迅速响应是处理投诉的第一步。

(二)充分有效地安抚

其次，充分及有效的安抚。当面对一位心情不佳的客户时，一句安抚就可能平息他心中的怒火。即使错误不是你造成的，也应该立即平息他的怒气。可以运用适当的语言技巧安抚客户，多向客户道歉几句，让客户回复平静。客户之所以动气是因遇上问题，如果客服代表漠不关心或据理力争，找借口或拒绝，只会使对方火上加油，适时地表示歉意会起到意想不到的效果。

(三)仔细询问记录并解答

再次，仔细询问并记录问题。引导客户说出问题重点，有的放矢。用开放式的问题引导投诉顾客讲述事实提供资料；用封闭式问题总结问题的关键。把客户反映的重要问题客观真实记录下来，详细的记录能更清晰、更直观地了解客户投诉的问题所在点，为下一步向客户解释澄清问题打下基础。能够现场通过系统查询进行解答的，需要在线为客户提供详细的解释说明。

(四)迅速提供合理解决方案

如果对方知道他的问题得到关注，也了解他的心情，怒气便会消减一半。找出双方一起同意的观点，表明他是被理解的。在此基础上，要共同探讨解决方案，了解客户想要的解决方案，在兼顾客户利益和企业利益的基础上，提出可行的解决方案。如果客户不接受，进一步协商和沟通。

(五)真诚地向客户进行解释

当客服代表对眼前的问题不能在线处理时，不要轻易向客户做出承诺，而是真诚地告诉客户情况有点特别，但会尽快为客户寻找问题的解决方法。这时可根据具体情况而做出不同的应对方案，切忌硬碰硬，否则可能会产生更大的误会。如，客服代表："稍等，让我与班长(主管)请示一下，我们还可以怎样来解决这个问题。您看行吗?"或"如果您能够稍等一下，我可以再为您进行进一步的核实。"能让客户对自己所关心的问题有一个大致的了解，让客户感受到客服代表处理问题的积极性与主动性；让客户有被重视的感受。同时，也让客户感觉到他所反映的问题能有一个人来具体负责，不至于投诉无门。

(六)感谢用户，礼貌结束

当这件不愉快的事情解决之后，再次为给客户带来不便和损失表示真诚的歉意，并感谢客户对企业的信任，如"请您稍做等待，一有处理结果我们会第一时间与您联系，对于您的理解我们非常感谢!"同时向客户表示："您所反映的问题，我们会……"让客户知道会努力改进工作。

【案例】 客户反映申请的电话都安装好一个星期了，费用也交了，但电话都一直不能使用。

[从倾听开始]

客户："我家的电话安装好都一个星期了，费用也交了，为什么电话都还不通……"

注意：在客户反映问题时，及时进行相关界面的查询，对客户的相关资料在系统上进行查询(如安装时间、流程状态等)，通过倾听和查询了解客户反映的问题。

[安抚]

客服代表："很抱歉，给您带来了不便。"

针对客户反映的情况应表示歉意，平息客户的心情的语句。

[问题复述]

客服代表："先生，我想确认一下……(确认不能使用的相关问题，进行预处理)"

通过对客户问题的复述：一方面可以对倾听的工作进行验收，确保真正了解客户问题；另一方面也可显示对客户的尊重。

[同理心]

客服代表："先生/小姐，我们非常理解您此时的感受，电话装好后一直不能使用，给您带来的不便我们感到非常抱歉。"

对客户表达我们的歉意是非常重要的。说声"对不起，很抱歉"并不一定表明你或公司犯了错误，主要表明对客户不愉快经历的遗憾与同情。毕竟现在客户电话无法使用是事实。

[表示提供帮助]

客服代表:“您的问题,我们已经记录下来……我们会尽量在最短时间内为你处理好,你可以随时拨打 10000 号进行查询,好吗?”

应用肯定的语句告知客户能为其解决问题,让客户安心,让客户感到安全、有保障,从而进一步消除对立情绪,取而代之的是依赖感。

[正确的结束语]

客服代表:“请问还有什么需要帮助的吗?(确定客户无异议后)很高兴为您服务。”

结束来电时,应再次咨询客户有无其他问题,如确定无其他问题的情况下,可使用正确的结束语,挂断电话。结束语时,语速不宜过快,以防客户感觉之前做出的一些承诺都是敷衍,其目的都是为了迅速结束通话,反而引起客户的不满。

第三节　投诉处理的方法及禁忌

一、处理投诉的方法

(一)平抑怒气法

通常客户会带着怒气投诉或抱怨,这是十分正常的现象,此时客服代表首先应当态度谦让地接受客户的投诉或抱怨,引导客户讲出原因,然后针对问题解释和解决,这种方法适用于所有抱怨和投诉处理。这种方法应把握两个要点:一听,认真倾听客户的投诉、抱怨,搞清楚客户不满的所在;二表态,表明对此事的态度,使客户感到你有诚意对待他们的投诉或抱怨。如:

客服代表:“先生/小姐,我们非常理解您此时的感受,我们尽快将您反映的问题处理好,给您带来的不便我们感到非常抱歉。”

(二)委婉否认法

这种方法就是当客户提出自己的抱怨后,客服代表先肯定对方的抱怨,然后再陈述自己的观点。这种方法特别适用于客户的错误想法、鼓励客户进一步提出自己的想法等,常起到出人意料的显著效果。使用委婉否认法,特别适用于主观自负且自以为是的客户。这种方法的表达句型是“是的,但是”。但这种句型暗示着极强烈的否定性,因此,应用时可将其改为较委婉的“是……,而……”句型,或者尽量避免出现“但是”。因此,还可以使用“除非……”的句型。如:

客服代表:“是的,我认为您说得很对,通过本机来电才能设置查询密码,这真是很不方便……”(肯定客户地抱怨)“只是,系统只能通过本机识别查询密码地设置,您也知道,这也是对您负责的表现,要不这样,这次我先帮您人工查询话费,请回家后再设置查询密码好吗?”(否定客户原本的要求)

(三)转化法

这种方法适用于误解所导致的投诉或抱怨,因此处理这种抱怨时应当首先让客户明白问题所在。当客户明白是因为误解导致争议时,问题也就解决了。采用转化法的客服代表,必须经验丰富,精通服务技巧,因为只有这样的客服代表,才能适时巧妙地将客户误解转化,转化方式要轻松自然。这种方法运用恰当,客户会理解,若转化不当,则会弄巧成拙,使客户生气,反而会增加阻力。因此,客服代表在用此法时应心平气和,即使客户抱怨明显缺乏事实根据,也不能当面驳斥，而应旁敲侧击、启发和暗示。

【案例】 某客户向10000号咨询聊天短信96188是否收费及如何取消过程中，与受理人员发生激烈争执，通话过程中，线路突然中断，客户认为客服代表强挂电话，并由此向上级主管部门提出申诉。

客服代表：您好。请问您是××先生吗？

客户：是的。

客服代表：我是10000号服务督导，负责公司服务投诉管理。您昨天向省管局投诉了我台××号服务态度不好，是吗？

客户：是的。

客服代表：对于您的投诉，我们领导非常重视，指示我们一定要认真调查，并严肃处理。今天我给您打电话的主要目的：一是了解一下当时的情况，我们不会单方面的听我们客服代表的一面之词。二是希望能妥善解决您的问题。

客户：当时，我只是想咨询一下……

客服代表：从您的谈话中，我觉得您是一个有稳定收入的人，其实您并不是在乎钱的问题……

客服代表：对您的情况，我在我公司的系统中查了一下，您是在9月3日23:40向我台咨询96188聊天短信收费的问题，当时我台1037号客服代表受理了您，她与您的通话时长时25分钟。1037号客服代表是我台新招人员，因为当时她对您咨询的业务并不熟悉，所以想闭台，问一下值班长，结果，因操作失误，造成了与您的通信中断。她并不是有意挂您的电话……

客服代表：对于1037号客服代表的工作失误，导致您不快，我代表电信公司向您道歉。对于1037号客服代表，我们一定会根据公司有关规定严格考核，同时，我们将加大新员工培训力度，尽量避免在工作中出现类似错误。

客户：(沉默片段)。

客服代表：我们这样处理您满意吗？

客户：满意

客服代表：您以后有什么问题需要解决，可以直接与我联系，我的电话是……感谢您使用10000服务热线。

(四)承认错误法

由于企业原因，造成产品或服务质量出现问题，就应当承认错误，并争取客户谅解，而不能推卸责任，或者寻找借口，因为理在客户，任何推诿都会使矛盾激化。承认错误是第一步，接着应当在明确承诺的基础上迅速解决问题，不能拖延时间，在事发的第一时间解决问题成本会最低，客户会认可。一旦时间长了就会另生事端。

(五)转移法

转移是指客户的投诉可以不予理睬而将话题转入其他方面。有时客户的投诉本身就是无事生非或无端生事，这时最好不予理睬，而应当迅速转移话题，使客户感到你不想与他加剧矛盾。

二、处理投诉过程中的禁忌

(1)怠慢客户；

(2)缺乏耐心,急于打发客户;

(3)允诺客户自己做不到的事;

(4)推诿,急于为自己开脱。

切忌这样的语言:

客服代表:“这不是我做的,不是我的错,这不归我管。”

客服代表:“我们只是一个受理部门,处理是由相关部门来处理,我们只能为您反映……”

客服代表:“我们的规定业务是……这不是我处理的,我不知道。”

【案例】

客服代表:您好,中国电信10000号××号(报工号)为您服务,请问有什么可以帮您?

客户:我是××大学的一名老师,今年7份办理了900元的宽带包年业务,这个月,你们电信公司在我校推出了宽带优惠活动,年使用费只有700元,我希望您们把我的宽带使用费改成700元。

客服代表:你已经签定了协议,没办法。

客户:你听没听清楚呀!我是您们中国电信的老用户,我为你们电信的发展作了重大的贡献,你们应当给予我们更多的优惠。可我的邻居,以前没有用您们的宽带,对你们的贡献没有我多,但他的宽带年使用费却是700元。这样太不合理了。

客服代表:听清楚了,您的情况我们已经很清楚,我们只是一个受理部门,处理是由相关部门来处理,我们会帮您反映”。

客户:你不用讲了,我找你们领导去。

【点评】

客户代表在处理投诉过程中让客户感到对自己不重视,敷衍了事。

第四节 如何将投诉转化为商机

在处理客户投诉过程中,我们不仅要妥善处理好客户的投诉,在帮助客户解决问题的同时,还要善于发现和挖掘客户对电信产品的潜在需求,寻找市场新的卖点,这对企业来说,客户投诉是一种不可多得的资源。

为达到将投诉转化为商机的目的,在处理客户投诉时,需要做到:

(1)耐心询问客户,在没有得到足够信息之前,不要轻易下任何结论。

(2)通过客户投诉挖掘客户的真实想法,不要一味的就事论事。

(3)从细节入手,转移客户的关注点,推出替代优惠方案。

(4“反客为主”变被动为主动,适时推荐合适产品。

【案例】 客户将小灵通拆机,强烈要求退还小灵通话费余额。

客服代表:您好,请问有什么可以帮您?

客户:我在营业厅把我原来的小灵通消号了,但还有一百多元钱的余额说不能退,这完全是“霸王条款”。

客服代表:女士您先别生气,请问怎么称呼您呢?

客户:我姓廖。

客服代表:廖女士,您好。能问一下您是什么时候买的小灵通?

客户代表:廖女士,您的小灵通用了好多年了,期间我们有几次赠送话费的优惠,这个赠送的话费是不能退的，您认为可以吗？

客户代表：我们现在有个加1元送小灵通的活动，你正好符合条件，不知您是否知道？

客户代表：您家里有固定电话和宽带，只需办理“我的e家”包年业务，就可加1元送一部小灵通，同时还可享受固定电话拨打小灵通免费的多重优惠。

【点评】

该客服代表通过耐心询问客户，挖掘客户的真实意图，适机地向客户推荐适合客户的产品，妙巧地将投诉转化为商机。

第五节　情景设计综合训练

情景一　情景模拟设计

有客户反映，家里宽带经常出现网速慢，特别是访问某网站时更是如此。登录系统有时还提醒“错误691”，不知是怎么回事，并希望公司能够提供一些客户可自行诊断、自行解决的方法。请你据此设计一个问题查询处理的情境过程。

（一）情境设计与演练

服务人员：您好！请问有什么可以帮您？

客户：请问我家的宽带经常出现网速慢的现象，有时还提醒“错误691”，这个是怎么回事？

服务人员：请你详细描述下网速慢的现象，好吗？

客户：我申请的带宽512K，平时访问网站都很正常，为什么一打开某网站就特别慢呢？

服务人员：导致网速慢的原因有很多，比如网络自身问题、网线问题、网络设备硬件故障、病毒的影响、系统资源不足等。根据您描述的情况，我认为问题主要在于您要链接的目标网站所在的服务器宽带不足或负载过大。请问您换个网站登录，还有这种现象吗？

客户：没有。

服务人员：那就对了，确实是您所访问的网站存在问题。处理方法很简单，您只需换个时间段再登陆或者换个目标网站就行了。

客户：还有，我在登陆网络时，系统有时提示“错误691”，重新登陆又对了。

服务人员：“错误691”是输入的用户名和密码不正确，无法建立连接。导致这种现象的原因可能是您输入的用户名和密码错误、宽带连接设置错误，您只要使用正确的用户名和密码。如果还是不行的话，请打电话给我们帮您解决。

客户：希望你们公司能宣传一些客户能作出初步判断、自己解决的办法。

服务人员：谢谢您的建议，这方面我们会加强的。其实，宽带使用中遇到的各种问题及其解决方法，在我们网站上都有，您可以上网看看，好吗？

客户：好的。

（二）情景模拟实训

实训1：一位客户来电咨询新装电话，作为话务员向他主动推荐来电显示、七彩铃音或者其他相关业务。

实训2：张先生想办理电信的e8套餐，还听说预存1200元可以送500元宽带使用费，觉得非常划算，打过电信的10000号，进入了电信我的E家专线申请，电话接通。

情景二　投诉处理——服务态度差(正面)

背景介绍：王先生拨打号码百事通，查询家政服务育婴师信息，客服代表159号在为王先生服务期间，服务态度不诚恳，出现言辞不敬现象。王先生因此进行投诉。

第一/二步骤：安抚客户情绪/了解客户信息。

客服代表：您好，请问有什么可以帮到您？

客户：我要投诉你们159号话务员。

客服代表：那能不能麻烦您告诉我您投诉他什么问题呢？

客户：你听我跟你说，我想找家政服务的育婴师，他帮我查了几个，我说那些我都有了，能不能再查查别的。他跟我说什么，再有的话就是通下水道的，你说这是给我回答问题吗？这是人说的话吗？我找育婴师，你给我通下水道的，什么意思啊？

客服代表：真是不好意思，您要找育婴师，我们的话务员给您找通下水道的，换做我也会生气的。

客户：咱就说这个意思，他那是说话吗？怎么做人的？

【点评】

本案例中客服代表灵活使用同理心和真诚道歉，实现有限安抚客户情绪，比如"换作是我也会生气的"、"真是不好意思"。使用委托型语句引导客户，使客户更容易接受。

第三/四步骤：建议解决方案/检查客户接受程度。

客服代表：先生您放心，您说的这个问题我们一定会严肃核查，您看这样可以吗？稍后我们会认真听取当时的通话录音，等我们的处理结果一出来我第一时间给您电话，到时我们让159号话务员亲自给您道歉，您看这样可以吗？

客户：好，我接受。

客服代表：非常感谢您的理解。您看还需要我帮您再查询一下育婴师吗？

客户：不用了，我先看一下这几个怎么样，需要的话我会再打过来查，到时候我不希望再遇到这种情况。

客服代表：您的话我深有同感，我们将加强话务员的培训。非常感谢您给我们提出的宝贵建议。

【点评】

客服代表能主动提出解决方案，并确认客户接受程度，同时使用同理心"您的话我深有同感"来拉近与客户的距离，最大限度获取客户的支持。

第五步骤：送别/记录/跟进。

客户：好吧，就这样吧，我等着159给我道歉。

客服代表：您放心，我们一定尽快为您处理。感谢您的来电，祝您生活愉快，再见。

【点评】

答应客户的承诺要及时跟进，否则严重影响客户对投诉处理的满意度。

情景三　投诉处理——服务态度差(反面)

第一/二步骤：安抚客户情绪/了解客户信息。

客服代表：您好，请问有什么可以帮到您？

客户：我要投诉你们159号话务员。

客服代表：好的先生，请问您是投诉他什么问题呢？

客户：你听我跟你说，我想找家政服务的育婴师，他帮我查了几个，我说那些我都有了，能不能再查查别的。他跟我说什么，再有的话就是通下水道的，你说这是给我回答问题吗？这是人说的话吗？我找育婴师，你给我通下水道的，什么意思啊？

客服代表：先生，他给您造成的不便我深表歉意，现在我为您查询可以吗？

客户：现在不是查不查询的问题，咱就说这个意思，他那是说话吗？怎么做人的？

【点评】

本案例中客服代表未能灵活使用同理心对客户进行安抚，未能建立起基本的信任关系，同时因了解客户信息不充分，不能准确把握客户需求，过快给解决建议得不到客户的支持。

第三/四步骤：建议解决方案/检查客户接受程度。

客服代表：非常抱歉，您放心，稍后我会教育这个话务员的。

客户：什么教育，你们怎么处理，给我个处理意见，现在。

客服代表：先生，处理方案我们需要听取录音后才能决定，所以现在我只能给您承诺，我们一定会认真严肃处理的。

客户：我也知道你们的处理不是扣分就是扣钱，你们给我个明确的答复。

客服代表：先生，这属于我们公司内部的政策，我现在也没有办法回答你。您看我现在再帮你查询下育婴师可以吗？

客户：不用了，我先看一下这几个怎么样，需要的话我会再打过来查，到时候我不希望再遇到这种情况。

客服代表：好的，非常感谢您对号码百事通的信任，您放心，我们不会再让这种情况再出现的。

【点评】

因第二步骤了解客户信息不重新，客服代表提供的解决建议无法满足客户需求，面对客户异议不能做到指挥中立的回应，出现多个客户异议处理禁忌，比如“公司内部政策”、“没办法回答你”。

第五步骤：送别/记录/跟进。

客户：好吧，就这样吧。

客服代表：感谢您的来电，祝您生活愉快，再见。

技能训练一　面对各种类型的客户怎么处理？

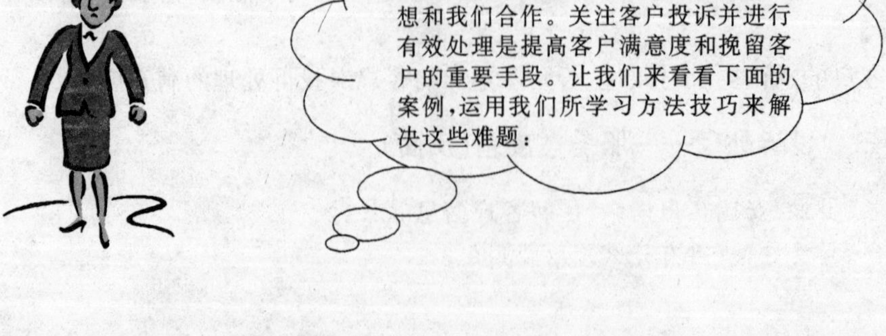

不同抱怨类型客户的应对方法见表 3 - 1。

表 3 - 1　抱怨应对方法

抱怨类型	应对方法
1. 凡事必抱怨，不厌其烦者	引导客户说出他投诉的原因，让他知道你只有在获得更多的信息后，才能帮助他
2. 无礼失敬的投诉者	客户在接受服务的过程中遇到问题而感到不安和不便，并产生失望及怨恨的情绪，是很正常的。处理这类投诉者，首先要设身处地为客户着想，并对可能出现的"无礼"情况做好心态上的准备，根据实际情形运用聆听技巧进行化解
3. 要求快速处理、没耐性者	向客户耐心解释，要彻底解决问题，从而使同类型的问题不再发生是需要一定时间的。在解释过程中服务人员应保持冷静，并克制自身的烦躁情绪，同时不要对客户做出一些在时间上不可能实现的承诺
4. "找你们负责人来"	让客户知道，你们公司已设立一位人员或一个部门专门负责对投诉进行处理，可在第一时间内对他所投诉的问题提供帮助或解释。你可以引导客户快捷地找到可为他解决问题的相关人员或部门
5. 在投诉中唠唠叨叨、重复抱怨不休者	不要过多作解释，聆听客户的抱怨后抓住问题的关键进行解决。不要介意客户抱怨的无效信息，学会利用封闭式提问进行问题归纳总结，排除无效信息，采用保险式提问结束服务

技能训练二　情景演练

(一)提供错误信息

陈先生打电话到号码百事通查询市财政局办公室电话，接待的客户代表将错误的信息告知了陈先生。一小时后，陈先生打电话过来投诉，理由是客户代表提供的电话号码错误，导致了陈先生错过了约定的时间，对陈先生的工作造成了较大的损失。投诉过程中，陈先生言辞激烈，拒不接受客服代表的多次道歉，甚至声称将联系媒体曝光此事。

请您就此投诉事件进行处理。

(二)提供假冒信息

张小姐拨打 118114 查询 LG 售后服务商，得到 114 提供的电话后遂拨打要求上门维修，但前后维修一个月，共 6 次维修并未将冰箱修好，反而导致冰箱出现其他的问题。张小姐拨打 LG 客服电话询问，才得知 114 提供的维修公司并不是 LG 的加盟服务商，致使张小姐冰箱一个月未能使用且损失 300 元钱。得知事实后，张小姐遂投诉 118114，理由为提供假冒的公司。

请您就此投诉事件进行处理。

(三)服务态度不好

方先生打电话过来投诉客服代表服务态度不好，并要求主管前来处理，客服代表去找主管，电话等待了 15 分钟一直无人接电话，方先生非常生气，将电话打到市电信公司总机进行投诉，总机表示无法处理，要方先生重新拨打 118114 进行投诉，盛怒之下方先生再次打电话过来投诉，电话接通后就开始骂，且言辞激烈，声称对电信失去了信心。

如果您是最后一个接到方先生电话的客服代表，您应如何处理此事？

项目二　电话营销技能

第一节　电话营销概述

一、电话营销的内涵

电话营销(Telemarketing)被认为出现于20世纪80年代的美国。随着电话营销流程消费者为主导的市场的形成，以及电话、传真等通信手段的普及，很多企业开始尝试这种新型的市场手法。电话营销，就是有计划、有组织、并且高效率地通过电话与客户建立起信任关系，通过与客户的双向沟通，了解和发掘客户的需求，并向客户推荐合适的电信产品满足其通信需求，从而实现扩大客户群、提高客户忠诚度、维系客户等市场行为的一种营销方法。电话营销本身也具有方便、快捷、高效等特点。在当前竞争激烈、客户需求多变的市场环境下，电话营销已经成为帮助企业增加利润的一种有效营销模式。

电话营销的过程，其实就是通过电话与客户建立信任关系的过程，信任是电话营销的基础。成功的电话营销应该使电话双方都能体会到电话营销的价值。电话营销要求客服代表要用语言来开展人性化的促销，因此需要用很强的语言沟通能力来弥补无法用形体语言实现沟通的缺陷。

二、电话营销的特点

(1)电话营销只能靠声音传递信息。

客服代表只能靠“听觉”去“看到”客户的所有反应并判断营销方向是否正确，同样地，客户在电话中也无法看到客服代表的肢体语言、面部表情，客户只能借着他所听到的声音及其所传递的信息来判断自己是否可以信赖这个客服代表，并决定是否继续这个通话过程。

(2)客服代表必须在极短的时间内引起客户的兴趣。

在电话营销的过程中如果没有办法让客户在20～30秒内感兴趣，客户可能随时终止通话，因为他们不喜欢浪费时间去听一些和自己无关的事情，除非这个电话让他们感觉到有某种好处。

(3)电话营销是一种双向沟通的过程。

电话营销过程中不光是客服代表单方面把产品推荐给客户，客户也会提出很多的问题，客服代表必须维持一种良好的双向沟通模式，在沟通中了解客户的需求，实现产品销售。

(4)电话营销是感性的营销而非完全的理性营销。

电话营销中，客户无法与客服代表面对面地交流，也无法看到客服代表推荐的产品实物，客服代表需要清晰地向客户描述产品的优点，以及对客户的好处，首先打动客户的心，然后再辅以数据等理性的资料，进一步激发客户的兴趣与购买意向。

三、电话营销的优点

(1)有利于及时把握客户的需求。

电话能够在短时间内直接听到客户的意见,及时了解客户的需求,从而提供针对性的服务与产品,即便当时的营销不成功,也可为今后的再次营销提供参考。

(2)有利于降低成本,提高营销效率。

在接客户电话时,客服代表不仅可以满足客户的咨询等服务要求,同时还可以通过挖掘客户需求,开展电信业务营销。进行主动呼出营销时,在目标客户精确、客户需求把握准确、营销时段合理的情况下,10000号会有较高的客户接触率与营销成功率。与上门营销相比,可以省去路途时间,而且可以避免经常吃闭门羹的尴尬,同时无需顾忌天气影响等。

(3)有利于建立与维系客户关系。

由于呼叫中心可覆盖面广,而且可以提前通过对客户消费数据进行分析,通过回访等客户关怀方式向客户开展电话营销,向客户推荐合适的产品,这在某种程度上有利于建立并维持客户关系。

四、电话营销的主要形式

电话营销的形式主要有两种:即呼入营销、呼出营销。

(一)呼入营销

把客户的呼入电话变成营销机会是10000号客服中心由成本中心向利润中心转变的重要手段之一。10000号的客户呼入咨询的话务量中有大量的营销机会,如何有效地把握住这些营销机会,需要客服代表既要具备很好的服务意识,也要具备一定的营销技巧。事实上对于呼入座席上的客服代表,营销意识与营销能力已成为服务的一个重要组成部分。

呼入营销可以及时把握客户需求,增加企业收益,降低营销成本,同时更加贴近客户,容易形成共鸣,有利于建立和保持客户关系。

10000号客服代表在接听客户来电时,应利用好CRM(Customer Relationship Management,客户关系管理)等应用及支撑系统,通过分析客户业务结构、消费状况,及时把握并挖掘客户的需求,并利用自身的营销技巧,把这些客户需求转换成营销机会,进而营销成功。因此对于呼入营销,客服代表的倾听技巧与提问技巧尤为重要;即使是有明确需求的来电,仍旧需要客服代表对客户“真正的”意图进行深入的挖掘。

呼入营销的注意事项如下:

(1)要自备积极主动的营销意识。

客服代表要做好电话营销工作,首先必须具备积极主动的营销意识,特别是对于呼入的营销更为重要。

(2)正确判断客户的需求。

客服代表应通过提问,挖掘客户需求,并正确判断客户的需求。

(3)善于通过语言激发客户购买欲望。

很少有客户能做到理智的购买,客服代表要善于用语言、语气、说话的方式和自信的态度等促使客户产生强烈的购买欲望。

(4)针对客户需求,推荐合适产品。

各电信运营商的产品和服务的价值与质量越来越接近,客服代表只有很好地将产品卖点与客户需求点相结合,为客户推荐最合适的产品,才更有可能完成营销目的。

(5)善于把握机会,促成销售。

在与客户的沟通过程中,客服代表应善于发现销售机会,充分利用销售技巧,积极促成销售。

(二)呼出营销

呼出营销是通过电话对某一特定目标客户进行一对一互动式的一种营销模式。这里所说的呼出营销是企业有计划、有组织、有目的的向某一潜在目标客户进行推广电信产品或服务,来实现企业的经济效益或社会效益。

中国电信拥有大量的客户信息资料、10000 号每天有着大量的客户业务咨询等接触记录,这对于有效地开展电话呼出营销来说,无疑是个有利条件。电话营销可以通过对客户消费信息和服务信息等资料进行数据分析与挖掘,寻找到目标客户群,进而设计符合该客户群的产品组合与营销策略,制定呼出营销策略,从而获取客户与企业价值的共同提升。

【案例讨论】电话营销给我们带来了什么?

第二节　电话营销人员成功因素

当我们向客户销售时,在心里感觉到我们是在从事一项有意义的事业,是在向客户提供指导和帮助。如果我们长期和客户交往,就会发现我们与客户的工作和事业息息相关,职位的升迁、工作的更换。我们就如同他的家人一样,和他一起欢笑,一起成长,一起排忧解难,一起渡过难关,始终不渝地关怀他生命中的每一刻。

销售工作,是不断地寻找客户,通过业务员的拜访、说明、设计,将适合的产品销售给适合的客户。当你要销售的时候,你必须考虑这份计划的价格,是不是这个客户的经济能力所许可,这份计划是不是满足客户的需要,只有如此,才能使客户十分满意。这就是我们销售的目的。

成功是每一个人都在争取和渴望的美好结果。但是,有的人一直对自己是否能够获得最后的胜利心存疑虑,最终他失败了;相反,那些相信自己一定能够移山的人,往往最终品尝到了成功的美酒。在这里,一个关键的因素就是自信。是信心推动了成功的进程。所以,我们要在营销历程中获得成功,必须要充满自信。

一、自信的力量

如果你相信“我一定能够做到”,那么,你就会具备能力、技巧和精力等动力,并且会产生“我该如何去做”的方法。所以,对业务员来说,信心是我们成功的基石。那么,自信究竟有哪些奇妙的作用呢?

(一)自信可以帮助我们克服困难

自信在帮助我们克服困难方面,具有惊人的力量。如果你具有坚强的自信,那么它可以改变我们恶劣的条件,变不利为有利,创造出令人难以想象的圆满结局。充满信心的人永远不会被困难击倒,他们会一直是事业和人生的胜利者。

（二）信心可以使我们消除恐惧

我们每一个人的内心对某种事物都会存在一定程度的恐惧心理，只不过有的人能够把它压在信心之下，使得恐惧心理不能对自己的行动施加影响。

恐惧和自信是两种互相对立的因素，对于业务员来说，我们可能面临的恐惧主要有5种：①害怕贫穷；②害怕批评；③害怕拒绝；④害怕未来；⑤害怕市场突变。产生这种恐惧的理由和原因有很多，如果我们整天在这种恐惧心理的支配下生活和进行我们的工作，那么，我们很难有所作为。因为恐惧是意志的地牢，它会消蚀我们为着成功奋斗的意念，使我们在迈向成功的道路上半途而废。恐惧是一种十分普遍的消极心理，为了获得成功，我们必须用自信来排除恐惧。让我们的心理更加乐观和健康。

（三）自信可以帮助我们战胜自卑

自卑是对自我的一种消极评价或意识，是个体认为自己在某一方面或某些方面不如他人而在意识中产生的一种消极情感。其实人人都有自卑感，只是程度不同而已。人类的所有行为，都是出于"自卑感"以及对"自卑感"的克服和超越。所以，树立自信，战胜自卑，是我们取得进步和成功的法宝。

那么，我们如何建立自信心呢，不妨试试以下方法。

1. 相信你是独一无二的

我们可能不是声明显赫的首脑，但是对于我们自己来讲，我们也是十分特殊的人物。接受我们目前的样子，是建立自信的关键，我们每一个人都是有价值的、随时都在改变的、并不完美的、成长中的个人，而且我们还要明白，虽然我们生理和心理并不是生来平等的，但我们却拥有相等的权利，可以根据自己的标准，去感觉和相信自己是很优秀的。我们必须在内心充满爱，充满对自己的爱，然后才能把爱心施给他人，创造我们未来的伟业。

2. 利用积极心理暗示建立自信

(1)用肯定的语气消除自卑感。运用肯定或否定的语气，可以将同一件事实，形容成为有天壤之别的结果。措辞确实是任何天才都无法比拟的魔术师，在一些可能会使我们尴尬的情况下，如果使用了有效的措辞或叙述法，就可以将事实完全改观，当然也就驱除了。可能引发的自卑感，而让我们继续享受愉快的生活。

(2)凡事要有最坏的打算。当一般人碰到不顺利，或者业务不理想时，无意中常会说出"真糟糕"，其实他本人内心里决不认为当前的情况是最糟糕的。我们只是用最坏一词来扩张防线，老实说这也是不想使自己陷入"最恶劣"的情况的一种防卫手段，言外之意表示："嘴里说最坏，其实不是最坏的情况。"哀莫大于心死，先要振奋自己。

(3)从客观上说，可能情况对我们很不利，但从我们主观来讲，仍然要振奋自己，这时我们常常会感到柳暗花明；如果客观上还不至于绝望，但主观上已经软弱下来，结果，我们就只有任人摆布了。

3. 运用一些技巧

为了建立我们的自信心，不妨运用一些技巧，常起到很好的效果。

(1)挑选前面的位子坐。你是否注意到，在会场或教室一些聚会中，后面的座位是怎么先被坐满的？大部分占据后排座位的人，都希望自己不会"太显眼"。而他们害怕受人注目的原因就是缺乏信心。坐在前面能够建立自信。把它当作一个测试。从现在起,就尽量往前坐,当然坐在前面比较显眼,但要记住,有关成功的一切都是显眼的。

(2)正视别人。人的眼神可以流露出许多有关他的信息。当一个人不正视你的时候,你会直觉地问自己:“他想要隐藏什么?”不正视别人通常意味着你在别人面前感到自卑或胆怯,害怕别人看出你的内心世界。

正视别人等于告诉他:我很诚实,我很自信,我相信我所告诉你的一切都是真的。让你的眼睛为你工作,就是让你的眼神专注别人,这不但能够给你信心,而且还能够为你赢得别人的信任。

(3)加快走路的速度。许多心理学家将走路的姿势、步伐和对自己、对工作以及对别人的态度联系在一起。观察发现,通过改变姿势和速度,可以改变心理状态。身体的动作是心灵活动的结果,那些对自己、对工作没有信心的人,走起路来都是拖拖拉拉的。而具有超凡信心的人,走起路来比一般人都要快。仿佛他们的步伐就在告诉世界:“我要到一个重要的地方,去做很重要的事情,更重要的是,我一定能够获得成功。”所以,走路的时候,不妨把你的步伐加快25%,抬头挺胸走快一点,你就会感到自信心在滋长。

(4)笑口常开。销售之神原一平说:“销售员要在他人面前保持永远微笑。”所谓“伸手不打笑脸人”,笑在人际关系中可以说是一张万能通行证。笑是医治信心不足的良药,它能够带给我们很实际的推动力。许多人不相信笑会有这么大的作用,因为在他们缺乏信心的时候,他们从不试着一笑。当然,我们不是随时都可以发笑的,窍门就在于你强迫自己说:“我要开始笑了,”然后,开始发笑。也就是说,要培养控制、运用笑的能力。原一平一生中学会了三十八种笑,有一次,原一平遇到一位难缠的客户,从第一次拜访到销售成功,共运用了三十种笑容。

在营销发展历程中,自信不是成功的全部,因为我们要和我们的目标客户进行双向的交流和沟通,最终要赢得客户的信赖和认可,在这个过程中,就要求我们要用热情打动客户。

二、热情的力量

从事营销工作,热情是事业发展的重要因素。因为一名具有成功欲望的业务员,一定要能够使顾客了解他的心意,并且会因为被业务员的热情所感动而强化他的购买的决心。如果业务员的态度热情,从事销售工作会比任何工作更加容易;相反地,如果缺乏这种素质,销售工作将比其他任何工作更加辛苦。

美国寿险销售大王贝格走上销售之路并且获得成功,重要的因素就是热情。起初,他的情形很糟,后来卡耐基的一次关于“热情”的谈话鼓起了他的热情,从此创造了辉煌的业绩,成为世界寿险销售大王。他在总结自己经历的时候说:“热情能够帮助你克服畏惧,使你在事业上一帆风顺,财源滚滚而来,并享受健康、富裕、快乐的生活。你什么时候开始呢?就是现在。只要坚决地告诉自己:我能做这件事。”热情具有很强烈的感染力,只要你热情洋溢,即使你的表达力不佳,也能够影响你的听者跟着你热情起来。如果缺乏热情,你的谈话就象过时的酸臭食物一样惹人厌烦。

三、坚毅的力量

在我们未来的工作中,我们会一次次品尝到成功的喜悦,但是,我们也会遭受一次次的拒绝和挫折,因为这是成功的必经之路。所以,要到达成功的彼岸,就要培养坚毅的精神。

根据统计，业务员上门访问客户的一次成功率微乎其微，只有靠一次一次坚韧不拔的争取，才能够获得生意的成功。所以，营销要求我们具有坚韧不拔的意志和专心致志的态度。

凡是具有坚毅精神的人，似乎都享有不会失败的保险。不论他们曾经失败过多少次，最终都能够走向目标的顶端。这会使人觉得好像有一位看不见的神灵，在用各种令人沮丧的失败来考验人们。那些失败后再爬起来继续尝试的人总归会取得成功；而经不起考验的人，则无法品尝到成功的喜悦。缺乏毅力是失败的主要原因之一。要克服这一个通病，需要做许多努力，其中最主要的，是要看你愿望的强度如何。所有成就都是以愿望为出发点的。微弱的愿望产生微弱的成果，正如微火只能够烘干你的衣服而烈火却能够熔烧钢铁一样。如果发现自己缺乏坚毅的精神，那么最好的补救方法就是在你的愿望下面燃起熊熊大火。因为毅力是一种心理状态，是能够培养起来的。象其他心理状态一样，坚毅的精神需要有各种因素作为基础，这些因素包括：

(1)明确的目标。知道自己希望什么，是培养坚毅精神的第一步，也是最重要的一步。一种强烈的目标动机，可以促使人们克服许多困难。

(2)愿望。如果愿望强烈，产生和保持坚毅的精神就比较容易。

(3)自励。相信自己有能力实现这个计划，并激励自己克服实现计划中的困难。

(4)明确的计划。有组织的计划可以激发毅力，即使这些计划是有缺陷的、不完善的。

(5)合作精神。互相之间达成谅解与和谐的合作，可以培养毅力。

(6)习惯。毅力是习惯的结果。比如对于恐惧，我们就可以凭借强制地反复实行的勇敢行为来克服。

四、创新的力量

营销是一项需要动脑的事业，我们每天都要面对新的环境、新的客户。新的挑战，所以，营销更是一项需要创新精神的事业。有这样一则案例：一批刚刚培训结束新人培训的业务员接受考核，其中的一个内容就是电话拜访。他们每个人都拿到一份电话簿，要求在 1 小时内从中找到尽可能多的准客户。其中一位新人，拿到电话簿后，并没象其他人那样急于打电话。他想：如果我像他们一样，从头开始，那么我们之间不就互相干扰了吗，再说这本电话簿以前考试也用过，前面的肯定已经被扫荡过很多次了，我为什么不从中间开始呢？于是，他从中间开始打起，结果，他获得了最多的准客户。这就是创新的结果。

创新不需要天才。创新只在于找出新的改进办法。任何事情的成功，都是因为能够找出把事情做得更好的办法。接着我们要进行怎样发展、加强创造性的思考。培养创造性思考的关键是要相信能够把事情做成。要有这种信念，才能使你的大脑运转，去寻找做这种事的办法。有志者事竟成，这是创新思维的根本。以下是发展创新思维的方法。

(一)乐于接受各种创意

要丢弃“不可行”、“办不到”、“没有用”等思想渣滓。有一位在销售中表现杰出的人说：“我并不想把自己装得聪明干练，但我却是最好的一块海绵，我尽我所能去汲取所有良好的创意。”

(二)要有实验精神

废除固定的例行公事，去尝试新的方法和途径，往往会让我们得到意外的惊喜。

（三）主动前进，而不是被动后退

成功的人喜欢问：“怎样做才能够做得更好？”这样，我们就要去思考，就要去探索新的解决问题的途径。而这样，我们就能够主动出击，不至于让问题缠着我们，敷衍了事。

思想和态度是决定我们能否取得事业成功的关键因素。

当你改变思想时，你就会改变信仰；

当你改变信仰时，你就会改变期望；

当你改变期望时，你就会改变态度；

当你改变态度时，你就会改变行为；

当你改变行为时，你就会改变表现；

当你改变表现时，你就会改变你的一生。

不要怀疑改变的力量，不要拒绝自信、热情、坚毅和创新，从今天开始，我们将翻开崭新的一页！

第三节 电话营销前的准备

一、电话营销前的准备工作

电话营销的结果，与电话营销前的准备工作有很大的关系。即使客服代表有很强的沟通能力，如果准备工作做得不好也不可能达到预期的最佳效果。特别是对于外呼营销，更要做好营销前的准备工作。

（一）态度上要做好准备

态度一定要积极。客服代表每天打的电话量相当大，而且每天遭受的拒绝也往往非常多，所以很容易造成精神上的疲倦，在这种疲倦的影响下，可能在打电话时，态度上就会情不自禁地不是很积极、热情，而这种态度在很大程度上会影响到营销的结果。

（二）熟悉产品和服务

一个客服代表一定要了解自己的产品/服务的优点和缺点，知道其他电信运营商的同类产品/服务的状况，知道我们处于什么样的地位，在市场的地位和在客户心目中的地位是什么样的，知道自己如何去弥补和提升自己品牌的美誉度。只有在了解客户的详细需求和我们产品的切合点之后，才能知道在和客户沟通中能提炼哪些内容来吸引客户。

（三）熟悉目标客户群的相关资料和信息

客服代表在打电话给客户，特别是老客户之前，要仔细研究一下10000号系统、CRM等支撑系统中所有的关于该客户的相关资料，知晓以前沟通状况、客户消费状况和客户的特征。只有仔细研究过以上资料，客服代表才能确定这次拜访的重点，否则就有可能像瞎子摸象，完全凭自己想象来猜测客户的喜好。

（四）熟悉脚本

10000号的营销脚本一般来说都是经过多次优化完成的。营销脚本对营销的各步骤中可能出现的情景进行了预判，并对各种情景与客户异议设计了应对方法，以及相应的语言。熟悉脚本有利于客服代表准确把握营销过程，合理应用营销技巧，做到有备而来。

(五)所需资料的准备

电话营销的客服代表一定要注意,千万不能让客户在电话那边等的时间太长,所以资料一定要放在手边,以便需要查阅时立刻就能取出。而且手边所准备的各种资料自然是尽可能地越全面越好。现在10000号有着功能完善、内容丰富的知识库系统,客服代表一定能熟练使用知识库。

(六)所需工具的准备

电话营销过种中,经常会遇到一些异常或重要情况的出现,这时需要客服代表及时记录、计算,因此要提前准备好所需的工具,如笔和纸等。

二、电话营销脚本

(一)营销脚本的作用

为提高营销效率、提高客户满意度、促成电信产品或业务的营销,提前通过对各类产品或服务问题的深入分析,预判服务或营销过程中可能出现的情景或客户的问题,结合沟通与营销技巧,设计好口语化的应答或提问范本,形成营销脚本,从而指导客服代表的服务与营销工作。

好的营销脚本能为客服代表的服务与营销工作提供足够的支持,减轻接听电话或外呼营销时的心理压力。客服代表应用脚本有以下好处:

(1)缩短培训时间。行之有效的脚本可以帮助新上岗的客服代表很快上手,脚本也是对新上岗的客服代表培训的重要资料。

(2)能够更好地控制质量。使用有效的脚本与用户沟通,客服代表可能出错的机会就少了许多。

(3)避免出现重要内容的遗漏。有了脚本,客服代表可以在很大程度上防止由于记忆的疏忽而将该说的重要内容遗漏。

(4)更好地控制沟通全过程。通过对开场、推荐、拒绝应对等环节的引导,掌握整个对话的主动权。可避免客户因为一时兴起漫无边际的滔滔不绝,从而占用过多的沟通时间。

(5)增强自信心。有了应对各种情况的标准范本,客服代表不必老是担心下一步该说什么,会不会说,这对新的客服代表特别重要。

(二)脚本的编写

好的营销脚本应来源于一线客服代表最直接的客户感受。客服代表在使用脚本与客户沟通的过程中,要能发现脚本存在的问题与不足,并能提出相应的优化建议。因此作为客服代表有必要了解一个好的脚本应如何设计和编写。

1. 口语化

不应该将产品手册、业务手册、营销方案或宣传资料上的文字简单移植,必须根据口语读听习惯重新编写。

2. 考虑全面

要尽量设想到客户可能提出的问题,并准备好应答的内容。

3. 循序渐进

互动式的内容并不意味着顺同客户的意愿而随机掌握。一个完整的电话营销脚本应当围绕营销的几个步骤一一列出，循序渐进，甚至要精细到结束语。

4. 要从客户的角度出发

在脚本设计过程中，只有从客户的角度出发，才能够设计出真正让客户认同的脚本。

好的脚本一定是要得到灵活应用和持续改进，以方便客服代表的使用，而客户也会从客服代表的语言中来感受公司的服务与产品。因此，脚本一定是以客户为中心的，具有人性化的，能使客户产生愉悦，并能得到客服代表以及客户认同的脚本。

5. 结合沟通技巧

比如多用正面表达，尽可能避免使用否定的语言，如“不”、“没有”，要让客户感觉到自己是被肯定、被认同的；多围绕客户消费或服务，巧妙地添加一些数字或者与数字有关的词语，提升说服力。

6. 在使用过程中持续不断地评估与优化

脚本设计完成之后在实际使用过程中总会有一些不实用的地方，客服代表要注意脚本在使用过程中暴露出的不足，及时反馈进行优化。

再好的脚本也会有一定的局限性，并不能完全满足客户的需要。格式化的脚本会让人感觉生硬，千篇一律，没有个性，不同的客户需要不同的沟通方式，固定的脚本不能满足客户个性化沟通，因此脚本必须不断被评估和改进。另外脚本编制还应注重历史经验的积累，没有必要每次重起炉灶，可以将别人、前人好的内容拿来借鉴使用。

对话脚本是话务代表在通话的时候使用的，结合业务流程的话术。当一通电话来的时候，闭着眼睛都知道先说的哪句话。“您好，这里是××××，请问有什么可以帮助您?”还有问与答方式的100问，客户问的问题，99.9%里面都有，只要问到这个问题，座席员就把标准答案回答出来。

电信行业电话营销百问百答标准脚本(节选)

1. 你是怎么知道我的电话号码的?

答：① 我们是随机抽取电话拜访的，能与您通话其实非常荣幸。因我们公司近期推出一款适合成功人士使用的套餐，所以我想在第一时间把这个好消息告诉你。

② 看你的号码这么顺，猜想您肯定是位成功人士；(如客户使用非吉祥号)：因为您的号码和我的朋友的号码很接近，他是位成功人士，我想您应该也是吧！所以才会拨打您的电话。

2. 我是移动的客户。

答：没有关系，不管您是联通还是移动的客户，我们给您打电话，只是想您带来实惠(话费优惠及健康环保)。

3. 移动这个号码我使用了五六年了，一直很好，谢谢了，我知道了。

答：没有关系，虽然您现在使用的是移动手机，但我想您应该不介意多了解几家运营商的优惠和服务吧！如果觉得合适，也可以给自己或家人、朋友多一个选择的机会啊。

若推荐双网双带机，可考虑下列话术：

没有关系，虽然您现在使用的是移动手机，但我想您应该不介意多了解几家运营商的优惠和服务吧！如果觉得合适，您可以保留现在的号码，再使用一个133号码，多一个号码还能多一份健康呢！

4. 我有联通号码，你为什么不拨联通号码却拨打这个移动号码，你们不通知联通用户的吗？

答：联通的用户我们也在陆续通知，只是这次我刚好随机拨打到您的这个号码，非常荣幸能够认识您，请问我该怎样称呼您呢？

5. 我认识你们公司的很多人，××部门的××你认识吗？

答：原来您是××的朋友，非常荣幸拜访到您，看来我更应该早些把这个好消息告诉您。

6. 如果有手机送就可以谈，没有的话就免谈。（一开口就要求送机、送卡）

答：我们现在有免费送手机的活动，您只需要预存一定的话费就可以免费获赠一部健康、绿色环保的 CDMA 手机了。

7. 你们都是这样挖“墙脚”的吗，每天要拨多少个电话呀？

答：我们打电话给您的目的主要是想向您介绍最合适您使用的套餐，帮您节省话费。不管是联通还是移动公司的客户，只要能用上健康省钱的手机及网络，我们都衷心地为客户感到高兴。您要是觉得这个套餐比较适合您，能为您节省下一笔费用，我们就感到高兴了。

8. 是挺优惠，但是你们联通的网络信号太差了。

答：先生/小姐，您说的这个问题太重要了，信号不好的确会影响通话质量，我们公司也一直在不断完善网络建设，现在我们的网络和其它运营商相比是不分上下的。不瞒您说，联通在海南目前有 80 万用户，如果信号那么差，还会有那么多用户在继续使用。且现在我与您通话，您也应该感觉到我们网络的通话质量了。

10. 预存话费我可以接受，但每月最低消费我不能接受，我自己能打多少自己衡量，你们定的标准我如果达不到不是亏了吗？

答：其实我们设立月最低消费后才能体现出您尊贵身份，如果我们不设月最低消费这个门槛，那么每月话费只有几十元的低端客户也能用这么好的号码，那么这个吉祥号码本身也就没什么意义了。我们设立了月最低消费以后，能够使用这样的号码的绝对是一位不同凡响人物。所以设立这个月最低消费其实就是我们对大客户负责也是您尊贵身份的象征。

11. 我这号码使用很久了，换号后我的客户不是都丢了吗，我这号有很多重要的客户都知道啊。

答：您的顾虑我们也为您考虑到了。我们为您提供了语音信箱呼转服务，您申请后只要有人拨打您移动的号码，您的新号码就会自动收到短信提醒，而且对方也会被告之您的电话更改为××号码了！同时，我们公司可以为您免费群发短信给您的朋友和同事，告知您的新号码。您原卡上存的电话号码我们会帮您复制到新卡上。

12. 我实在不想换号码，并且我现在还享受存话费送话费，帐户上还有很多费用，所以不想停用移动手机。

答：（建议用双卡）作为电信的客户经理，我当然希望您使用我们的网络，但是站在您的立场上考虑，我还是建议您暂时不要停用移动手机。您可以用移动手机拨打市话，用联通商旅卡拨打长途和出差漫游，这样的话，照样可以省钱，而且还可以同时享受两家公司的优惠，那岂不是更好吗？

13. 带两部手机太麻烦了，并且这个号码也不能换。

答：您看如果您觉得带两部手机麻烦的话，目前我们也推出了一些新款的双模手机，可以一机两卡，双网双在线，不但携带方便且健康环保，两张卡同时在线互不影响，多方便呀！并且现在我们推荐了预约话费送机的活动，如有一款中兴 H500，只需预存 3000，每月消费 170 元，18 个月后这部手机就归您所有了。

14. 移动的吉祥号是可以一次性买断，无需月最低消费。

答：您看我们的号码不需要您另外花钱购买，预存话费只是把您以后要缴的电话话费提前存到您的手机帐户里，这样省去经常到营业厅交费的麻烦。另外，以您目前的消费来说是可以达到月最低消费的，不会对您的使用造成影响。您要是花钱买号，还不如当作自己的话费来用，以后不需要另外缴费要省事实惠得多了。

15. 我觉得联通在服务各方面做得都不如移动好。

答：我们公司也非常注重这方面的问题，而且近几年来我们的服务质量各个方面也有了很大的提高。当然自我感觉还不够，客户满意才是真的好。为了能够越来越完善我们的服务，我们真的很需要像您这样的热心的用户来给我们提出建议。您认为我们不如移动做得好，您能具体说一下我们公司目前存在的一些问题及您的建议吗？

16. 你不是电信营业厅的工作人员，我不相信你，不要你的卡。

答：您会有这样的想法我们可以理解，您看这样了好吗？我们约一个时间，您可以到我们联通营业厅，我会让客户经理在营业厅亲自接待您的。您看是今天下午还是明天上午您方便过去呢？

17. 我之前用过你们公司的卡，但你们内部有人查询我的话费清单，投诉了很多次都没有解决。

答：其实您的顾虑非常有道理，我们公司对这种个人私自泄漏客户隐私的违法行为也是深恶痛绝，只要有违法的事情发生，公司一定会协助公安机关调查。另一方面我们也加强通信保密工作，现在如果要查询详单必须要有密码，只要您保管好您的密码这一点您绝对可以放心。

18. 现在接你这个电话是收费的，你为什么还要打我这个电话，你这不是变相欺骗吗？

答：我想我们向您介绍的套餐，为您节省下来的不仅是您接听我们这通电话的费用。当然今天与您通话所产生的费用，到时您可以将我们之间通话的清单打印出来，我们会安排相关人员妥善为您处理。如果您现在方便的话，请允许我向您介绍一下我们这款非常优惠的套餐好吗？

19. 如果我使用你们的卡，但你们给我免费使用呼转信箱只有 3 个月，时间太短了？最起码要半年以上。

答：公司对像您这种情况的客户，关于免费使用呼转信箱规定是 3 个月，您要是觉得 3 个月还不能得到保障的话，我们请示领导尽量为您多争取 1～2 个月。

20. 你们的号码有设最低消费我可以接受，但是我不想预存话费，我该消费多少再缴多少，不想把这么多钱存在里面。

答：我们规定吉祥号码要预存话费才能体现出您尊贵身份，如果我们不设这样的一个门槛，每月话费只有几十元的客户也能用这么好的号码，那么这个号码就失去了意义。我们设立了这样一个门槛以后，能够使用这样的号码的绝对是一位不同凡响人物。所以规定吉祥号码要预存话费其实就是我们对大客户负责也是您尊贵身份的象征。

第四节 电话营销的过程与技巧

客服代表外呼电话或者接听客户来电，首先要陈述开场白或者问候，之后探询客户的需求，在把握客户需求的基础上推荐合适的产品，促成客户的购买意向，或者约定下一步要做的工作,结束电话,对客户进行营销与服务的跟进,并确保客户满意。

在营销过程中,客服代表有时需要与一个客户有若干次的接触或通话,它可能是一个持续的、长时间的过程;因为往往一次电话接触很难说服客户,因此需要通过后续的跟进,进行二次或多次的外呼营销。

一、开场白

电话营销的开场白就是在电话接通后,确认并有礼貌地问候客户,介绍自己与公司,通过解释致电目的并提及给客户带来的价值,激起客户的购买兴趣与意见,与客户建立融洽关系,并顺利将客户带入沟通与营销的下一阶段。

客服代表与客户交谈之前,需要适当的开场白。开场白的好坏,几乎可以决定一次电话营销的成败。注:呼入营销中的开场白是由客户发起的,对于呼入营销重点是解决好客户的服务问题后,通过挖掘客户需求,切入到营销话题,这里我们指的开场白主要适用于呼出营销。

开场白的关键是要与客户建立融洽关系,使客户对客服代表产生信任,并吸引客户的注意力。一般来说,接通电话后的15秒钟是至关重要的。客服代表打电话给客户时,必须要在15秒内做公司及自我介绍,确认客户(被访问对象)的身份及其它信息,以判断这次交流的价值,更重要的是要让客户了解这次活动的性质和特点,引起客户的兴趣,让客户愿意继续谈下去,从而可以将对话引入下一个环节。

(一)开场白中的关键因素

开场白中的关键因素包括:自我介绍、确认客户、介绍打电话的目的、确认对方时间的可行性和转向探询需求。

1. 自我介绍

一定要在开场白中很热情地表示友善的问候和自我介绍,这是开场白的第一个关键因素。要自报家门,介绍你和你的公司,这看起来比较简单,但是在不同的场景应用中也要注意它的功能。因为,这里面有许多的“潜台词”,比如,要让客户明白你是如何得到他的电话号码的;你的身份是充分可信的;你要让客户感觉这次交流对他是有意义的。

如:“您好,我是×××电信公司10000号的客服代表,因为您是我们尊贵的老客户,打电话给您,主要是想了解一下您对我们近期的服务是否满意。”

2. 确认客户(被访问对象)的身份及其它信息,以判断这次交流的价值

进一步的电话沟通之前,要了解客户的身份,判断是否符合这次电话呼出营销的有效目标群体。

3. 介绍打电话的目的

说明打电话的原因,让客户了解这次活动性质和特点。在开场白中要让客户真正感受到这个电话对他的价值究竟在哪里。

“近期我们针对手机老用户有一项新的优惠,可以使您的手机免月租,还可以节省市话费用,我给您介绍一下好吗?”

以下具体介绍致电目的的方式。

(1)第三方引介。

“我给您致电是因为我们都熟悉的黄志军先生介绍说您正在寻找降低波峰用电量的方法

……”

(2)直邮跟进。

“我来电是想了解一下我们按您的要求寄出的公司介绍是否就是您感兴趣的内容……”

(3)提及对方最近的活动。

“贵公司最近组织中层以上的经理参加的中欧工商管理学院的客户关系管理课程表明了……”

(4)将您的产品与著名专家的论点联系起来。

“营销界的泰斗程演历院士认为目前的营销自动化软件需要解决数据格式本地化的问题。你桌面材料上这一版我们新推出的升级版完全解决了……”

(5)站在给客户提供价值的角度设计对话。

即使你的头衔是销售代表,你也应该用客户更容易感觉价值的称呼。比如,如果卖保险,称呼自己为财务顾问,如果你卖家具,称呼自己为室内设计顾问。在介绍公司和产品时也是一样。如果你是一家彩色打印机制造商,强调“我们帮助企业在更短的时间与更低的成本下印制高质量彩色目录”,而非简单地“我们生产×品牌彩色打印机。”

如果你的产品或服务能解决一个业界知晓的现象,或带来业务上的突破,强调这个:“我们新一代的手机××型已经彻底解决了时间长了手机会发热的现象,而通话质量丝毫不受影响……”

在开篇快结束时,如果你能帮助客户更多地了解对他的价值,通常对话能顺利进行下去:“如果我向您展示贵公司如何将客户来电等待时间立即提高到业界平均水平以下,您会有兴趣和我讨论吗?”

让我们一起总结开篇的过程:在彬彬有礼地问候后介绍你自己与你的公司。然后集中于客户的高度注意力与兴趣,通过解释致电目的并提及给客户的价值,将客户带入沟通下一阶段。

“王先生,您好?我是海天国际的陈真,针对08特殊的一年,我们与清华大学合作,为企业制定了系统、创新的全年度培训解决方案,能为企业提供合适、价底、高效的培训服务,这次来电看能否与公司的培训计划达成共识!”

4. 确认对方时间的可行性

在整个营销过程中,客服代表可能要花5～10分钟的时间来跟客户进行交流,这时客服代表要很有礼貌地询问对方现在打电话是否方便。在开场白时,客服代表应避免让客户感觉到你的电话要占用他很长时间。如:

“我只占用您几分钟的时间,您看可以吗?”

5. 转向探询需求,将对话引入下一个营销环节

假如客服代表是为了建立关系和挖掘客户的需求,一定要用提问的方式,找到对方感兴趣的话题,客户就会乐于谈他自己的想法,电话营销就会非常容易而顺利地进行下去。如:

“您平时经常上网吗?”

“您是觉得长途费用很高,对吗?”

“您听说过中国电信的宽带网吗?”

(二)开场白技巧

开场白或者问候是你与客户通上话以后在前30秒钟你所讲的话,或者说是你所讲的第一句话。这可以讲是客户对你的第一印象,要记住,虽说我们经常讲不要以第一印象来去评判一个人,但我们的客户却经常用第一印象来对电话销售人员进行评价！如果说对于大型的销售项目,第一印象相对来讲并不太重要的话,那么在电话销售中,第一印象将是决定你的这个电话能否进行下去的一个关键因素。

因为电话销售人员所能利用的资源非常有限,仅仅只能通过一部电话在有限的时间内来解决所有问题,不像面对面销售,业务人员可以调动很多工具达到销售的目的。

在电话被接通后约30秒内,这时候的开场白是否成功将直接关系到谈话能否继续,如果罗罗嗦嗦不着边际,最后被"扫地出门"也就在情理之中了。在30秒内抓住对方注意力成为每一名电话销售人员的一项基本修炼。那如何做到这一点呢？下面提供六种方法供电话销售人员参考。

1. 请求帮忙法

电话销人员:您好,李经理,我是××,××公司的,有件事情想麻烦一下您！或有件事想请您帮忙！

客户:请说！

一般情况下在刚开始就请求对方帮忙时,对方是不好意思断然拒绝的。电话销售人员会有100%的机会与接线人继续交谈。

2. 第三者介绍法

电话销售人员:您好,是李经理吗?

客户:是的。

电话销售人员:我是××的朋友,我叫××,是他介绍我认识您的,前几天我们刚通了一个电话,在电话中他说您是一个非常和蔼可亲的人,他一直非常敬佩您的才能。在打电话给您之前,他务必叮嘱我要向您问好。

客户:客气了。

电话销售人员:实际上我和××既是朋友关系又是客户关系,一年前他使用了我们的产品之后,公司业绩提高了20%,在验证效果之后他第一个想到的就是您,所以他让我今天务必给您电话 。

通过"第三者"这个"桥梁"过渡后,更容易打开话题。因为有"朋友介绍"这种关系之后,就会无形地解除客户的不安全感和警惕性,很容易与客户建立信任关系,但如果技巧使用不当,也很容易造成不好的结果。

3. 牛群效应法

在大草原上,成群的牛一起向前奔跑时,它们一定是很有规律地向一个方向跑,而不是向各个方向乱成一片。

把自然界的这种现象运用到人类的市场行为中,就产生了所谓"牛群效应法",它是指通过提出"与对方公司属于同行业的几家大公司"已经采取了某种行动,从而引导对方采取同样行动的方法。如:

电话销售人员:您好,王先生,我是××公司的××,我们是专业从事电话销售培训的,我打电话给您的原因是因为目前国内的很多IT公司如戴尔、用友、金蝶等都是采用电话销售的方式来销售自己的产品的，我想请教一下贵公司在销售产品的时候有没有用到电话销售呢？

电话销售人员在介绍自己产品的时候，告诉客户同行业的前几个大企业都在使用自己产品的时候，这时“牛群效应”开始发挥作用。通过同行业前几个大企业已经使用自己产品的事实，来刺激客户的购买欲望。

4. 激起兴趣法

这种方法在开场白中运用得最多、最普遍，使用起来也比较方便、自然。激起对方兴趣的方法有很多，只要我们用心去观察和发掘，话题的切入点是很容易找到的，具体参看以下案例。

约翰·沙维祺是美国百万圆桌协会的终身会员，是畅销书《高感度行销》的作者，他曾被美国牛津大学授予“最伟大的寿险业务员”称号。一次他打电话给一位美国哥伦比亚大学教授约翰逊先生的开场白如下：

约翰·沙维祺：“哲学家培根曾经对做学问的人有一句妙语，他把做学问的人在运用材料上比喻成三种动物。第一种人好比蜘蛛，他的研究材料不是从外面找来的，而是由肚里吐出来的，这种人叫蜘蛛式的学问家；第二种人好比蚂蚁，堆积材料，但不会使用，这种人叫蚂蚁式的学问家；第三种人好比蜜蜂，采百花之精华，精心酿造，这种人叫蜜蜂式的学问家。教授先生，按培根的这种比喻，您觉得您属于那种学问家呢？”

这一番问话，使对方谈兴浓厚，最终成了非常要好的朋友。

5. 巧借“东风”法

三国时，诸葛亮能在赤壁一战中，一把火烧掉曹操几十万的大军，借的就是东风。如果电话销售人员能够敏锐发现身边的“东风”，并将之借用，往往能起到“四两拨千斤”的效果。

如：冰冰是国内一家大型旅行公司G的电话销售人员，她的工作是向客户推荐一张旅行服务卡，如果客户使用该卡去住酒店、乘坐飞机，可获得折扣优惠。这张卡是免费的，她的任务是让客户充分认识到这张卡能给对方带来哪些好处，然后去使用它，这样就可以产生业绩。刚好她手里有一份从成都机场拿来的客户资料，看一下她是怎样切入话题的。

电话销售人员：您好，请问是李经理吗？

客户：是的，什么事？

电话销售人员：您好，李经理，这里是四川航空公司客户服务部，我叫冰冰，今天给您打电话最主要是感谢您对我们川航一直以来的支持，谢谢您！

客户：这没什么！

电话销售人员：为答谢老顾客对我们公司一直以来的支持，公司特赠送一份礼品表示感谢，这礼品是一张优惠卡，它可以使您在以后的旅行中不管是住酒店还是坐飞机都有机会享受优惠折扣，这张卡是川航和G公司共同推出的，由G公司统一发行。在此，请问李经理您的详细地址是？我们会尽快给您邮寄过来的。

客户：四川省，成都市……

6. 老客户回访

老客户就像老朋友，一说出口就会产生一种很亲切的感觉，对方基本上不会拒绝。如：

电话销售人员：王总您好，我是G旅行公司的小舒，您曾经在半年前使用过我们的会员卡预订酒店，今天是特意打电话过来感谢您对我们工作的一贯支持，另外有件事情想麻烦一下王总，根据我们系统显示您最近三个月都没有使用它，我想请问一下，是卡丢失了，还是我们的服务有哪些方面做的不到位？

王总：上一次不小心丢了。

从事销售的人都知道，开发一个新客户花的时间要比维护一个老客户的时间多3倍。

据权威调查机构调查的结果显示，在正常情况下顾客的流失率将会在30%左右。为了减少顾客的流失率我们要时常采取客户回访方式与客户建立关系，从而激起客户重复购买的欲望。

通常在做客户回访时电话销售人员可以采取交叉销售，给顾客介绍更多的产品，供客户选择。电话销售人员在客户回访时要注意一下几点：

(1)在回访时首先要向老客户表示感谢；

(2)咨询老客户使用产品之后的效果；

(3)咨询老客户现在没再次使用产品的原因；

(4)如在上次的交易中有不愉快的地方，一定要道歉；

(5)让老客户提一些建议。

本节中曾提到过“激起兴趣”是应用较多的一种方法，除上面提到的几种方法外，还有一些方法：

(1)提及对方现在最关心的事情。

“李总您好，听您同事提到，您目前最头疼的事情是公司现在很难招到合适的人，是吗？”

(2)赞美对方。

“同事们都说应该找您，您在这方面是专家。”

“我相信贵公司能够发展这么快，与您的人格魅力是分不开的。”

(3)提及他的竞争对手。

“我们刚与××公司(目标客户的竞争对手)合作过，他们认为我们的服务非常好，所以我今天决定给你们一个电话。”

(4)引起他的担心和忧虑。

“不断有客户提到，公司的销售人员很容易流失这一现象，这实在是一件令人担心的事情。”

“不少的客户提到他们的客户服务人员经常接到一些骚扰电话，很不好应对，不知王经理是如何处理这种事情呢？”

(5)提到你曾寄过的信。

“前几天曾寄过一封重要的信/邮件给您……”

“我寄给您的信，相信您一定看过了吧……”

(6)畅销品。

“我公司产品刚推出一个月时间，就有1万个客户注册了……”

“有很多客户主动打电话过来办理手续……”

(7)用具体的数字。

“如果我们的服务能让您的销售业绩提高30%，您一定有兴趣听，是吗？”

“如果我们的服务可以为贵公司每年节约20万元开支，我相信您一定会感兴趣，是吗？”

我们前面讲电话营销的特征的时候提到，要在短时间内吸引客户，就是对开场白的要求。

开场白就像一本书的书名，或报纸的大标题一样，如果使用得当的话，可以立刻使人产生好奇心并想一探究竟。反之，则会使人觉得索然无味，不再想继续听下去。

我们举一些错误的实例。

【示例1】

首次和客户的电话沟通："您好，陈先生，我是×××公司市场部的张明，×××公司已经成立5年多了，和×××××××××合作也已经很多年了，不知道您是否曾经听说我们公司？"

错误点：

(1)销售员没有说明为何打电话过来，及对客户有何好处。

(2)客户根本不在意你们公司成立多久，和谁谁合作，或是否曾经听过你的公司。

(客户不关心的问题，不要放在重点的开场白中，可能我们在实际中还有一些类似的问题，可能没有这么严重)

【示例2】

销售员："您好，陈先生，我是×××公司市场部的张名，我们是专业提供×××××的××××××，请问你现在在用哪家公司的产品？"

错误点：

(1)销售员没有说明为何打电话过来，以及对客户有何好处。

(2)在还没有提到对客户有何好处前就开始问问题，让人立即产生防卫的心理。

【示例3】

销售员："您好，陈先生，我是×××公司市场部的张名，前几天前我有寄一些光盘/资料给您，不晓得您收到没有?

错误点：

(1)同样问题没有说明为何打电话过来，及对客户有何好处。

(2)平常大家都很忙，即使收到资料也不见得会看，而且让他们有机会回答："我没有收到。(资料、产品要说明白)

【示例4】

销售员："您好，陈先生，我是×××公司市场部的张名，我们的提供专业的××××和服务的公司，不晓得您现在是否有空，我想花一点时间和您讨论/给您介绍一下?

错误点：

(1)直接提到商品本身，但没有说出对客户有何好处。

(2)不要问客户是否有空，直接要时间。

这里我给大家讲一个非常贴切的例子，我们大家经常会和朋友们在一起的时候，让谁谁今天请客。

我们大多数时候会说，你要请客呀，这时候对方会反问，我为什么请客？会争论一番不一定会成功。

改变一下，你说"你今天就请客呀!"(今天要重点语调)对方就可能会说，"为什么要今天?"^_^，上当了，现在你们只需要和他说，那明天也行，OK，小有成就。

再改一下，"^_^，你今天收入这么多，羡慕呀，我们是去吃沸腾鱼还是烤鸭？呵呵。"对方可能会说："那就烤鸭吧，还便宜点，呵呵。"

直接绕过最初的问题,一般人会就你的话进行反映,没有了接口,也就没有了借口。

好了,我们对开场白进行一下总结:在初次打电话给客户时,必须要在20秒内做公司及自我介绍,引起客户的兴趣,让客户愿意继续谈下去。要让客户放下手边的工作,而愿意和你谈话,销售员要在20秒钟内清楚地让客户知道下列3件事:

(1)我是谁/我代表那家公司?

(2)我打电话给客户的目的是什么?

(3)我公司的服务对客户有什么好处?

好,我们举一个比较正确的示例:

“喂,陈先生吗?我是××××××市场部/××××××××××××的陈明,我们有非常庞大的×××产品,有×××和×××(产品形式),今天我打电话过来的原因是我们的产品已经为很多×××)(同行业)朋友的所认可,能够为他们提供目前最高效的×××服务,而且我们还给他们带来很多×××(利益),为了能进一步了解我们是否也能替您服务,我想请教一下您目前否有购买其他产品和服务?”

重点技巧:

(1)提及自己公司/机构的名称,专长。

(2)告知对方为何打电话过来。

(3)告知对方可能产生什么好处。

(4)询问客户相关问题,使客户参与。

能够吸引客户的常用开场白方式很多,这里介绍几种:

(1)相同背景法。

“王先生,我是×××公司的张名,我打电话给你的原因是许多像您一样的大先生成为了我们的会员,我们为他们节省了大量的××××购买费,而且提供的产品和服务还是最好的,能够满足广大先生××××的需求。我能请问您现在是否在用一些××××产品/服务?

(2)缘故推荐法。

“王先生,您好,我是×××公司的张名,您的好友孙骊先生是我们的高级会员,他介绍我打电话给您。他认为我们的产品比较符合先生工作的需求,也想请您了解一下,请问您目前是否在用其他的×××产品?”

(3)孤儿客户法。

“王先生,您好,我是×××公司的张名,您在半年前给我们拨打过咨询电话询价,我们也提供给您一些试用帐号,很久没有和您联系了,也没有多征求您的意见,这是我们的疏忽,我想打电话给您,询问您是否是对我们有什么宝贵的意见和建议?……刚好我们网站新改版欢迎您登陆看看,一些问题由于像您一样的客户的反馈我们在新版中已经得到解决了,希望您再给我们提出意见和建议。”

(4)针对老客户的开场话术。

“王先生,我是×××公司的张名,最近可好?”

老客户:“最近太忙呀。”

“王先生,嗯,那您要好好保重身体,您看看我今天可不可以帮您缓解一些工作上的压力,我们最近刚推出的×××服务套餐,您成为我们会员后,今后有什么要查询的资料可以委托我们全权查询,可以给您最快时间内完成,或者每次将您××××××的资料提供给我们,我们的×××顾问将需要的资料整理好发送给您，这样可以缓解您的工作压力了吧，而且我今天先给您免费提供一次，让您好好轻松一下，如何？”

二、客户需求挖掘

客户的需求是销售的核心，客服代表通过需求辨识主动挖掘客户的业务需求，并针对性地为客户推荐适合的产品。

（一）销售技巧的差别

有一个销售人员是卖拖把的，客户先打了电话，然后他做电话追踪。

【案例 1】

销售人员：您好，是张先生吗？张先生，上次给您提到的拖把的事情您考虑得怎么样了？

客户：我觉得没什么用。

销售人员：这样的，张先生，因为现在我们 6 月份做促销，原价 398 元的拖把，现价只需 198 元就可以了。

客户：你们那个拖把有什么不同？

销售人员：这个拖把最主要的就是能拖到各个角落，一般拖把拖不到的地方，它都能拖到。

客户：那都包括些什么。

销售人员：你现在购买一个拖把，包括一个拖布和一个控水脱水水桶，我们再送您一个拖布，正常情况下使用 2 年肯定没有问题，你可以先用，如果喜欢再交钱，不喜欢就退。

客户：好的，我考虑一下。再联系。

销售人员：好的，等您考虑清楚再和我联系，再见，谢谢。

这个销售人员这通电话里，他暂时没有成功，因为他对问题的回答不够明确，他没有去引导客户，在沟通过程当中，他缺少了一个关键的跟客户互动挖需求的过程。这个互动挖需求不一定要很长。

【案例 2】

销售人员：您好，是张先生吗？张先生上次我们向您提到的拖布的事情，您考虑得怎么样了？

客户：我觉得没什么用。

销售人员：是这样的，张先生，因为我们 6 月份做促销，原价 398 块钱的拖布，现在价格只需要 198 元就可以了。

客户：你那拖布有什么不同？

销售人员：这个拖布和普通拖布有很大的不同，为了介绍清楚，请问你们家平时都是谁在家里拖地呢？

客户：家里人。

销售人员：我了解，我估计张先生，您平时工作肯定很忙，也难得照顾家里，我们这个拖把和普通拖布最大的不同在于，当您的家人拖地的时候，肯定有些地方普通拖把拖不到，而您的家人为了拖到这些地方，肯定会费很大的精力和时间，这样会很辛苦，很累，对吧？！如果您的家人用我们经过专业设计的 360 度转动的拖把头拖地，可以灵活自如地转到任何一个角落，这样就可以节省您家人的时间，可以让他们更轻松愉快的打扫家务。我感觉张先生您一定是一个顾家的人，不知您觉得这个对您的家人来说是不是有所帮助呢？

客户：那都包括些什么？

销售人员：标准包装包括一个拖把、一个拖布和一个控水的水桶，我听您讲话以及您的彩铃，就知道您一定是一个非常十分注重生活品质的人，而我们拖把也是针对您这样的高端用户才设计的，现在做活动特价只需要 198 元，您看怎么样呢？

客户：可以使用多长时间？

销售人员：正常情况下使用 2 年，肯定没有问题。您看张先生您这样忙，什么时候方便，我们给您送过去。

客户：我可不可以看看货后，如果喜欢再交钱，不喜欢我就退货。

销售人员：我了解张先生，听上去好像您有些不太放心，可否告诉我一下？

客户：我主要是买来给家人用，万一她不喜欢怎么办？

销售人员：我理解您的苦衷，其实从另一方面来讲，您不用担心，我们送的这个拖把，到目前为止，还没有哪个客户用了以后说不好用的，因为它确实不单单功能强大，而且外观也很漂亮，您家人一定会喜欢的。

客户：可能吧。

销售人员：那您看您的送货地址是……

客户：好的我考虑一下再联系。

销售人员：我了解，这个拖把就像刚才您认可的那样，确实很适合您的家庭使用，她一定会感觉到您对她的关心，而且现在做活动处于优惠期，而优惠期随时可能会取消，另外您现在购买的话，我们还可以送您一个托布，供你更换，现在是很划算的，要不我们现在帮您下定单吧！

客户：那好吧。

销售人员：好的，谢谢您。请问您的送货地址是……

第一段场景和第二段场景当中，有些地方是明显不同的。产品介绍有差异，差异点在具体的功能上，第二个销售人员在做产品介绍的时候，他讲的是谁在用拖把，是家里人在用拖把，实际上他给这个客户创造了一个想象，想象自己回到家里边，家里人正在打扫卫生的情景。第二个销售代表一开始的时候，用优惠价来吸引客户，原来 398，现在只需要 198，便宜一大半，客户当然感兴趣。

在讲到卖点的时候，第一个销售代表直接做了介绍，而第二个销售人员为了更好地介绍清楚，问谁在用拖把，其实这是过渡到挖需求了。客户说他家里人在用，这时候其实销售人员并没有用到太多的探寻，没有用太多的提问的探寻，而是提到“你看你工作很忙照顾不到家，当家人拖地拖不到，肯定会很累。”其实他讲这句话的时候，他是在讲对方可能的心理需求，当然他是一种假设，他假设一个男人打来电话咨询这个拖把，平时自己又不在家打扫，是因为他想顾家，买来是送给家里人的，所以这是一种对心理需求的把握。在产品介绍的时候，他更多的是针对家人在使用，客户买回去以后，他的太太、家里人是很高兴的这个角度去做介绍。因此，如果我们不探寻，可能就会错过，因为不探寻我们不知道客户到底在想什么。所以，探寻需求是非常重要的一个环节。

(二)理解客户需求

探寻客户需求，是指完全、清楚地识别及确认客户的业务需求。

完全：是指我们要对客户的需求有全面的理解，客户都有哪些需求？这些需求中对客户最重要的是什么？他们的优先顺序是什么？

清楚:客户表达的具体需求是什么?

确认:你所理解的客户需求是经过客户认可的,而不是自己的猜测。

客户的需求分为两大类:潜在的需求和明确的需求。

潜在的需求可以通过由客户陈述的一些问题,如对现有系统和产品的不满足,以及目前面临的困难等来发现和挖掘。潜在的需求对我们来说是一个销售机会。如客户讲:“我现在上网的速度有些慢”,通过客户对问题的描述,我们可以发现他对高速上网的潜在需求。

明确的需求是指客户主动表达出来的要解决他们问题的愿望,客户向我们表达明确需求的用语主要有:

- 我想
- 我希望
- 我要
- 我正在找
- 我对…很感兴趣
- 我期望

例如,“我希望你们把网速能提高一些”、“我想拨打长途电话能便宜点”等。

(三)挖掘用户需求的方法

一般来说,客服代表主要是通过查询客户信息、沟通交流等方式来分析了解客户和挖掘客户需求。

1. 查询客户信息

客服代表通过IT支撑系统对客户的一些基本信息进行了解,通过背景信息分析客户的可能需求和适合的产品。

2. 通过提问挖掘客户需求

客服代表可以使用开放式提问和封闭式提问两种方法来引导和挖掘客户业务需求。

电话营销中,客服代表的提问应该问题简洁,不要太长,这样才便于客户清楚理解并准确回答,例如:“不知道你是长话费高还是市话费高,你跟朋友的联系多吗?”在一句话中有几个问句,用户不容易听全,回答得也可能不会完整。我们如果换个方式来问,比如:“您的长话费用高吗?”,“请问您每次拨打长途时间长吗?”每次只问一个问题,马上就可以问出是否是长途可选包的目标客户了。

另外客服代表在提问时可以轮流使用开放式提问和封闭式提问,便于深入了解客户需求。客服代表在提问中还可以通过系列逻辑性提问来帮助挖掘客户的需求,常见的逻辑性提问又分为:背景层提问、问题层提问、暗示层提问和解决层提问。

(1)背景层提问。

背景层提问是用来收集准客户的一些基本信息,目的是对客户作一个初步了解,然后分析客户可能的需求。如“您上网一般是作什么用?”如客户回答“看电影、玩游戏”,那么我们判断客户的上网时间是比较长的,并且对带宽是有一定的要求的,就可以针对性地向用户推荐包月不限时高带宽的宽带产品。“您每个月的长话费一般在什么范围内?”如客户回答每个月十几块钱,“您每次长途通话时间长吗?”如客户回答不长,那我们可以推荐15元的长途可选包,让客户在原有话费消费水平上,可以打更多的长话。

(2)问题层提问。

问题层提问用来询问客户遇到哪些问题,或者通过提问与客户一起去发现潜在的问题,目的是用来判断客户是否有相关需求或者激发客户的潜在需求。如:"您手机和固话互打的费用是不是特别高?"如客户回答比较高,我们可以推荐亲情号码包;"您现在上网主要会遇到哪些问题?"如客户回答"我是每月30元包15个小时,经常要交50元上网费。"考虑到客户实际消费水平和上网平均时长,我们最好推荐e8中的88元套餐。

(3)暗示层提问。

暗示层提问主要是针对客户在日常工作中遇到的给客户工作带来影响的提问,目的是用来进一步突出客户问题,扩大和强化客户的需求。"上网速度慢,会给您带来什么影响呢?"如客户回答"看电影耽误时间经常卡",这样我们就可以推荐带宽高的宽带产品。"你在跟外地朋友电话长时间聊天时,有什么顾虑吗?"如客户说"怕长话费用超支",我们可以向客户介绍e8套餐中全时段11808长话单次封顶的优惠。

(4)解决层提问。

解决层提问是针对客户目前存在的问题,提出解决方案的提问,目的是解决客户问题,满足客户需求。"我们有一项业务,既可以提升您上网速度又可以满足您的上网时间,我为您介绍一下好吗?"也可以这样问:"我们有一项业务,既可以免月租又可以节省您的话费,我为您介绍一下好吗?"如客户表示愿意,我们可以根据客户的需求将套餐的卖点有选择地向客户做简要介绍。

三、用户需求的确认

当客服代表通过提问了解客户需求之后,就可以通过问题的复述和反问的方式与用户确认需求,为产品推荐做好准备。

(一)产品推荐的时机

/客服代表为了使销售更顺利地进展下去,要把握好产品推荐的时机。客服代表切忌犯的一个错误就是在对客户的需求还没有搞明白和清楚之前,过早地开始推荐产品,甚至有时根本不去关心客户的需求,只是一味地介绍产品,这样反而会引起用户的反感,达不到效果。

当下列情况同时发生时,客服代表推荐产品获得成功的可能性会大大增加:

(1)了解客户的基本需求;

(2)获取了客户的信任;

(3)发现产品与客户需求的匹配点;

(4)客户流露出兴趣;

(5)客户主动提及客户流露出需要改变现状的愿望。

(二)产品推荐的方法

在电话销售领域,如何有效地推销某个产品或者是某次活动的卖点呢? FAB话术模型或许是比较常见的了。F指属性或功效(Feature或Fact),即自己的产品有哪些特点和属性,例如:"在功效相同的产品中,它是最轻的电子发动机,只有10磅重,"

A是优点或优势(advantage),即自己与竞争对手有何不同。例如:"它足够轻。所以可以便携使用。"

B是客户利益与价值(benefit),这一优点所带给顾客的利益。例如:"你的客户不再一定要到维修中心寻求帮助,因为服务代表能够使用便携式修理工具。"

所以FAB关注的是客户的"买点"。

FAB的意思是在商品推介中,将商品本身的特点、商品所具有的优势、商品能够给顾客带来的利益有机地结合起来,按照一定的逻辑顺序加以阐述,形成完整而又完善的推销劝说。

FAB法就是这样将一个产品分别从三个层次加以分析、记录,并整理成产品销售的诉求点,向客户和顾客进行说服,促进成交。但需要注意的是客户(顾客)本身所关心的利益点是什么,然后投其所好,使我们诉求的利益与客户所需要的利益相吻合,这才能发挥效果。切不可生搬硬套,不加以分析就全部上。按照FAB的顺序和步骤去描述是比较有调理和有效率的。

举例来讲:

某呼叫中心通过电话销售来推销新的免息信用卡。

features特点:我们这张信用卡,最大特点是具有较长的免息期,而且在任何ATM机器上是免手续费的。

advantages优势:我们银行是国内最早推出信用卡的,在服务方面请您放心。

benefit利益:您可以在比较长的时间里享受免息贷款 的便利,这样,您就可以免去贷款利息的支出了,如果有时候比较急,在任何ATM机器上都可以取钱,不用再付手续费了,有时候手续费加起来也一个月要有省下几十元了。

这里想强调的一种灵活使用,或许F(特点)和A(优势)可能是固定不变的,但不同客户的需求是不一样的,同样一瓶苹果汁,小孩子喝是要茁壮成长,老年人喝是想年年益寿!因此在使用FAB话术模型的时候,B(利益)是需要进一步个性化设计的。

同时,从心理学来讲,很多时候引导客户去建立新的需求的动力就是要"明确和自己相关的利益",B(利益)是整个FAB话术模型中最重要的一个纬度。呼叫中心经常有队员想互相换班,比如有队员周五上班想换到周六上班,会跟另一个队员说"你周五帮我顶班,你周六休息哦,这样你周末可以连着休息了",这就是强调利益的作用。当客户明确了与自己相关的利益,那就里建立需求进了一步了!

根据每个产品,根据每次活动,各个呼叫中心可以根据业务内容来设计自己的FAB卖点介绍的话术脚本。但我们在使用FAB法时要注意几个原则:

(1)实事求是。

实事求是是非常重要的。在介绍产品时,切记要以事实为依据。夸大其辞,攻击其他品牌以突出自己的产品都是不可取的。因为顾客一旦察觉到你说谎、故弄玄虚时,出于对自己利益的保护,就会对交易活动产生戒心,反而会让你失去这笔生意。每一个顾客的需求是不同的,任何一种产品都不可能满足所有人的需求。如果企图以谎言、夸张的手法去推荐产品,反而会失去那些真正想购买的顾客。

(2)清晰简洁。

一种产品本身会包含许多元素,比如特性、成份、用法等。在介绍时可能会涉及许多专用术语,但是顾客的水平是参差不齐的,并不是每一个顾客都能理解这些术语。所以我们要注意在介绍时尽量用简单易懂的词语或是形象的说法代替。在解说时要逻辑清晰,语句能顺,让人一听就能明白。如果你感到表达能力不强,那就得事先多做练习。

(3)主次分明。

介绍产品除了实事求是、清晰简洁外,还要注意主次分明。不要把关于产品的所有信息都灌输给顾客,这样顾客根本无法了解到你的产品的好处和优点,那么他也不会对你的产品有兴趣了。我们在介绍产品时,应该是有重点、有主次。重要的信息,比如产品的优点、好处,可以详细阐述;对于一些产品的缺点、不利的信息我们可以简单陈述,而且这种陈述必须是有技巧地说出来。

根据FAB法则,在向客户针对性推荐产品的过程中,客服代表要善于围绕产品的特点或功能、优点、益处,并与客户的需求相结合,重点介绍产品的特点和给客户带来的好处,具体的推荐方法有以下几种:

(1)利益直观法。如:

"这项业务,可以免收手机月租费,还赠送您市话费,算算看可以帮您节省35%以上的话费。"

(2)超值比较法。如:

"根据您的消费情况,我建议您选择46元的e6套餐,其中包含固话和手机的月租费以及18块钱的市话费,还包括来显、彩铃业务。如果不办理这种套餐,您使用这么多业务大约需要80元,相当于免了固话和手机的月租费。"

(3)方案建议法。

在现在的销售说明中,销售人员应该建立一个讲解解决方案的流程模式。通常销售说明流程是按问题概括、原因诊断、聚焦剖析、解决方案来进行的。那么,每个阶段具体如何说明呢?

在问题概括部分,最好的说明方式就是和客户保持一致,重复客户的原话,如"正如您刚才在电话里谈到的……",进行概括总结,而且要条理化,如按"第一……第二……第三……"的句型说明。

在原因诊断方面,你应该展现出你个人的专业或权威感,通常可用"某某权威机构调查表明"或"根据我个人经验而言,这种现象的产生主要是由于……"等句型。

在聚焦剖析阶段,应将问题分类、深化,最后总结症状,例如"总之,您目前面临最大的问题是如何在短期内改善销售业绩不佳"。

在解决方案阶段,对于竞争对手较多的产品,可利用比较说明方法来强调自身的优势。对于一般性的产品,还是使用利益陈述FAB法来打动客户,找出隐藏在产品特征、优势背后的利益。企业客户关心的无非是你的产品能否给他提高收入、降低成本或提高效率,如果你进一步利用产品的特征和优势说明你是如何让客户的以上利益得到满足的,获得订单的几率就会大增。

(4)举例事实说明法。

利用第三方的例子进行说明,更加具有说服力。"第三方"并不仅仅指的是老客户或产品使用者,还包括权威的趋势分析报告、数据统计、等等。当出现客户怀疑你说明真实性的情况,一般可使用"感觉,觉得,后来"的说明句型。比如"陈先生,我非常理解您现在的感觉,我有个客户张先生,当他遇到这种情况时候,他一开始也是这样觉得的,后来经过一段时间的使用……"或"根据alexa权威流量统计报告显示……"等等。

如:在推荐超级无绳业务时,可以根据客户家庭情况说"假如家里的老人出门了,您打家里的电话找不到他肯定会很担心。”

(5)转换正面词汇。

在销售说明中,也要特别注意一些具有杀伤力的词汇转换,比如将“买”和“卖”换成“拥有”,将“签定合同”换为“接受服务”或“达成合作”,将“合同”换成“协议”或“表格”,将“但是”换为“同时”或“如果”,等等。这些都是销售人员都应该注意锤炼的细节。

没有经验的销售习惯从自身产品的特点、优势出发,甚至在电话里攻击竞争对手的产品,尤其是客户原有供应商的产品,这是非常大的错误。这很可能成为客户放弃当初做决定选择该产品的原因。看了上述的技巧,相信你在遇到销售说明的问题时,就不会出现漏洞百出的情况了。

四、异议处理

异议是指沟通的一方对另一方所提出的某个观点、建议、行为指令表示不认可、持反对意见或有疑问。一般来讲,尽管客服代表在探询客户需求阶段可能已经做得不错了,但还是有些客户会出于各种考虑,对你的建议提出不同的看法。

(一)客户常见异议

在电话营销中,客服代表要冷静、沉稳地辨别客户异议的真伪,才能发觉客户的需求,从而转换成销售机会。一般来说常见的客户异议有业务类拒绝和客户类拒绝。

业务类拒绝是指客户对产品的价格、功能、质量、售后服务表示异议。

客户类拒绝主要是指客户利用没时间、没兴趣、不需要、考虑一下等方式拒绝营销。

(二)客户异议产生的原因

(1)没有充分了解产品对他带来的好处;

(2)客户不知道有需要;

(3)客户希望选择最好的产品;

(4)习惯性自卫或抗拒改变现状;

(5)希望获得更多的资料或信息,帮助做出判断和正确的决定。

(三)异议处理的原则

(1)缩小异议,放大益处的原则;

(2)正面对待异议的原则;

(3)充分准备的原则;

(4)选择恰当的时机处理异议的原则;

(5)避免与客户争辩的原则;

(6)尊重客户的原则。

(四)异议处理的技巧

1. 认同+陈述+反问

这是经典的异议处理公式,比较通用。不论客户说任何反对意见,你都要先学会认同。而不要马上纠正客户,这是沟通中的忌讳。这里所说的“认同”,不是赞同客户的意见都是对的。而是一种礼貌和过渡。常用的认同语包括“那没关系”,“那很好”,“您这个问题提得很好”。

在认同之后，再说说你的答案，不同的反对意见类型有不同的处理模式。对于客户不正确的意见，你要用正确的信息进行纠正；对于客户的不相信，你要学会用第三方或权威机构出具的事实进行论证说服；

在所有的反对意见中，最多的就是不满意类了。对于不满意类别，大部分客户是看到了或感觉到了产品的不足之处，但有可能没有看到产品的优势。所以你要学会承认客户的意见，并赞美客户的专业和直接。客户心里也清楚：世界上肯定没有十全十美的产品或服务，一定是尺有所长，寸有所短的。你只要强化你的优势，并说明该优势对客户的利益，让客户不要纠缠在你的弱点上，而是在更高的高度来看待选择你们的利益。有的时候，主动暴露自己的不足反而能为你们的诚信加分。在处理不满意类别的反对意见中，经常用到的套路有很多，比如"是的……如果……"

例：我们在做办公用品配送服务时候，客户要选择长期合作供应商。

客户：你们的送货时间太长。

销售：王总，您服务条款看得真仔细，如果天气情况特殊，我们也有相应的规定……

"是的……如果……"的方法通常适合解决发生特殊情况，或超出公司能力范围之内的情况处理，例如客户对服务的投诉等。

再比如"是的……同时……"

例：客户在选择内训课程时。

客户：你们的培训价格太高了。

内训顾问：是的，王总，我们公司的价格的确比同行要高出30%。同时，为保证培训效果，需要向您说明的是，我们的内训服务项目也比一般的公司要多出一周的跟踪教练学员的服务……

"是的……同时……"的方法适合客户只看到了片面性的问题，而忽视了整体的利益。

陈述之后，并没有结束，一定要记得反问客户，以寻求客户的反馈，并确认自己所讲的部分客户有没有听懂明白，然后再根据客户的反馈进行下一步沟通。

2. 忽视法

"忽视法"，顾名思义，就是当客户提出一些反对意见，并不是真的想要获得解决或讨论时，如果这些意见和眼前的目的扯不上直接关系，您只要微笑地同意他就好了。对于一些"为反对而反对"或"只是想表现自己的看法高人一等"的客户意见，如果认真处理，反而有旁生枝节的可能。因此，只要让客户满足了表达的欲望，就可采用忽视法，迅速地引开话题。

忽视法常用的方法如："是的……不错……"，"没想到王总这么有研究"幽默地附和一下等。

客户：我平时拨打长途较多，市话费用较少，能不能把赠送的市话费转成长途费？

客服代表：您说的这个问题，我们在设计套餐时已经考虑到了。购买e6套餐以后，您就可以全天享受11808长途优惠了，所产生的市话费可以从套餐中的市话费里冲减。

3. 补偿法

出有事实依据的异议时，处理中应承认并欣然接受，强力否认事实是不智的举动。但记得要给客户一些补偿，让他取得心理的平衡。比如推荐e6套餐。

客户：我亲情号码打的很少，你们这个互打费我用不完不就吃亏了吗？

客服代表：您不用担心这个问题，我们在设计套餐的时候已经考虑了。除了互打费用，我们还免月租、赠送市话费，全天享受11808的优惠，就算您的互打费用用不完，您也不会吃亏的。

4. 太极法

提出某些不购买的异议时，客服代表能立即将客户的反对意见，直接转换成为什么他必须购买的理由。太极法能处理的异议多半是客户通常并不十分坚持的异议，特别是客户的一些借口。如推荐套餐时：

客户：协议期太长，能不能不签协议？

客服代表：您签订协议以后就成为我们的品牌客户，不仅仅在资费方面享受很多优惠，在产品和服务方面也享受贵宾待遇，何况你签协议也是为了维护您自己的权益啊，您说是吧？

5. 询问法

通过询问，把握住客户的真正异议，进行针对性处理。

客户：我再考虑考虑。

客服代表：王先生，请问是不是刚才我的解释还不够清楚？

6. 假设法

假设法对产品分析比较，帮助客户判断。

客户：11808需要长时间打才更优惠，我打长途是比较多，但每次时间都不长，对我来讲并没有享受到什么优惠。

客服代表：您可以选择“e6套餐”中的长途可选包，比如您选择每个月15块钱的长途可选包，就可以打150分钟的国内长途，如果按标准资费算的话，150分钟长话费需要45块钱，算一算这样您可以节省30块钱了。

五、及时促成

客服代表在产品推荐和异议处理后，客户表现出兴趣但犹豫不决，这时就需要客服代表运用良好的技巧，及时促成客户下决心办理业务。

常用的帮助客户促成业务办理有以下方法。

1. 利益汇总法

客服代表罗列出产品或服务两个以上对客户的好处，突出产品的附加价值，并明确建议成交。如：

“我算了一下，您家固定电话和宽带每月大概有110元的费用，您办理了e8套餐每月可以节省30%的费用，同时还可以享受无线上网和免费互联星空的服务。”

2. 旁敲侧击法

客服代表与客户达成共识后，复述共识内容，引导客户去分析，让客户做出选择，含蓄地提出成交提议。如：

“实际上您完全不用担心，您小区里已经有很多人办理了这项业务，您想要不是很优惠怎么会有这么多人办理呢，您把上个月的话费算一下，相信您就明白了。”

3. 二选一法

客服代表在接收到客户成交信号后，提供两个可选的方案，试探成交。如：“您是想办理

46 元的还是 56 元的套餐呢?”提供两种可以选择的答案给客户选择,但无论哪种选择结果都是同意合作。

“何先生,关于预交话费的事,您是想先预交半年还是预交一年呢?”

“马经理您好!从培训师时间安排来看,培训时间最好安排在这个月的 12～15 号或下个月 1～3 号,哪个时间段对您比较方便呢?”

“您希望我们的业务员在明天上午还是明天下午把货送过来?”

4. 开门见山法

客服代表在客户有明确的成交意向后,复述产品优点,直接提出成交建议。如:

“这项业务既可以帮您节省话费,还给您赠送一部宽带无线猫,不如我现在帮您办理吧,相信您一定会满意的。”

“王女士,我现在把报价单传真过去,您只需要在上面签字后,盖过章,传真给我就可以了。”

“李女士,我们这里有一份合同的样板,我先发给您看看,如果没有什么问题,就签好字、盖好章给我,好吗?”

“马经理,为了使您尽快能拿到货,我今天就帮您下订单可以吗?”

5. 适时危机法

客服代表向客户施加患得患失的压力,立场对换,隐藏成交意向。如:

“我们的优惠活动再过两天就结束了,最近我们公司不会再有类似的活动了,相信您不会错过这个机会。”

“嗯,请稍等,让我查一查我们李老师这个月的课程安排,可能他这个月的时间都安排满了,如果这样的话,我们就不得不安排到下个月了。”

“每年的三、四、五月都是我们人才市场的旺季,我不知道昨天还剩下的两个摊位是不是已经被预订完了。您稍等一下,我打个电话确认一下,稍后我给您电话。

“张先生,如果你们在 15 号之前报名的话可以享受八折优惠,今天是十四号,过了今明两天,就不再享有任何折扣了。您看,我先就帮您报名,可以吗?”

6. 来之不易法

客服代表告诉客户您所推荐的解决方案来之不易,可以恰当地赞美客户,抬高客户身份。如:

“这个优惠活动只在 5.17 电信日期间才有,您办理这项业务后,就成为了我们的品牌客户,以后再办理任何电信业务时都可以享受到优先服务。”

7. 顾问建议法

客服代表要详细了解客户的特点及需求,结合公司产品与服务,提出专业意见,为客户做出选择建议。如:

“我仔细分析过您家里话费的使用情况, 88 元这款套餐不但可以为您节省 30%的费用,还可以使您的网速提高一倍,非常适合您使用。”

8. 美好展望法

客服代表假设成交,突出客户使用后的好处,引导客户产生美好联想,鼓励客户成交。如:

“您办理了这项业务后就可以在家里炒股了，还可以及时获取最新的财经信息和专家点评，相信对您炒股一定会有帮助的。”

“白云女士，如果这套房子现在就订下来，马上交定金的话，两周以后，就可以享受这里的美好风光了，您还犹豫什么呢？”

“胡先生，现在就办理宽带接入业务，您明天就可以享受到快速网络冲浪的感觉，再也不用担心时常死机、文件丢失的情况了。您看今天下午我们就派工程师去为您安装，行吗？”

“王总，如果您马上引进我们的课程的话，贵公司的电话营销人员在参加完培训后，其电话沟通水平会上升一个台阶，公司业绩也会稳步上升。您看我们现在就把这事确定下来，怎么样？”

9. 对比成交法

把两个不同时间、不同地点、不同前提条件下的合作方式同时列举出来，进行对比，最后选择一个对对方更加有利的条件进行促成。

“某某经理，我们这次公开课收费标准是这样的：在本月15号之前，并同时有超过5人一起报名的可以享受8折优惠，即每人只需1600元。15号之后报名没有优惠，即每人2000元。今天是13号，您现在就报名的话，还可以享受优惠。请问贵公司派几位过来，我马上就给您登记。”

“这段时间正值五一劳动节，我们公司推出了一系列优惠活动，您刚才看中的这几件上衣，在平时都得要好几百元，您看现在只要不到100元，就可以买到了，您看要几件呢？”

10. 典型故事成交法

在促成之前，先讲个故事，在故事结尾时，巧妙进行促成。日本保险业有一个叫柴田和子的家庭主妇，从1978年第一次登上日本保险业“冠军”后，连续16年蝉联“日本第一”。她之所以能取得如此好的业绩，与她会讲故事的本领分不开。针对父母在给孩子买保险时，总是犹豫不决的情况，她总会讲一个“输血”的故事：

“有一个爸爸，有一次架车到海边去渡假，回家的时候，不幸发生了车祸。当这个爸爸被送往医院进行急救时，却一时找不到相同型号的血液，这时，爸爸的儿子勇敢地站出来，将自己的血液输给了爸爸。”

“过了大约一个小时，爸爸醒了，儿子却心事重重。旁边的人都问那个儿子为什么不开心，儿子却小声地说：‘我什么时候会死。’原来，儿子在输血前以为一个人如果将血输出去，自己就会死掉，他在作决定前已经想好了用自己的生命来换取爸爸的生命。”

“您看，做儿子的可以为了我们做父母的牺牲自己的生命，难道我们做父母的为了儿子的将来买一份保险，您都还要犹豫吗？”

六、有效跟进

在电话销售中，客服代表最终取得的结果无外乎两种：成功与不成功。在电话营销中，不是每个电话都能成功，很多客户在做任何一个决策时，一般都比较慎重，在他们还没有对客服代表及其销售的产品有深入了解和信任之前，他们基本上会处于一种观望状态。这就需要客服代表通过多次对客户进行电话跟进，解除他们的疑虑，达到最终营销成功的目的。

(一)有效记录营销信息

客服代表在一通电话销售完成后，不管成功与否，都要详细记录营销结果、客户反馈的信息等资料，同时可以根据需要主动收集客户相关信息存档。

(二)确定需要跟踪的对象

一般来说，需要跟进的客户主要有：

(1)客户需要思考后再决定是否办理，客服代表最好能进行预约；

(2)客户持怀疑态度；

(3)客户不能单独作主，需协商；

(4)客户适合其他产品。

(三)有效跟进的方法

客服代表主要采取关怀式跟进方法，客服代表在拨打跟进电话时，一定要让客户感觉到客服代表是在关心他、帮助他。因此，客服代表一定要找到一些恰当的理由，如通过预约、关怀、新产品促销活动的介绍等，然后就以这个理由作为跟进电话的切入点，自然地与客户展开跟进营销。

在对客户进行跟进时，要注意跟进的频次，不要太急于求成，有时甚至需要做一些"冷处理"，在一两天内不要有任何动作，多给对方一些时间思考和作决策。如果像蚂蝗一样，牢牢地粘住对方，一天几个电话不停地骚扰，最后会惹烦了客户，完全断绝了营销的机会。

另外对于已经办理了业务的客户，我们也需要不定时地跟进关怀，因为这类客户如果跟进得当，他们有可能会带来更多的业务。

情景案例分析：朋友想帮他父母家里安装一个宽带，需要网速快的，因为他儿子在国外，他父母想通过视频看孙子，刚好晚上 8 点的时候电信 10000 号主动营销的电话拨打过来。

10000 号营销代表：您好，请问您这是张静宜先生家吗？

朋友：对，我就是，你是哪位？

10000 号营销代表：张先生，您好！我是中国电信 10000 号客服代表，工号 9428，今天打电话给您，是想问一下您目前的宽带使用情况和向您推荐目前的宽带套餐优惠。请问现在和您沟通方便吗？

朋友：好的，没问题，谢谢你。

10000 号营销代表：不客气，那请问您目前使用宽带有没有遇到不能正常上网或者别的什么问题吗？

朋友：挺好的，暂时还没有遇到问题，电信的宽带还是蛮不错的。

10000 号营销代表：好的，谢谢您的支持。现在中国电信推出三款 e8 套餐，速率分别为 1M、2M、3M 的，而且有很大的优惠政策，就是您办理了三款中的任意一款，可以免费赠送您固定电话月租、电话七彩铃音以及来电显示功能，不知道您有没有兴趣了解一下呢？

朋友：我想问一下 3M 的业务，需要速率最快的。

10000 号营销代表：张先生，冒昧地问一下，我们现在很多客户都是使用 1M 或者 2M 的宽带业务，为什么您选择 3M 的呢，是工作需要吗？

朋友：我帮我父母申请办的，费用是我出，因为我儿子在国外，我的父母年纪大了，想通过视频看孙子，也不方便亲自去国外。

10000号营销代表：您真的很孝顺(很真诚的语气)，我要向您学习，上月父亲过生日我都忘了。那我把3M的e8套餐业务详细跟您说一下吧。(业务推荐省略)

朋友：好的，谢谢你！我怎么办理呢？

10000号营销代表：您先在我们10000号申请，我这时候可以帮您把相关信息登记，然后您12小时后打电话给我们这边确认，您到时候就可以带上相关费用到营业厅办理，另外得要提醒您带上您的身份证。

朋友：你很细心，谢谢！

整个过程很轻松，因为朋友也确实非常需要办理一个3M的宽带业务，同时10000号营销代表在关键的环节关注了客户的使用情况，让客户感觉到被关注被尊重，而且适当的赞扬和细节的关注帮助10000号营销代表轻松成交。10000号呼出主动营销就是需要关注这些细小的环节，差异化服务营销就是体现在细节上。10000号的差异化营销体现更多的是声音，所以有感染力的语气和细节的关注必将会提高客户的感知，让客户心甘情愿地为自己的消费买单。

项目三　客户回访与关怀

第一节　电话回访的基本知识

电话回访是呼叫中心座席代表的工作职责之一，也是企业市场竞争，树立企业市场地位和形象的手段。一套有效的电话回访运作流程，是企业呼叫中心系统实现利润的基础。

回访是服务监督和客户信息收集的部门，在调研客户满意度、吸收客户建议的同时，亦可掌握竞争对手的动态，最后形成多整个市场的把握和决策依据。企业建立多级客户回访机制，充分发挥回访作用(主要是电话回访)，了解客户需求，优化呼叫中心的运作流程，最终实现客户满意度的提升、品牌忠诚度的提升。

一、电话回访的工作职责和人员分配

电话回访是利用电话、传真等通信技术，公司的呼叫中心向致电过或者购买过公司相关产品服务的客户回复电话，以解决或了解具体问题的答复情况。

电话回访座席专员定位于客户满意度调查，客户建议和竞争对手信息的收集，客户问题的统计和反馈。

电话回访座席班长定位于回访客户信息的整理收集、统计、分析和汇报，回访管理和流程的优化及客户认知的测评。

二、回访工作的技巧

企业拥有自己的呼叫中心系统，可以让闲置(时间段闲置或人力资源闲置)的座席代表进行针对客户的电话回访工作。电话回访是回访的一种，也是主要内容。针对无法实现电话回访的客户可以通过邮件或短信的形式进行回访。具体电话回访工作要点和技巧如下：

(一)确定回访目的与内容

回访目的主要包括如下几点：

(1)通过客户回访能够准确掌握每一个客户的基本情况和动态；

(2)在对客户有详实了解的基础上，有针对性地对不同客户进行不同方法的维系与跟踪回访；

(3)了解客户需求，便于为客户提供更多、更优质的增值服务；

(4)发现自身存在的不足，及时改进提高；

(5)提高客户满意度。

有针对性的回访工作是建立在有针对性内容的基础上的。回访可分二次销售回访(带有营销性质的)和慰问性回访两种内容。不是所有的客户都需要二次销售。慰问性回访也需建立多级机制。针对 VIP 客户，普通客户等不同的登记客户应该制定不同的回访方案。

有很多企业电话回访的目的只是向客户赠送些小礼品。赠送礼品是建立客户关系的有效手段，但不是电话回访的主要内容。在有礼品赠送的前提下，客户相比来说更愿意多花点时间来配合你的调研需求问答。

(二)确定回访时间

回访时间的把握同电话营销时间的把握基本一样。但慰问性电话回访相比电话营销来说，对客户而言，要亲切得多。出现被拒绝的概率少。但是总不可能在客户休息或者繁忙的时候回访电话过去，让他再花时间，花精力来应对你的各种回访调查问卷吧。

(三)电话回访专员的培训和安排

以每日完成 80 回访量，每次话长控制在 1.5 分钟之内，每通问卷六个问题计算，每日 9 点到 9 点 20 分为回访组内部会议时间，由回访组长组织召开，分析工作得失及分享工作经验。每日 9 点 30 分到 11 点 30 分为正式外呼时间，中间所有休息时间暂定半个小时之内。每日下午 13 点到 13 点 20 分之间为下午时段组内会议或讨论时间，用于组内工作完成情况通报及员工情绪干扰，由组长组织召开。每日 13 点 30 分到 16 点 30 分为正式外呼时间，中间所有休息时间暂定 45 分钟之内。16 点 30 到 17 点问题统计和提交时间，及后续待解决问题追踪时间。

(四)回访信息的收集和知识库的建立

电话回访势必会带来不同程度，不同性质的信息。大量的信息应该及时进行处理，总结和剔除无用的信息。电话回访中得到的新的问题和知识点应及时备录在案。

(五)回访工作的考核

不应将回访工作看成简单的事务性工作。回访工作也应纳入座席绩效考核。优秀的电话回访不仅留给客户企业良好的形象，也能为企业带来良好的口碑以及二次销售的可能。

三、成功电话回访的步骤技巧

1. 电话回访的流程

包括：充分准备——寒暄致意——自我介绍——说明意图——具体说明——事后沟通。

第一步：结构合理精心编排的问卷是成功回访的第一步。当你拿起电话打算打给顾客做回访调查时，你是否已经想好了你要问对方的问题？你是否已经设计好何时用开放式问题？如果这些都没有事先准备好，那么这将是一次糟糕沟通的开始。

第二步：要有针对性地选择回访时间，不要在顾客繁忙或休息的时候去回访。可否想象，凌晨三点，你睡眼惺忪地接起电话，一个甜美的女声告诉你要对你昨天买的某个产品进行满意度回访，那时的你，是什么样的心情，可能再甜美的声音也冲不熄你心中被人打扰的怒火。那时的你，会配合调查吗？同样的，对于背景调查来说，你选择的沟通时间合适吗？你是否选择了比较繁忙的工作时段去做背景调查？你是否已经模拟过对方回答你的问题需要耽搁多长的时间？一般来说，上午的11点到12点的时间段，下午4点后的时间段，都是接近下班的时候，大多数人员会在那个时段把手上紧张的工作稍稍放松一点，那时进行顾客回访，不配合的人员比较少。

第三步：礼貌和甜美的语声是打动客户听下去的动力。对于电话另一头的人来说，你的语音是标识你修养与素质的唯一名片，拿起话筒前要先调节好自己的情绪，电话这头微笑着的你，对方是可以通过声音感受到的。注意礼貌的问候、语气和节奏的掌控，避免给别人一种冷冰冰、公事公办的态度，要知道，对方无论选择告不告诉你答案，对他来说，无半点损失。结束时，不妨加上一条祝福语，让对方感受到你获得帮助时的愉悦之情，这样，你们两个，当天都会有一个好心情。

2. 电话回访333的服务模式

333的服务模式：与顾客进行着短期、中期、长期的跟踪交流与沟通，

第一、顾客买走产品后的第三天要电话回访一下。回访目的：了解顾客初步使用感受，鼓励继续使用。询问时主要了解产品使用时的初感，例如："芦荟纳米金补水润白凝露"，感觉这款化妆水是否好吸收？洁肤后使用此产品3～5分钟后肌肤是不是觉得不紧绷了，摸上去明显感觉很滋润？其它的产品，如洁面乳的泡沫是否丰富细腻？清洁度如何？并根据顾客的使用方法给予正确的指导，告知继续使用后肌肤的改变，增加继续使用的信心及欲望。通过这一次的回访，可以判断这款产品是否适合顾客的皮肤，减少顾客因过敏后还继续使用，给肌肤带来更大的伤害，或因使用方法不当而影响产品的效果。

第二、三周后再做一下售后跟踪，了解产品初期效果。如：肌肤干燥问题，脱皮现象得到缓解了？摸起来没以前那么粗糙了吧？如美白产品：肤色有没有提亮？解答顾客的疑问，提出合理的建议，并根据顾客购买记录适当推出辅助助效产品，让顾客搭配使用。如果顾客使用产品并没有达到理想的效果，可以帮顾客分析原因，例如饮食习惯，生活规律，或着是护肤的流程是否有误。通过3个星期后的回访减少顾客因产品没有达到预期效果而流失现象。如使用感觉良好的顾客可告知一些活动信息，增加购买频率。

第三、三月之后就要做销售再跟进，因为一般情况之下，顾客购买的产品会在三个月后用完，及时地跟进，能促成顾客的再次购买。可以给顾客续量，或是主推其他产品。

回访的时间，除上述说到的"上午的11点到12点的时间段，下午4点后的时间段"，我们也可以安排在每期活动之前，让顾客了解最新的促销活动。

开头语：您好，请问是××小姐吗？我是LotionSPA专柜的美容顾问，（而不是说我是××导购。让顾客觉得你很专业）。不好意思占用您两分钟的时间，想对你使用我们产品后的感受做一下回访。

结束语：很高兴您能抽出宝贵的时间接受我们的回访，为了答谢您，在您方便的时候可以到××店领取一份礼品/或是新品的体验装。让顾客感到我们给她打电话能给她们带来好处，并期待我们的下一次回访。

3. 客户回访过程中的注意事项

与客户进行回访时，我们要注意以下方面：

(1)首先要调整好情绪，声音听上去应该尽可能友好、自然，以便能很快取得顾客的信任，客户便能和你坦率地说话。

(2)顾客一般不会觉得自己的认识有什么大问题，因此应使用推荐的介绍，进行正面引导、提醒，让他们感受到公司的专业性。

(3)要给那些没有准备的顾客时间，以便他们能记起细节。说话不应太快，不应给顾客留下“你正匆匆忙忙”的印象。

(4)一定要让顾客把要说的话说完，不要打断他。对他说的话作简要而又清楚的记录。不说批评的话语，对客户的评述与表扬也作记录。

(5)如果顾客抱怨的话，不要找借口。只要对顾客解释说：你已经记下了他的话；如果顾客乐意的话，要确保我们的顾问会再打电话给他。客户有的问题解决后要在第一时间里及时回访客户，告知处理结果，表示对问题的重视。

在回访客户的过程中有的时候并不是很顺利，有的客户态度不是很好，不耐烦，有的甚至出言不逊，也有一些客户出于对专业知识并不是十分了解，有些质疑，造成了对我们工作的不理解，我们做为回访人员仍要耐心倾听，要做最好的听众。发生客户投诉的时候，因为是程序或是服务出现了问题，所以客户的情绪十分激动，我们都要给予理解，同时我们既要站在客户的角度上考虑问题，又要维护自己的合法权益，所以有的时候处理一些问题时客户的不理解会造成工作上的一些困难。

通过接收客户提出的意见投诉、合理化建议，做到信息及时向相关部门反馈、改进，加强内部合作意识，加强对客户重视程度。

第二节　大客户回访

回访呼叫中心的工作是要发现问题、提出并协助内部积极解决。往往我们都是针对的个人客户或是小客户，但对于大客户要怎么办呢？或者说对于大客户，我们的呼叫中心该如何发挥作用呢？

一、大客户的定义

从目前呼叫中心应用的领域来看，主要涉及到金融类、通讯类、预约订购服务类、零售业服务类等。各自对大客户的定义都不同，有的关注消费金额（长期或短期）、有的关注客户背景、有的关注业务链价值、有的关注预期产值等，也就是所说的经济大客户、重要大客户、集团客户与战略客户。不过万变不离其宗，为企业利润做出80%贡献的那20%的客户就是我们的大客户了。

二、建立大客户回访品牌

犹如方正科技开展的“春风行动”一样，每个针对大客户的回访工作都可以做成品牌化，当然称呼只是其中的一个方面，关键是要充分显示出企业对大客户的关怀点和关注度，便于客户及时获得感知度，从而以服务促营销。

三、制定大客户回访内容

依据大客户回访品牌，首先可以依据公司提供的服务或产品确定内容范畴，当然同一回访品牌每期的内容可以不同，但是切忌同样的内容却分时期冠以不同的名字。依据上面提及的客户分类，大概的回访内容如下。

（一）金融类

(1)信用卡大客户：信用额度、使用方式、特色服务、合作服务、还款服务、增值服务等。

(2)银行大客户：服务及时性、满意度、服务种类、特色服务、增值服务等。

(3)基金大客户：股市动态的掌握、交易的辅助工作、信息的及时性、竞争对手信息等。

(4)保险大客户：客户需求、服务满意度、依险种而进行的关怀、竞争对手信息等。

（二）通讯类

(1)通讯服务大客户：服务及时性、满意度、特色服务、竞争对手信息、增值服务等。

(2)通讯器材大客户：操作便捷性、产品适用度、特色需求、特殊意义、增值服务等。

（三）预约订购服务类

(1)酒店票务大客户：信息准确性、服务满意度、个性化需求、商旅业务整合需求等。

(2)度假产品大客户：度假舒适度、个性化需求、竞争对手信息、引介内容等。

(3)商旅管理大客户：服务满意度、数字化需求、预测性干预需求、个性化需求等。

（四）零售业服务类

(1)快速消费品大客户：品牌忠诚度、产品视觉效果、产品推广适度性、个性化需求等。

(2)用消费品大客户：客户购买决策、产品性价比、售后服务完善度、产品忠诚度等。

(3)电子产品大客户：客户个性化需求、品牌忠诚度、解决方案调研、形象推广适度性等。

四、选择大客户回访方式

呼叫中心，我们依赖的就是电话，但是对于大客户，我们不仅仅依靠电话礼仪，我们更需要传统的面对面的打交道，因此建议成立专门的大客户回访呼叫中心小组，对于大客户的回访建议采用“面对面相识、电话相知、结合相互信赖”的形式，多种方式和手段同步运用，配合达到最佳效果。

一定在大客户成交后，抽时间登门拜访一次，时间不长，一是表达感谢，然后顺便作一下书面或口头的调研，当然主要的目的是依托客户忠诚度的建立从而发掘潜在的消费增长点。切实依据大客户的有效时间，在某一阶段或特殊环节的情况下及时通过电话给予关怀服务，这个时间间隔的设计尤为关键，既不要让客户厌倦也不能在出了事情之后才想到客户的存在，当然每次联系对于我们来说也是要获益的，依据设定的回访内容将会得到丰厚的回报。

五、制定大客户回访呼叫中心计划

上面根据回访呼叫中心也谈了一些设想，具体的计划要依据客户类别、客户信息、客户感知度制定，主要计划对应的形式、内容、预期效果及时间。例如：寿险由于多数是面对面成交，因此大客户的回访工作自然面对面形式更多，但是在此基础上面，寿险行业可以利用节假日或通过答谢会的形式，邀请大客户及大客户的亲朋好友一并参与，除感谢客户外，借助现场的气氛和效果对客户展开新一轮的营销工作。

耐用消费品不一样，回访专员与客户完全陌生，所以第一步要培养客户的感情，登门拜访、检修授艺等作为切入，在树立客户的忠诚度的过程中逐步调研相关发展需求。

银行和基金类别的大客户，首先要理解大客户的需求，虽然大客户的维护工作是回访的目的之一，但是不能把回访组和客户维系专员融为一谈，回访更重要的是信息的采集和发展点的分析。因此大客户的回访工作主要是依托电话形式的沟通，及时、主动地提供给客户所关注的信息时获得反馈内容。

呼叫中心回访中的大客户回访是客户回访工作的一个重点，而并不是全部，主要是由于大客户的价值最高，所以我们更要精心准备这份客户乐意答复的“问卷”。回到一句老话上来：价值最终还是客户创造的。因此，在呼叫中心中，人是中心，回访是方式，见面和电话都是媒介，而客户感知才是最重要的。

呼叫中心回访以电话为主，再辅以邮件、短信等措施。对无法实现电话回访的客户，座席可以通过邮件或短信来让客户获得服务信息。申请和启用客户回访专用邮箱和专用短信平台，将客户回访结果分值量化，将客户满意度分值与客户服务专员或落地服务专员实际工资体系挂钩，可有效提高呼叫中心的电话回访效果。

此外，通过多渠道客户回访的办法来提高客户回访比例来优化客户回访工作平台，可获得最多数的客户反馈，从而利于量化统计资料，更精准地发现潜在的问题。

回访方法改变了，回访方式也应该随之发生变化。回访平台可在客户投保后发送感谢信及客户满意度调研资料到客户的有效邮箱，并对未回复的客户进行电话回访。

在电话回访失败的情况下，可先告知客户邮件回访，其次告知客户短信回访，在征得客户同意的情况下有针对性地进行客户回访。

第三节　客户保持与关怀

一、客户保持

（一）客户保持的目的

应对激烈的市场竞争，识别将要流失的客户，推荐更合适的产品，对客户进行个性化关怀，最终达到吸引客户、留住客户的目的。

收集欲离网客户的信息，为市场策划提供更为合理、个性化的营销方案，满足不同层次客户的要求。

使客户能重新获得被重视感，提供人性化服务，从而提高客户感知度。留住老客户比开发新客户更为经济有效，通过客户保持工作能稳定客户群，减少客户流失量。

（二）客户保持的对象

在通信行业，经常出现因为现有产品不能满足客户某些个性化需求，提出离网或取消了产品的客户。例如：客户因为互联网上的不良信息影响子女学习而要求离网，因为绿色上网的功能不能满足需求而要求取消绿色上网功能等。

因为不满足于服务而提出离网或取消子产品的客户。例如因为宽带修障超过 24 小时而要求离网，或因为下载七彩铃音歌曲步骤繁琐而要求取消七彩铃音功能等。

因客观原因导致对通信的需求变更，提出减少部分子产品或要求离网的客户。例如客户因为搬家要求拆除固话，因为购买了移动电话而要求降低原保底消费套餐标准等。

因为竞争原因，认为其他运营商提供的同类产品性能更优、服务更好或价格更低廉，而要求离网或取消子产品的客户。例如其他运营商提供附带免费互联网影院的宽带接入、提供 IP 接入特低折扣或提供免月租并保底消费的固话等，导致客户选择离网或取消子产品。

(三)客户保持的方法

1. 针对需求不满足类

(1)认真分析客户需求，提出能够满足客户需求的解决方案。

例如，当家长担心网上不健康信息会影响小孩，要求拆除宽带时，我们可以这样挽留客户：

您好，感谢您对中国电信的支持和信任。小孩子通过上网能够学到很多知识，当然，网上确实存在不健康的信息，但您不用担心，我向您推荐我公司新推出的“绿色上网”业务，通过“绿色上网”的专用帐号、密码上网，就能屏蔽不良信息的进入，另外，还能对孩子的上网时间进行有效控制。目前“绿色上网”业务正处在推广阶段，资费也非常实惠，只需 10 元一个月，你可以先体验一下？

(2)确实没有合适的解决方案的，应从技术原因和性价比角度，以通信专家身份说服客户降低高于实际的需求。

例如，当客户觉得手机信号太差，要求拆除时，我们可以这样挽留客户：

感谢您为我们提出的意见，以便于我们及时了解不足。应该说您使用的区域都在信号覆盖范围之内，但由于手机绿色环保的特点，信号辐射远小于移动电话，相对来讲对环境比较敏感，可能给您带来不便。能像手机那样随身携带、发短信、有彩铃，信号辐射却远低于手机，这样的绿色环保产品，资费又这么便宜，不用多可惜呀？

(3)客户不接受降低需求时，可以尽量提供辅助方案弥补需求差距并通过增强产品的其他卖点促使客户减弱需求。

例如，当客户觉得手机信号质量不能满足需求并且不认为绿色环保很重要，要求拆除时，我们可以这样挽留客户：

您好，感谢您为我们提出的意见。针对类似您遇到的情况，我们新推出了灵通秘书功能，开通后可以将无信号时的来电以短信的形式或未接来电形式在有信号时通知您，并且附带提供了来电秘书、语音信箱、主叫黑名单、语音记事贴等贴心功能。另外，我们建议您加入“我的 e 家”，选择 A6 套餐就可以享受……(介绍优惠)。这样一来您既不会丢失来电，又能享受到远低于移动电话的资费，多划算啊。我们现在就为您办理好吗？

2. 针对服务不满足类

(1)如果客户对服务要求过高，则说服客户适当降低服务要求并帮助客户解决实际困难。

例如，某客户宽带故障超过 12 小时仍未修复，对我们的宽带故障修复“一般在 8 小时内修复，最长不超过 24 小时”的服务标准不满，要求承诺 2 小时修复，否则就要拆除时，我们可以这样挽留客户：

您好，感谢您为我们提出的意见。我们理解您的心情，刚才已经联系了我们的高级技术专家尽快上门为您修理。我们对外公布的承诺是我们提供服务的底线标准，事实上从我们内部统计数据看，绝大多数的故障都是在 2 小时以内修复的，只有不到 10%的故障修复因为各种客观原因超过8小时。我们正在努力进一步提高服务标准。这是我的名片，以后遇到类似问题欢迎您随时联系我。

(2)如果客户服务要求合理，因企业原因未提供，则按企业规定给予补偿并提供优质服务，解决因不当服务带来的影响。

例如，当客户抱怨固话多次报障、多次修理但长期没有修复可用，要求拆除时，我们可以这样挽留客户：

很抱歉因为我们的原因给您带来不便，这里给您临时准备了一只和您的固话同号的手机以保证您的通信，下午我们的高级专家组会到您那里会诊，尽可能一次性完全修复。刚才我请示了领导，决定免除您这个月的月租费并补偿您一张50元的电话卡。这是我的名片，欢迎您随时联系我。

3. 针对需求降低或消失类

(1)提供新的可以满足客户当前需求的产品服务。

例如，当用户搬迁，要求拆除固话时我们可以这样挽留客户：

您好，您如果是房屋搬迁，我建议您选择"移机"。目前我们正在开展免费移机的优惠活动，您看，新装一部电话还要108元，您办理移机可以为您节省50元，而且您仍可以保留老号码。如果装了新电话，还得一个个通知亲戚朋友！现在我们移机的速度也很快，只要几天时间就够了。那我这就为您办理移机，好吗？

(2)挖掘客户需求变更带来的新的需求，做好向上营销。

例如，当客户购买使用手机后，认为不再需要固话，要求拆除时，我们可以这样挽留客户：

您好，首先对您多年来对我公司的支持和信任表示感谢，电话和手机都是我们公司的产品，应该说各有所长吧。固话线路固定、信号稳定，手机也是绿色通信，携带方便，现在很多人都在两者上开通呼叫转移功能，以不错过来电接听。而且我们现在推出星级家庭的优惠活动，您目前拥有了电话和手机，已经符合加入"我的e家"标准，如果您需要安装宽带，还可以获赠100元的缴费卡，另外您还可以享受几项优惠业务和服务，比如5M的邮箱、电子点歌、手机换壳等。我现在就帮您申请吧？

(3)客户需求消失且无合适产品推荐时，应重视客户关系的维护。

例如，当客户搬迁到外地，要求拆除本地所有产品时，我们可以这样说：

您好，非常感谢您长期以来对我们的支持，也很遗憾不能再为您提供服务了。以后您和您的亲友在本地如果有什么通信服务需要，可以随时拨打10000号与我们联系。

4. 竞争影响

(1)客户认为其他运营商提供的服务更好时，应运用同理心，在认可客户感知的前提下，引导客户认同我们的品牌和服务能力。

例如，当用户认为其他运营商提供的服务更好，要求拆除固话时，我们可以这样挽留客户：

您好，首先对您多年来对我公司的支持和信任表示感谢。您能告诉我为什么要取消电话？如果是我们服务上有需要改进的地方，请您多提宝贵意见。中国电信一贯的服务理念就是"用户至上、用心服务"，在几十年的经营过程中，我们积累了丰富的技术经验和管理经验，才能够为如此大规模的客户群提供高于承诺标准的服务。针对您提到的问题，我们会尽快查明原因并给您满意的答复。

(2)客户认为其他运营商提供的产品资费更低时，应通过细致专业的对比，强调电信优质服务和优质产品的隐含价值，向客户推荐资费接近的套餐。

例如，当用户由于其他运营商资费便宜要求拆除固话时，我们可以这样挽留客户：

目前我们电信也提供了许多优惠套餐，我帮您看了一下，你每个月的话费都不多，以您的情况可以选择“我的e家”A6套餐，(介绍套餐优惠)，而且您的号码也用熟了，如果换了电话号码，还得一个个去通知，这样也要浪费不少精力呢。我现在为您办理优惠套餐，好吗？

二、客户关怀

客户关怀是客户维护的重要方面。客户关怀管理真正体现了“以客户为中心”的现代经营理念，贯穿了市场营销的所有环节，也是增强客户满意度与忠诚度、实现可持续发展的基本要求。随着竞争的日益激烈，企业依靠基本的售后服务已经不能满足客户的需要，必须提供主动的、超值的、让客户感动的服务才能赢得客户信任。现代呼叫中心已经成为众多企业客户关怀管理的重要工具，通过建立并管理客户服务信息资源，呼叫中心可以利用网站、电话、短信等多种手段进行客户关怀。

(一)短信关怀

呼叫中心收集客户使用情况的数据，在特定的节假日、天气变化情况、客户生日发送短信祝福，力求产品和客户之间建立、保持和发展一种长期、良好的氛围，增强客户对产品服务的满意度。例如，中秋节：“让最圆的明月陪伴你和我，让明月传达我的心愿与祝福……母婴乐园祝您中秋佳节快乐，月圆人圆事事圆满！”大寒：“过了大寒，又是一年；新的一年，钞票大赚；健康身体，开心笑颜；烦恼不找，幸福无边；好事不断，福运连连；朋友牵挂。母婴乐园提醒您，大寒将至，注意保暖。”还可以结合当地本地一些新闻热点甚至针对客户的年龄、性别、职业等更有针对性地发送关怀短信。如：“国家旅游局局长邵琪伟在12日举行的第三届海峡论坛上宣布，大陆居民赴台个人游第一批试点城市为北京、上海及厦门，将于6月28日正式启动。垂涎已久的宝岛美食美景，你们准备好了吗？母婴乐园随时随刻为您提供最新的生活资讯。”

(二)主动电话关怀

主动电话关怀指企业充分利用呼叫中心数据库信息，挖掘潜在客户。企业通过电话主动拜访客户和推荐满足客户要求的产品，以达到充分了解客户、充分为客户着想的服务理念，同时也提高销售机会。

主动电话营销必须注意的主要问题是要有针对性。通过其他渠道精心挑选客户，针对不同客户的具体情况推荐可能符合其需要的产品与服务，不能千篇一律同一种内容。同时，如果客户有回应，可能接电话的不是你，这就要求企业各部门协同工作。当你联系的客户把电话打到其他部门时，这个部门不应该说不知道，或做出与你不同的解释。例如：中华轿车客户关怀中心总部设在上海，与其他多数客户服务中心相比，该中心最大的特点是提供多种服务，例如投诉回访、汽车保养提醒、用户专项调查等。这些服务使华晨金怀能够主动、及时地与客户进行沟通，了解消费者的最新需求，真正做到对中华轿车用户的“关怀”。该中心提供的其他服务还包括客户热线、专家咨询、产销问答、紧急求助等几大板块，向用户提供产品服务投诉、技术指导、产销信息、紧急订货、救护报警处理、快速救援小组等数十项服务。以快速救援为例，一旦用户的中华轿车出现问题，可拨打服务电话，中心在确认用户位置后立即与距该车最近的服务站直接联系，使用户可以在最短时间内得到救助。这一服务可覆盖全国30个省、自治区、直辖市的60多个城市，并且还将继续增加。该中心采用了Nortel CTI平台，是国内目前设备最先进的呼叫中心之一。从规模上来讲，该中心属于国内汽车行业中规模最大的客户关怀中心，全天24小时为客户提供服务，设计能力可以同时满足50万中华车主的服务需求。中心将突破传统的服务模式，把网络、电话、现场以及分销商等多中服务整合到统一的客户平台，使客户无论在何时、何地、以何种方式都能感受到厂商的贴心服务。

通过电话回访客户与客户深入沟通，倾听客户的意见，随时关注客户的新需求，挖掘客户更多更深层的功能，为客户提供更多更新的功能，保持长久有好、激励的氛围。电话作为一种传播工具，在向客户传播我们的一些信息。做电话关怀的时候，不注意方式方法，起不到好的效果，反而会让客户产生反感，一定要找到好的切入点。如：母婴乐园的核心是“健康”，我们就可以根据最新的健康咨询，或者客户本身的一些健康问题展开，这样电话关怀的效率就达到最大化了。

通过呼叫中心制定、执行客户关怀计划，反映企业对客户的关怀情况，了解客户对产品的反馈意见，并对客户的反馈意见进行处理，降低客户的退订率。同时借助关怀活动，对用户使用的活跃度，增进客户关系，为业务的开展提供一个良性平台。

【案例】

长沙电信电话营销成功率直线攀升

10月8日开始正式运作的“长沙电信呼叫中心”，拥有120个电话营销座席、140名电话营销代办人员，采用国际最先进的数据库精确营销理念和方法，充分利用数据仓库和数据挖掘技术精确营销，接触成功率和营销成功率直线攀升。1月25日，记者在采访中获悉，目前，该呼叫中心已成为中国电信规模最大、发展最成功的本地网呼叫中心之一。

最理想的营销方式是快速地寻找到目标客户群体，在最适当的时间以最适当的方式向客户推荐最适当的产品。为准确掌握客户的消费特征，从而对症下药地引导客户需求，长沙电信呼叫中心精确营销联合项目团队对客户群进行多维度的数据分析，并建立决策树预测模型，制定出针对各个用户群不同的营销策略和营销脚本，同时采取了主动改进、循序渐进、教育与培训并重、因材施教、典型引路、薪酬激励等八大策略，保障了电话营销工作的持续有效发展。

长沙市某私企老板海哥没想到自己会与长沙电信呼叫中心结下不解之缘，记得是去年10月的一个号码为10000的电话，一名电话营销员甜美、真诚的声音，让他欣然接受了畅聊市话套餐和无忧长话业务，他也由此感受到了长沙电信电话营销这一新兴渠道的方便与快捷。他说，电话营销作为一种全新的营销方式，能使客户获得比传统营销更大的选择自由，不但节省了交易时间与交易成本，方便了客户，而且节约了企业成本，如果今后自己的生意扩大，也要尝试这种营销方式。

140名“第一个吃螃蟹”的电话营销员也收获颇丰，他们由几个月前的“不敢、不想、不能、不会”转变为“不怕、不躲、不慌、不愁”，从“希望电话没有人接”到“生怕电话没有人接”，从“害怕客户的拒绝、谩骂”到“在智慧、技巧营销中获得快乐”，他们开始渴望成为营销高手。当电话营销员新年第一天收到的第一个祝福竟然是来自客户，当客户把家里以及亲朋总共20多个号码全部报给电话营销员办理“你想计划”，当帮助客户预交电话费获得发自内心的感谢……他们从这份工作中感受到了自身价值以及电话营销的美好前景，他们说要让自己这代表中国电信的声音响彻星城上空，传遍千家万户。

讨论:1. 长沙电信呼叫中心电话营销成功率直线攀升的原因有哪些?

2. 你从本案例中的电话营销员可以学到哪些?

企业案例展示

表 3-2

案例类别	电话回访
案例名称	回访是提升客户满意度的有效途径
背景资料	2012年,某电信公司为提高社区经理服务质量,加大了对装移机、故障申告、回访考核的力度。10000号服务热线针对回访范围、数量以及回访数据运用等方面进行了相应的调整。
正文 (情景描述)	2012年12月17日11时,涪陵廖先生申请的座机(号码:72089856)刚安装完毕,清晰的电话铃声就欢快地响起来。廖先生十分惊喜:才接通电话,谁就知道这个电话号码呢? “您好！请问是廖先生家吗?这里是重庆电信10000号服务热线,请允许我利用您一点时间征求一下您对装机服务的意见。安装人员是按照预约时间上门吗?” “对！他身穿整洁的工作服,先将工号牌拿给我看,然后穿上鞋套,就进屋干活了,连开水都顾不上喝一口。” “您对他安装操作印象如何?” “不错。工作很熟练。安装好后,还将地面打扫干净了。” “你感到满意吗?” “满意!” “谢谢！今后你有什么需要欢迎你拨打10000号服务热线。”
研讨要点	如何充分发挥电子渠道的优势,通过回访加强对社区经理的考核,同时不失时机地延伸电信服务。
点评分析	解决客户装移机和故障申告,除了及时提供规范的服务外,对服务之后客户的感知也必须继以及时的回访。 通过回访,与客户沟通,可以了解客户对装移机效率的评价,从而找出需要改进的地方,变事后补救为事前管控,有利于进一步完善社区经理服务管理机制。而客户在接受回访的过程中,亲身获得良好的电信服务体验。即使在社区经理服务中客户产生不满的情绪,也会因此而化解,化不利因素为有利因素,自然产生享受电信服务的需求。这个案例只是回访的一个极为普通的镜头,但它反映了电信社区服务的比较优势。 据统计,2010年5月以来,浙江电信10000号服务热线受理的客户不满意事件逐月下降,这说明加大对装移机、故障申告回访考核力度之后成效明显。从这个意义上讲,回访不失为提升客户满意度的有效途径。

模块四　量化团队管理

项目一　服务流程管理

第一节　初识流程

一、流程的定义与分类

流程就是为了完成某项工作而定制的程序文件，是操作人员为了达到工作目的而执行的一致工作方法。呼叫中心为了达成客户一致体验，要有好的流程运作，流程对于呼叫中心运营来说，就像乐章对于交响乐团同等重要，一般用流程文件或流程图的方式表示。

在呼叫中心一般有两类流程文件，一是与客户相关的关键流程（服务流程），二是关键支持流程（管理流程）。前者需要操作人员与客户或最终客户进行交互才能进行下去。比如客户来电进行报修，这就是典型的与客户相关的关键流程，因为需要直接与客户进行沟通确认；而关键支持流程是支撑流程，目的是保障前者的执行效果，比如为了让所有客户代表达到一致的行为准则，我们需要对客户代表进行培训，培训流程就是一个支持流程。

从流程的角度来讲，也会有很多组成方式。

【案例】

把一个工作分成很多工序：

第一个工序，把一张纸卷成一个纸桶；

第二个工序，把很长的一个纸桶切成一段一段；

第三个工序，把切成一段一段的纸桶，上面很圆滑的卷上一个边；

第四个工序，给它下面加上一个底，再卷上边；

第五个工序，在外边印上字；

第六个工序，包成包装，一百个包成一包；

第七个工序，送货，送到超市里面去。

这是一个流程，是一个上下原流的流程。它的优点就是职责明确，分工清晰，你做你的我做我的，谁出了问题立马就清楚。但如果某一个工序因为任何的原因，节奏没有掌握好，后续的所有工作都要停下来等着它。

还有一种平衡协作的流程，就是把一件事情，拆成几个组，每一个组做同样的事情，然后在这个过程中，再调整人员和设备的配制，去保证它协同的完成。比如生产一个组件，再生产一个组件，再生产一个组件，把三个组件最后组装。比如现在要做快餐的这个套餐，塑料的快餐盒是塑料工厂和塑料车间做的，纸杯是纸制品车间做的，一次性的筷子是个木工的车间来做的，最终 A+B+C，在第四个组装车间把它配成一个快餐盒，里面既有塑料制品，也有纸制品，还有木制品，最后把它包装好，这叫水平协调的流程方式。

有上下原流的流程方式，有水平协同的流程方式。呼叫中心流程非常重要。

【案例】

有客户的关于产品或市场活动的电话咨询打来：

“某某型号的手机是你们家生产的吗?”

“是的。”

“现在我这个手机开不了机了。”

“是吗,我先帮您记录下来。”

如果在此之前,已经在电脑系统里有一个工单,座席员就可以先在电话里做一些简单判断：

现在是话筒说话对方听见,还是对方说话你听不见,马上就知道是扩音器的问题还是喇叭的问题。如果我说话对方听得见,肯定是麦克的问题,如果是麦克的问题,填 A 号工单,把它扔给相关部门处理;如果是对方说话我听不见,那是扩音器的问题,填 2 号工单,让相关部门去处理。

所以,呼叫中心主要的作用就是：

(1)第一时间把客户的需求接受下来；

(2)通过在线的方式,通过不见面的方式,把这个需求做一些简单的判定；

(3)把需求落实到一个工单里面去,实现企业内部的流程,以在规定的时间内,满足客户的修理或应诉。

如果客户电话被转来转去,最终引起客户不满,在这个过程中,只有把流程理得很细的情况下,才会很清楚,在我这个层面,把事情记录到什么程度,然后升级给谁,而这个升级的过程最多不要超过三级,如果超过三级都不能够解决,就证明工作效率是有问题的,流程设置就有问题。

如果电话量突然激增怎么办?如果有应急预案,就可以在电话打进来第一段 IVR(Interactive Voice Response,互动式语音应答)里面加一段录音,说咨询某某产品的问题,请按 0,一按 0 放一段 IVR。

【案例】

比如某某可乐公司搞可乐罐的拉环“揭盖迎奥运”活动,只要有“揭盖迎奥运”这五个字,就可以一个空罐换一个可乐,有“奥运”这两个字,得 5000 元现金。一堆的电话就进来了,很简单,“参加揭盖迎奥运活动的,请按 0”,一按 0 后有一段 IVR,告诉在哪里兑奖,如何兑奖,要带什么东西,像要带着这个拉环,要带着身份证,而且要出示复印件,这些都是在这个过程当中要做的。

下面我们来梳理下两类流程。

第一类,客户相关的关键流程。所有与客户需求直接相关的工作流程。

(1)电话呼入、呼出；

(2)邮件、传真、网上需求；

(3)Email……；

(4)升级处理。

第二类,支持流程。确保关键流程能够正确执行的工作流程。

(1)信息支持；

(2)招聘及培训；

(3)质量监控；

(4)预测和排班；

(5)系统支持。

一个清晰的流程,必须按照预定设定的、一致的方式进行,必须具有达到客户需求和目标的高可能性。流程必须是可控的、在控的、可审核的、可改善的。

二、流程图

业务流程图(Transaction Flow Diagram,TFD),就是用一些规定的符号及连线来表示某个具体业务处理过程。业务流程图的绘制基本上按照业务的实际处理步骤和过程绘制。换句话说,就是一"本"用图形方式来反映实际业务处理过程的"流水账"。绘制出这本"流水账"对于开发者理顺和优化业务过程是很有帮助的。竖式业务流程图就是要业务流从上到下,看起来一目了然。设计一些流程图。通过一些可操作性的管理流程,用流程图的方式,一目了然。

一个规范的流程图,包括以下部分:第一,要有流程名称;第二,要有一些符号。

椭圆形的符号代表一个流程的开始和结束;方块代表动作,说明使用什么样的方法;菱形表明决策和判断,"是"下一步,"否"返回。圆形表示流程等待或者连接,这个过程可能是一个休止符,也有可能是一个结束符,也有可能是几个流程之间衔接的部分。流程图下面部分有流程的编号,有流程的负责人,有流程的编制日以及修订日,什么时间编的第一版,某年某月某日,由谁进行了修订,流程的页号以及档案的名称。所以,我们评价一个流程图和好的流程,必须有效的满足用户以及公司的需要。

流程图是记录和说明流程最简明的方式,因为它非常直观形象。还有一些电子化的流程的记录,像呼叫中心的一些知识库,通过树状结构,已经很简单地在某个级别里面找到相应的内容。像主要的一些规程,比如管理人员的工作规程、业务人员的工作规程、相关知识人员的工作规程、应当呼入呼出的规程、培训的规程、人事的规程,这是呼叫中心里非常常用的一些规范。如以取出与客户相关的关键流程中呼入业务流程之咨询总流程为例,某呼叫中心的流程图的设计如图 4-1 所示。

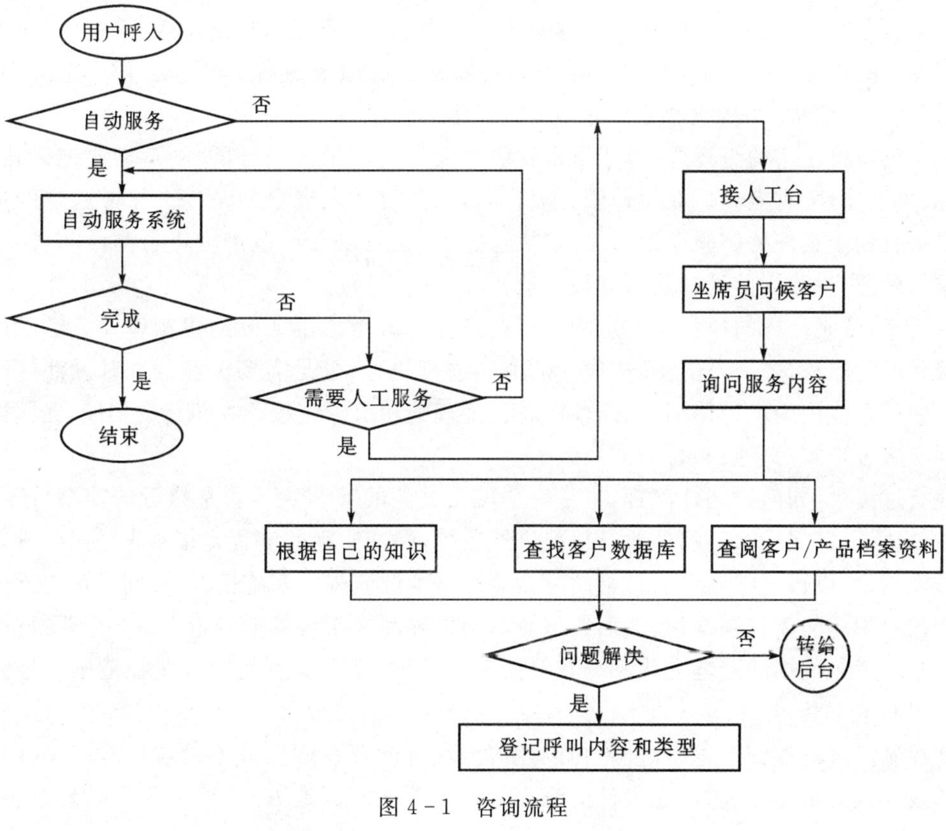

图 4-1　咨询流程

除此之外，与客户相关的呼入流程有：故障报修流程、投诉建议流程、业务办理流程人工服务流程、话费查询流程、业务查询流程等。在呼出业务流程方面，呼出中心常规呼出服务的业务应用主要包括：寻找目标客户、推广、市场调查、客户回访、客户关系管理、账单催缴、电话预约、建立数据库、等等。

关键支持流程方面有知识库维护流程、质量监控流程、预测、排班流程、话务量预测流程、人员招聘流程、岗前培训流程、客户关注的问题处理流程等。

第二节　流程管理的环节

一、流程管理的五环节

对呼叫中心而言，服务是不同的人在不同的时间应对客户不同的需求完成的，但是服务工作的效果是希望保证质量和效率的，这就需要把服务工作进行步骤分解，对每一个关键步骤制定要求，这就是流程化。有了流程，呼叫中心的服务管理就有了基础，有了标准。这就是服务流程建立的必要性。同样，对于呼叫中心管理者来讲，尤其是大型呼叫中心的管理者，为保证管理的一致性，为设定一个管理工作的标准，也需要对管理类工作制定相应的流程。因此，呼叫中心总是有很多流程，为使制定的流程能够起到预期的作用，流程需要专门的管理，流程管理的观点，在企业中已经相当流行。

流程的管理包含几个环节：识别、设计、执行、控制和改善。

首先，要识别哪些工作是需要制定流程的。服务类流程中，呼叫中心服务于哪些客户，有哪些服务渠道和方式（电话、网络等），有哪些服务类别（咨询、预约、投诉等等），有哪些服务项目……从这些问题中，你能识别出呼叫中心需要建立的服务流程有哪些。管理类流程中，招聘、培训、质控、话量预测、绩效考核等都是需要建立流程的。

识别出需要制定的流程之后，接下来就需要设计流程了。设计的环节，需要把握几点：符合实际、可操作性、有效性。在设计服务流程时，尤其要站在客户的角度去思考这样的步骤和程序是否有利于客户的体验。设计之后、执行之前，也可以在小范围内进行测试和检验，根据测试结果做适当调整，使设计的流程最合适。

接下来，就是流程的执行。合适的流程在设计时就考虑了实际的可操作性。已设计好的具可操作性的流程，要真正落实，按设计的那样进行执行，也是需要关注的。对设计好的流程需要在使用者范围内进行培训，保证使用者正确理解和掌握流程。在执行的初期，尤其需要注意不同实施者理解的一致和行为的一致。

执行过程中，如何控制好流程，也是一个需要关注的问题。不管是执行的初期，还是正常运营中的执行，都需要对流程的执行情况进行监控，保证实际的流程是按预先设定的进行。例如服务流程，可以通过呼叫中心日常的电话监控去掌握流程的实施情况，不同人员在不同情况下是否按照相应的流程在操作，然后给与及时的指导和纠正。数据分析也是一个很好的方法，通过日常的运营数据的趋势变化和分布等情况，可以察觉出流程是否在受控范围。控制图就是一个很好的工具。

在控制流程的过程中，会发现原先设计的流程可能存在问题或不足，或随着时间的推移、情境的改变或要求的提高，原先设计的流程出现了不适宜的地方，那就需要不断地改善流程。

这个时候，就需要找出问题，分析原因，采取措施。只有不断地发现问题，找到问题的根本原因，及时采取有效的措施，流程才能够不断地改善，绩效才能不断地提高。

识别、设计、执行、控制和改善，是流程管理的重要环节，一环扣一环，不断循环，呼叫中心的流程才能够保持有效，才能够在运营中发挥其重要作用。

二、流程管理中的风险预防

若能将制定标准作业流程的机制，作为管理和运营客户服务中心的主导思想，则每次有新的业务需要时，都可以直接将以往运作成功的流程搬用，只需整合过去的服务经验，对流程加以调整，即可成为客服人员的操作准则及作业依据。采取这样的方式，可以使我们的流程规划周期缩短，业务流程差错率减少，服务品质也能得到提升。

但在这一过程中，特别要注意的是尽量规避流程制定和改进中的潜在风险。虽然流程在规划阶段都经过一系列的测试，但在实际应用中，不管是制定的新流程，还是经改善后的流程重新上线，仍会有无法预期的状况发生。

无法预期的影响一般表现为轻微和严重两种。

轻微影响系统或流程的正常操作。当出现这种情况时，在不影响服务业务的情况下对系统对流程进行微调，以达到系统或者流程改进的效果。严重影响系统或流程的正常操作。这种情况很少出现，一旦出现可考虑将新系统卸载及迅速恢复旧系统。

当系统卸载后恢复前，而呼叫中心并未由于系统或流程问题而停止服务，那么呼叫中心就面临人手严重不足的问题，而这种问题一旦出现，就会造成服务品质急剧下滑的局面，而这种局面的出现我们称之为呼叫中心或者客户服务中心流程改进“风险”。

如何能合理地降低或规避流程在实际操作中遇到的“风险”呢？

(1)依据事先确定的服务品质目标合理规划。在流程作业之前，应确定服务品质目标，根据事先确定的服务品质目标，考虑可整合的人力、物力资源，规划能使目标达成的方法和程序。同时应全面评估整个服务流程可能发生的潜在风险，并建立预警方案。

(2)记录并及时掌握回馈信息。很多客服中心在启用拟定的服务流程后，往往会忽视流程应用后的回馈工作，这使得运营中心失去了检验流程有效性的先机。假设操作部门按照已拟定的服务流程方法和操作流程，还必须启动操作方进行“风险”管理的应变程序，确保“风险”的有效控制，同时须及时关注流程运行状况，掌握及记录回馈，做为后续流程改进的参考依据。

(3)建立审核机制。在客服人员为客户提供服务过程中，大部分是透过客服人员传递企业对客户的责任态度。为确保服务品质，在流程建立时，应同时规划并建立日后的稽核机制。稽核机制的建立将有效管理并确保执行部门进行服务时的态度和方法。执行部门依据流程步骤，将有效降低因客服人员不同而产生的服务落差。当然，也应通过执行部门以外的其他人员或者流程监控小组进行流程稽核，确保取得更客观、更合理的稽核结果。

(4)流程操作。当流程有调整的必要时，务必要保留流程调整前的操作数据及相关信息，以便和流程调整后的数据信息进行对照。另外，当调整流程时，如果需要对系统也做调整，那么务必要注意系统的调整是否波及其他服务流程的进行。

三、流程管理的关键要素

业务流程搭建，始于客户需求，而非内部管理便利。制定的新流程或者改善原有的流程，

我们要关注流程管理的14个关键要素,他们分别是:

(1)战略与使命。要明确呼叫者对客户服务中心所陈诉的使命是否赞同。

(2)接近点。客户怎么样才能找到客户服务中心的电话?

(3)传送。电话如何才能进入客户服务中心。

(4)灾难恢复。当灾难发生时,将客户的损失减少到最低的后援措施有哪些。

(5)电话产品。哪些装置正回答着呼叫者的电话。

(6)人员配备与规划。系统是否每次都配置了适合的客户代表接待呼叫者。

(7)培训。培训和再培训客户代表到什么程度。

(8)工具、应用与数据库。客户代表所需要的信息是否都很好的组织和储存了?是不是能够很容易地找到它们。

(9)提示文本。客户代表是否能够得到计算机提示文本,帮助客户代表对客户说什么。

(10)客户联系通道。如果公司有不止一个客户服务中心回答客户的问题,那么怎么样才能将这些客户服务中心整合在一起,展示给客户一个统一的形象。

(11)测量标准与报告。如何在适当的时间采取适当的手段得到所需要的决策信息。

(12) 呼叫者的满意度。在客户服务中心管理中,如何测定大多数客户对呼叫中心服务品质的感觉。

(13)运营成本。在客户服务中心的运营成本有清楚的了解,要严格控制成本,同时,需要投入时,可以容易的筹集。

(14)环境。是否对客户服务中心的人文环境进行仔细的监控,以保证客户服务中心工作流程的高效运行。

四、流程管理的具体方法

客户服务中心流程管理的标准化方法有6个,它们分别是:

(1)会议管理方法。包括会议议程、会议开始和结束时间控制、会议纪要、任务分派、冲突管理、会议追踪等。

(2)脑力激荡方法。包括如何引导脑力激荡,如何归纳由此产生的思路、想法与建议。

(3)跨部门协调小组。包括临时小组与永久小组、如何组建、如何办事等。

(4)项目推出程序。包括让相关人员都清楚项目的范围、目标与自己的责任。

(5)合作商协调会。包括如何让合作商完整地掌握服务的期望值。

(6)客户调查访谈会。包括如何选取客户,如何了解客户的真实反映,如何区分客户建议的轻重缓急等。

五、流程审核和流程改善

客户服务中心必须定期持续不断地控制和改进流程。如果让流程的实施效果与预期目标完全一致,则要正常执行流程,定期实施流程审核,并进行流程的优化和完善。如果流程的实施效果与预期目标不一致,则要根据监控结果和运营数据分析差异产生的原因。如果是流程制定的问题,则要根据出现的问题修改或重新制定流程,并执行新流程;如果是流程执行人员的问题,则要参照培训流程对执行人员进行培训。流程优化、完善后必须对所有相关人员进行培训,直到每个人都能正确理解执行。下面我们重要讲述通过流程审核发现流程执行过程中的问题，其方法是通过查看员工执行的一致性来评估流程的控制性流程如何，周期一般为半年或一年，范围是所有与客户相关的关联流程进行起点到终点的审核。对于流程中发现的问题，提出改进建议，推动流程改善。

(1)流程审核目的。为了加强与客户相关流程执行一致性和可控性，并能够及时发现及改进流程中存在的问题，因此进行流程正式的端对端审核。

(2)审核范围：所有与客户相关的流程；针对该流程涉及的执行人员；重点审核执行人员是否按照流程执行以及流程执行的一致性。

(3)参与人员。现场管理专责、质量监控专责、培训专责及值班长等。

(4)审核方式。审核小组以现场审核方式进行端对端的流程审核。

(5)审核时间。流程审核每半年或一年进行一次；确定审核时间、每次审核的方法和步骤。

(6)审核操作办法。

①流程审核的发起阶段。

A. 定义本次审核涉及的关键流程；

B. 根据流程执行人员的排班和业务量确定本次审核的抽样数量；

C. 确定流程审核的具体参与小组的成员和时间安排；

D. 进行正式的全员通知。

②流程审核过程。

A. 各项审核负责人提前熟悉业务流程，对于流程细节详细了解。

B. 每个流程的审核采用"端对端"的方式。如果某个咨询又转为其他流程(例如升级流程)，则要继续追踪该客户的问题，直到最终被解决为止。每个记录审核的情况记录在流程监控表中。(如表 4-1 流程监控表)

表 4-1　流程监控表

序号	流程名称	检查时间	客户姓名	执行人姓名	流程环节	存在问题	改进建议	审核人
1	故障保修流程							
2	投诉流程							
3	业务咨询流程							
4	业务受理流程							
……	……							

注：流程审核时，每位审核人员填写这张表格，负责人汇总并填写流程评估表。

C. 如果客户的问题在该流程中转到其他流程，则请继续审核后续流程并详细记录；后续流程审核的结果请在当天反馈给该流程审核负责人。

D. 审核结束后，汇总审核的结果，填写流程评估表。（见表 4－2 流程评估表）

表 4－2　流程评估表

序号	流程名称	流程评价项目	流程评价
1	故障保修流程	流程文件的可控性	审核流程文件是否合理，关键点是否可控打分：不可控，0 分；基本可控，2 分；可控，3 分
		流程执行的一致性	根据《流程监控表》中，每个流程的电话执行情况打分：大量不一致，0 分；基本一致，2 分；完全一致，3 分
		是否所有人都按照流程执行	审核中所有人员和班次的执行情况是否一致：大量不一致，0 分；基本一致，2 分；完全一致，3 分
2	投诉流程	流程文件的可控性	审核流程文件是否合理，关键点是否可控打分：不可控，0 分；基本可控，2 分；可控，3 分
		流程执行的一致性	根据《流程监控表》中，每个流程的电话执行情况打分：大量不一致，0 分；基本一致，2 分；完全一致，3 分
		是否所有人都按照流程执行	审核中所有人员和班次的执行情况是否一致：大量不一致，0 分；基本一致，2 分；完全一致，3 分
3	业务咨询流程	流程文件的可控性	审核流程文件是否合理，关键点是否可控打分：不可控，0 分；基本可控，2 分；可控，3 分。
		流程执行的一致性	根据《流程监控表》中，每个流程的电话执行情况打分：大量不一致，0 分；基本一致，2 分；完全一致，3 分
		是否所有人都按照流程执行	审核中所有人员和班次的执行情况是否一致：大量不一致，0 分；基本一致，2 分；完全一致，3 分
……	……	……	……

注：由审核负责人对审核的最终结果汇总成分析报表，向所有人员通报，并整理保留审核文件。

六、流程改进

当评估表中有不是满分的情况，说明该流程审核的结果有不合规项目，则应在若干个工作日针对不合规的项目完成流程执行情况与改进报告（见表 4－3），并向审核人和部门负责人汇报，审核人针对改进计划进行后续审核，确保完成了改进。

表 4-3　流程执行情况与改进情况

<table>
<tr><td colspan="4">流程审核情况</td></tr>
<tr><td>流程名称</td><td></td><td>填写报告人</td><td></td></tr>
<tr><td>存在问题与建议</td><td colspan="3">(内容来自《流程评估表》的评估结果)</td></tr>
<tr><td colspan="4">问题分析与改进</td></tr>
<tr><td>问题定义</td><td colspan="3"></td></tr>
<tr><td rowspan="2">分析数据确定原因</td><td>数据说明</td><td colspan="2">原因确定</td></tr>
<tr><td>(可以插入文件作为附件说明)</td><td colspan="2"></td></tr>
<tr><td rowspan="2">解决办法</td><td>具体措施</td><td>责任人</td><td>落实时间</td></tr>
<tr><td>(可以插入文件作为附件说明)</td><td></td><td></td></tr>
<tr><td>结果追踪</td><td colspan="3"></td></tr>
<tr><td></td><td colspan="3">上级签字：</td></tr>
</table>

练习题：

请以某呼叫中心为例，画出其中某一类业务的流程图。

思考题：

1. 流程设置中应如何考虑跨部门之间的操作流程？
2. 流程改造中应重点考虑哪些方面？
3. 流程如何随着任务目标的改变而调整？
4. 不同定位的呼叫中心，流程设置有何不同？

项目二　排班与调度

【案例】该从哪里找数据。

刘畅看着这些布置下来的任务，已经不是第一次发呆了，领导刚来说过，一会要跟他讨论一下数据问题，让他整理一下要采集的数据类型以及从哪里采集到的这些数据。这个工作三天前就已经交到了他的手里，刚接到这个任务的时候，他还真没把这个当回事，但是随着时间越来越紧迫，刘畅完全慌了手脚。

从系统中导出的数据宛如一团乱麻，光看就已经很费劲了，更别说整理了。再者，有些数据根本就不知道是什么意思，完全对不上号，整理来整理去就是常说的那些数据，还有一些道听途说的数据在系统中根本找不到。想到这里，刘畅忍不住又抱怨起来。但是说归说，接下来怎么办呀？眼看着时间就到了。

越是怕什么就越来什么，领导电话来了，躲不掉了，刘畅只能硬着头皮和赵经理走进会议室。

"怎么样，刘畅，整理得如何？弄出头绪来了吗？"赵经理问道。

还是挺和颜悦色的，刘畅松了一口气，说："常用的在系统中找到了，还有些正在整理。"

“哦,效率有点低,速度太慢了,来,你看看这个表,你看人家这个表展示的意图多清楚啊,一看这些数据就非常明了。”

刘畅赶快接过来,从头到尾扫了一遍,完了!光这些数据名称就让他傻掉了,更别说去找这些数据了。

“刘畅,要加快速度,对不对?有了这些数据支持,找出问题就方便多了。”

“可是经理,我也真的不知道从哪儿才能找到这些数据。”

每个呼叫中心从最初成立到不断壮大都是人员增长的过程。每年随着客户代表的不断增多,如何灵活排班是每个呼叫中心都关注的问题。几乎所有的呼叫中心都曾出现过两种状况:一种是话务量高,排班人数少,客户电话打不进来,造成服务质量降低;另一种是话务量低,排班人数多,人员过剩,浪费了人力资源。如何根据话务量灵活排班,是每个呼叫中心都在研究的问题。

任何呼叫中心的运营几乎都是在追求服务的速度及质量的提高,同时在降低运营成本的前提下逐步提升呼叫中心的利润及客户满意度。一个典型的呼叫中心运营费用,只有5%的成本是花在技术上,几乎全部运营费用的95%以上用于支付工资、网络成本和日常开支,人员成本则是呼叫中心运营成本的关键。因此,对于任何呼叫中心管理人员来讲,合理的人员排班是实现高效率的呼叫中心运营管理,降低整体运营成本,保证客户服务质量和服务水平,提高呼叫中心生产力的重要一环。

呼叫中心保持良好服务水准的重要前提是建立科学合理的排班方案,呼叫中心管理人员根据不同周期话务量变化的规律及发展趋势安排相应时段的座席数量,保证呼叫中心重要运营指标接通率、客户的满意度目标的实现。为了实现上述目标,管理人员必须对呼叫中心来话量的趋势进行系统地分析,同时根据呼叫中心的历史数据及相关影响因素(如促销)进行科学地预测。

根据来话规律提早进行班次调整与人员配备,保障呼叫中心的接通率指标的实现;通过对历史来话规律的分析,对可预知的话量影响因素提前做出反应,以使呼叫中心提前制定出相应的解决方案;在呼叫中心话务量承接能力将要趋于饱和时,需要进一步完善、调整、优化当前运行系统,提前做好人员与设备扩容的准备,确保呼叫中心保持正常运转;依据来话规律及时了解市场与客户的需求,便于调整市场运作方向,提升客户满意度。

第一节 数据信息采集

越来越多的管理者认识到,想要对呼叫中心进行有序的管理,就不能忽视对数据的采集。了解数据的变化,适时掌握话务量的趋势,根据话务量需求安排出勤人员,是至关重要的。但是呼叫中心每天会产生海量数据,并不是所有数据信息都对运营管理有作用,要想分辨这些信息的价值,就必须明确数据信息采集的目的。

一、采集目的

数据信息采集是呼叫中心管理规划过程中的重要一环,但大部分管理人员并没有认识到它的重要性,其价值也被低估。在选择服务水平与相应时间目标后,接下来关键的一步就是数据信息的采集。很多人会认为采集数据的工作非常机械、毫无乐趣、单调无味,但恰恰是那些单调的活动却让我们对呼叫中的日常运营看得清楚。

但问题是我们从哪里去获取这些数据信息？获取了数据信息怎么来用？数据采集的目的是什么？缺乏适当的数据信息，就不能准确地预测话务量，由于无法获得可能产生的话务量信息，将会导致人员、线路等资源也不能有效匹配，同样也会使服务质量和运营成本出现无法控制的现象。想要获取呼叫中心的数据信息，不仅要深入系统及部门内部，还涉及与呼叫中心相关联的其他部门。负责数据采集的管理人员一定要清晰地认识到，数据采集是一个要求高参与、高关注度、高涉及面的重要活动，是关系到是否能对呼叫中心实施成功管理的一项重要内容。

二、寻找信息

呼叫中心的信息有多个不同的来源，均关系到呼叫中心的有效规划与管理。我们建议从硬件系统、部门内部和外部三个方面采集相关的数据信息。来源于这三个渠道的数据信息能满足各种需求，正如管理人员所知，仅从呼叫中心硬件系统所生成数据信息就足以让我们眼花缭乱了。实际上，那些有分析价值的数据会很容易地被淹没在海量信息中。面对这些信息，如果不能通过有效的知识加以利用，则毫无价值可言。

一方面，系统为我们提供了大量的数据；另一方面，大多数的管理者会参考过去发生的活动来预测未来。因此，要想使得从系统中获取的信息能够有效地转换，就必须将经验和知识紧密结合，让两者共同发挥重要的作用。

三、职能变迁

现在的呼叫中心再也不是一人肩挑走天下了。如今，很多岗位的职能与职责已发生变化，随着岗位的不同，获取信息来源以及对信息进行分析与处理的要求也各不相同。越是大型的呼叫中心，其岗位职责划分也越明细，例如：排班师、数据分析师、运营分析师、培训师、报表分析师、质检人员、运维人员、人力经理、财务经理、业务编排人员、实时协调专员等。而在小型的呼叫中心则需要一人多岗、身兼多职，头衔就更趋专业化。

四、跨职能

客户接入战略有助于我们界定客户类别，用以匹配座席组别、服务水平和联络信息，而制定一个良好的客户接入战略的前提就是确定我们所需要的信息的处理要求。话务量预测、人员排班等岗位职能将根据人员数量和技能就行管理，作为该岗位工作内容的重要组成部分，不仅要了解这些人员或组别的活动内容，还要跟踪活动，以便采集所需信息。跨岗了解其他岗位的职能是每个管理人员所必须具备的，否则他们将会在工作中受挫。

我们从这些频繁使用信息的岗位职责中了解到，获得、理解并使用信息的过程已与信息本身同样重要。所以，如果简单地认为信息采集是一个单调而机械的过程，那么很有可能从一开始便会陷于窘迫的境地。

组建跨岗团队已成为呼叫中心管理延续的组成部分，规划发展在呼叫中心的地位日趋重要，在了解对呼叫中心工作量产生影响的不同因素后，就很容易理解在准确预测与计划方面获得成功是极具挑战性的，而规划呼叫中心的发展则完全是高难度的工作。

跨岗规划可采用多种形式。例如，有些呼叫中心建立信息岗座席，主要负责呼叫中心与其他部门之间的信息交流，包括一些信息收集、信息传递甚至是区域会议等；还有的呼叫中心组建专职座席，更新呼叫中心活动，并时时地将活动情况传递至关联部门，以确保与关联部门的目标保持同步；一些在零售行业的呼叫中心会组建跨部门营销管理团队，负责预测营销目标，因此可直接组织营销团队和其他业务部门人员参与预测过程。

有一些重视“客户声音”的企业中，在呼叫中心还建立了专职的“客户关系管理专员”，负责对客户意见和建议进行整合分类，跟踪调查及研究分析，定期向相关部门提供分析报告，召开定期例会等。一些呼叫中心内还设立“规划专员”，主要职责是促进机构内部的跨职能交流，使用共享信息平台良好地推动预测、项目或业务的规划活动。

从建立关系确保关键信息及实现共享，到找到第一手信息，均可通过跨岗、跨职能的交流活动，使各方协作成果得以良好展现，这些成果有望奠定呼叫中心在企业中的位置，使其他部门更多地了解呼叫中心，从而获得来自其他部门核心力量的支持。

五、获得工具

有数据就要有报表，呼叫中心报表密切地整合了呼叫中心活动和客户在呼叫中心的体验以及趋势预测等。但紧靠从系统中提取信息是远远不够的，还需要呼叫中心管理人员从中找出系统生成的信息，以及这些信息所能展现出的潜在问题和机遇，以此制定出合理的计划与指南。

自动呼叫分配系统、劳动力管理软件、质量监控系统、客户信息管理系统等都是广泛用于呼叫中心的管理工具，其优势之一就在于能够生成大量的报表。随着呼叫中心技术的发展，根据需求而定制报表越来越多地出现在呼叫中心系统中。

呼叫中心越来越重视技术在呼叫中心平台上的使用，技术人员通过定制报表模板，将多个系统导出的信息结合起来，生成更为直观、立体的报表以供分析。例如：将呼叫类型、平均处理时长、服务质量以及客户人数统计所得的关于呼叫趋势、营销活动、销售额、客户满意度、历史购买情况等所关联的信息有机地联系在一起。

系统开放性的标准与界面，通过网络平台实现整合。进入网络平台后根据所需可以浏览、摘取、打印以及存储实时的与历史的呼叫中心绩效信息，当然这是需要权限要求的。

第二节　预测话务量

呼叫中心管理的核心是：在一定的服务水平与质量条件下，用适当的技能、适当数量的人员在适当的时间与适当的资源配套，对预测准确的工作量进行有效处理。将呼叫中心的资源与工作量相匹配，是有效管理呼叫中心的关键步骤。如果预测准确度不高或者是不合理，则其他方面的规划及规划过程的步骤将无章可循。

在呼叫中心中所谈论的预测，是针对资源来确定所需要的人员要求及人员安排的基础。例如：对线路数量的要求，为实现服务水平目标与响应时间目标所需基本人员数量的要求，对系统的要求等。准确的预测将帮助管理人员最大程度地减少放弃的电话数量和那些被拥堵在队列中的电话数量，设计制定可行性高的排班表，甚至对预测未来的人员安排、线路安排产生影响。预测的影响不仅仅表现在系统配置上面，还能帮助管理人员实现管理客户的预测目标，帮助客服人员为客户提供优质服务并创造良好的服务环境。

负责话务量预测的人员一般是先对未来一段时间内(在这里我们所指的“时间内”为一年)将会接收到多少数量的联络信息进行预测。数据分析人员可以通过查看历史数据，确定呼叫者的呼叫模式和呼叫数量的变化，同时考虑影响呼叫趋势发生变化的可能性因素，这是最基本的观察原则。

其中，预测话务量不可忽视的一个重要时段就是峰值的话务量。通过预测峰值话务量，你可以根据这些信息，把一年中的不同月份、不同星期、不同天数中的每半小时（或每个小时）进行细分，甚至可以精确到每分钟将要收到的联络信息数。然后再根据业务处理时间进行细分，最后结合历史数据中未能体现出的情况进行修改。

在呼叫中心中，长期预测的时长一般设定为一年或者一年以上，根据年度运营结果对未来年度进行预测，制订未来的运营计划、人员安排和系统要求。短期预测一般是对三个月的话务量进行预测，管理人员根据预测结果制定或调整排班，或是进行季节性人员安排需求预测，包括假日需求预测。通过预测结果，结合当时的情况以及近期举办的活动，可做排班调整或事项优先处理调整。预测的时长要求主要是根据预测的目的，其基本原理相近。

一、影响话务量波动的主要因素

以下以电信企业为例来了解影响话务量波动的主要因素。

(1)企业的发展战略与规划的变动；

(2)客户量变化（如对电信公司包括新增固话以及小灵通用户、新增宽带用户、市场占有率变化等）；

(3)公司的宣传、促销、新产品推广等市场行为；

(4)报纸、广播、电视等媒体的宣传报道；

(5)国家相关政策法规的变动（如费用结算日期的调整等）；

(6)突发事件（如自然灾害、意外事故、系统瘫痪等）。

(7)特殊时段来话量（如每月出帐日；3.15 国际消费者权益日；5.17 国际电信日；高考、中考出分以及发榜时间；春节、国庆等公众假期等）

对于呼叫中心管理人员来讲，需要综合考虑以上这些影响来话量变化的因素及规律，不断提高话务量预测的准确性；同时呼叫中心的管理者必须根据话务量的波动来进行合理的人员配备及座席安排，通过对排班效率的评估来检测现有排班的合理性，使呼叫中心一线客户服务代表以合理的负荷率有效地降低放弃率，从而提高服务品质和客户满意度。

二、关键数据

纵观整个呼叫中心系统，可供进行预测的历史数据信息非常之多，基本历史数据包括呼叫量、平均处理时长和时间段等。但以下四个重要的数据信息可为我们很好地反映情况：

(1)平均通话时长。指从座席接起电话问候客户开始，到结束语讲完后挂掉电话之间的所有通话时间。换句话说，就是呼叫者的呼叫被座席接通的时长。这一时长包括座席和呼叫者在通话时间内发生的所有事情，例如：座席让呼叫者等待以便为他查询信息。求助别人为呼叫者解决问题等，均应算作通话时长。

(2)话后处理时长。指座席结束与呼叫者的通话后用来处理业务所花费的时间。它的发生是紧随在呼叫业务处理之后的。

(3)平均处理时长。指平均通话时长加上平均话后处理时长。

(4)话务量。指呼叫（联络）信息的数量乘以平均处理时长（即平均通话时长＋平均话后处理时长）。

对未来的话务进行预测，一定要对那些用来预测的数据信息进行整理，这一点非常关键。

但这些细节往往也会被我们所忽略，很多话务预测人员从系统读取数据信息后，直接拿过来就行行预测与规划，没有进行任何的情况剔除。例如，交互式语音应答系统是否发生了故障？那些出现在核心报表系统中的故障是否已经排解？所以，必须要了解清楚具体处于何种情况，在已知的情况下，应采取何种措施对所发生的情况进行调整，了解这些情况并对数据加以整理，从而保证在稳定的基础上进行话务预测。

三、分辨呼叫类型

了解呼叫者类型及其话务量，将对我们的预测有很好的帮助。如谁会来电，为什么要致电，什么时候致电，致电是想解决什么问题，等等。预测可以帮助我们了解单个呼叫者在尝试过多少次呼叫后开始选择放弃，出现的呼叫可以让我们了解是如何发生的。

现在我们首先要解释的是，什么是出现的呼叫。

出现的呼叫是指呼叫者为联系到呼叫中心所尝试的所有呼叫。一般有三种状况：呼叫后收到忙音信号；呼叫后收到系统的应答，在接通座席前放弃；呼叫后成功接通座席。这里需要注意的是，这个出现的呼叫是呼叫者所尝试联系大呼叫中心的所有呼叫，即便是有些呼叫未曾到达自动分配系统的也应包括其中。

1. 放弃的呼叫

获得放弃的呼叫数据信息比较简单和直接。每个自动呼叫分配系统都能够提供放弃的呼叫报表，甚至包括具体的时间以及增量情况。在前面已经探讨过，影响呼叫者耐心的七个因素将影响呼叫者的等待时间，对呼叫中心而言则会影响到放弃呼叫的数量，以及呼叫者在呼叫放弃后重新呼叫的数量。

有不少的管理人员对放弃的呼叫采用个数计算，但是我们要清楚地认识到，常见的预测是建立在每半小时的时段基础上的，虽然有一些放弃呼叫的呼叫者可能在半小时内重复呼叫，但是大部分放弃呼叫的呼叫者不太可能在半小时内重呼。但在数据信息中，我们读取到被座席接通的呼叫者的重新呼叫，其数量计算不止一次。

有些预测人员在进行话务量预测时，会通过使用自动号码识别(Automatic Number Identification，ANI)报表中的实际数据信息，用来计算呼叫放弃的减少比例。如果没有适当的数据信息，我们可能很难做出准确的预测，在过分减少重复呼叫前提下进行的数据计算，将会导致低估实际需求的风险。所以，我们一般给予的建议是可将大多数放弃的呼叫纳入数据信息(可设定为70％、80％或者更高)，当然如果对这个百分比有所疑虑的话，可根据所拥有的具体报表或调查作为参考或者操作指南。这样操作的后果可能会高估实际需求，但是如果预测低估了实际需求，就会导致人手不足以及出现更多呼叫放弃。

2. 忙音

呼叫者听到忙音信号时，大部分人的第一个反应是重新拨打，尽管随着呼叫中心技术的不断发展，呼叫者听到忙音信号的可能性正在变得越来越少，但我们却不能忽视，关注忙音现象可以让我们了解到它对呼叫中心管理者与呼叫者产生的影响。

其实我们要讨论的问题是，，忙音信号的产生是由一群多次尝试连接呼叫中心的呼叫者制造的，还是由一个呼叫者坚持呼叫了多次而产生的？这个答案很难确定，也许是前者，也许是后者。实际的情况是，当呼叫者遇到忙音的情况后，一般会重新拨打一次或者两次，也就是说，忙音信号的计算应该是递减计算。

那减少多少合适呢？在回答这个问题之前我们要首先弄清楚的是忙音的产生是跟呼叫中心系统的设置直接相关的。当呼叫中心设备容量不能满足大量呼叫，或者在队列中的排队人数达到队列限制的极限时，呼叫者就会收到忙音信号。了解自动呼叫分配系统的人都知道这个系统设有 ATB(All Trunks Busy，所有中继线皆处于忙碌状态)报表。虽然通过这一报表我们可以了解到特定组别内所有中继线被 100%占用的时长和次数，但不能从中读出中继线处于忙碌状态时有多少个呼叫在拨打，也无法知晓这些拨打的呼叫是来自多少名呼叫者。有些运营商可以提供更具优势的报表，以帮助我们了解忙音的原因，这些报表可提供单个呼叫者尝试呼叫的平均数量，更可细化到你所想要了解的具体日期和时间。

不管我们会从系统中得到什么水平的报表，都要尽可能地通过预测来准确地反映出尝试接通的呼叫者人数。如果将每个忙音信号与放弃的呼叫都计算在内，那么预测将会高估真实的需求；如果剔除计算机忙音信号与放弃的呼叫，则预测将会低估真实的需求。

3. 座席组别

座席组别是呼叫运营中的基本构建板块，由位于呼叫中心现场不同区域的数名，甚至是百名座席组成，在工作中共享同一组技能与信息，处理特定的联系信息。如果是 100 人为一个座席组别处理各类联系信息，那么仅需要设置一套排班表即可。如果是 10 个组别，每组安排 10 个座席处理各类联络信息，则需要设置 10 套排班表。换言之，预测与规划应具体到位，确保能在合适的时间、安排合适数量与合适技能的人员在合适的配套资源内处理联络信息。

4. 比例分析

一般情况下，虽然呼入分布情况不同，但话务量预测原则并无差别。随机型呼入以 30 分钟(半小时)的增量报表使用最为广泛，话务预测人员可查阅历史报表了解具体的数据，从而可对峰值话务量进行准确的预测与人员安排。

话务量预测的基础信息包括三个部分：通话时长、话后处理时长以及呼叫数量。

我们可从自动呼叫分配(Automatic Call Distributor，ACD)系统以及劳动力管理(Work-flow Management，WFM)系统来查看数据信息，这些数据信息需要日积月累。当然，数据信息积累得越多，对于准确预测的意义将越大。通常，进行话务量预测所必需的基础信息包括时间增量、时段呼叫量、时段占比、时段平均通话时长、时段平均通话时长。时段平均工作时长、时段平均处理时长等。

这里需要解释的是时段占比，假如某天接到 10000 个呼叫，其中在 10:00—10:30 时间段内接到 1000 个呼叫，那么这 30 分钟的呼叫量就占全天呼叫量的 10%。了解占比可以帮助我们预测未来呼叫模式。

5. 呼叫模式

在处理呼入的联系信息时，大部分的呼叫中心会建立年度话务走势分析、月度话务走势分析、每周或每天话务走势分析等模型。

(1)年度话务走势分析：若可以读取到某客服中心 2008 年的来话量明显增加，曲线变化较大，但话务走势与 2007 年、2006 年较为相似，由此可以推断，即便是话务量将要发生巨大变化，我们也可以通过呼入模式进行测算，因为历史数据能让我们很好地了解这些话务走势并建立相关模型，进而进行有效预测。

(2)月度话务走势分析:通过话务走势进行分析可知,在每年的 3 月份来话量会减少,从 4 月份开始话务量逐渐增加,在 11 月份来话量开始出现回落趋势。在了解了年内各月份的话务走势后,管理人员就可以方便地对呼叫中心的工作进行统筹安排。

(3)每日话务走势分析:通过对话务走势分析,在 11 月 23 日这一周(见图 4-2),其总体的来话量明显高于其他三周(见图 4-3),但在该周的周六来话量急剧下降,并在周日持续走低,明显低于其他三周的周六、周日来话量,因此可以推测可能是一个节假日与周末捆绑的"小长假",从而导致了来话量急剧下降。在这种情况下,很有可能会造成"需求累积"的情况出现,管理人员应警惕该情况,并提前做好安排。

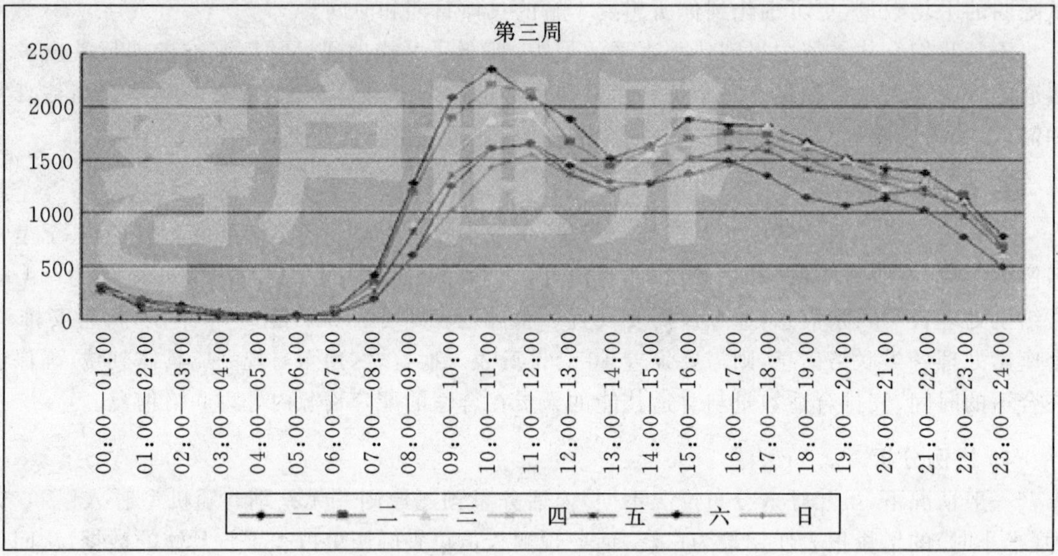

图 4-2 呼叫中心话务量波动图一

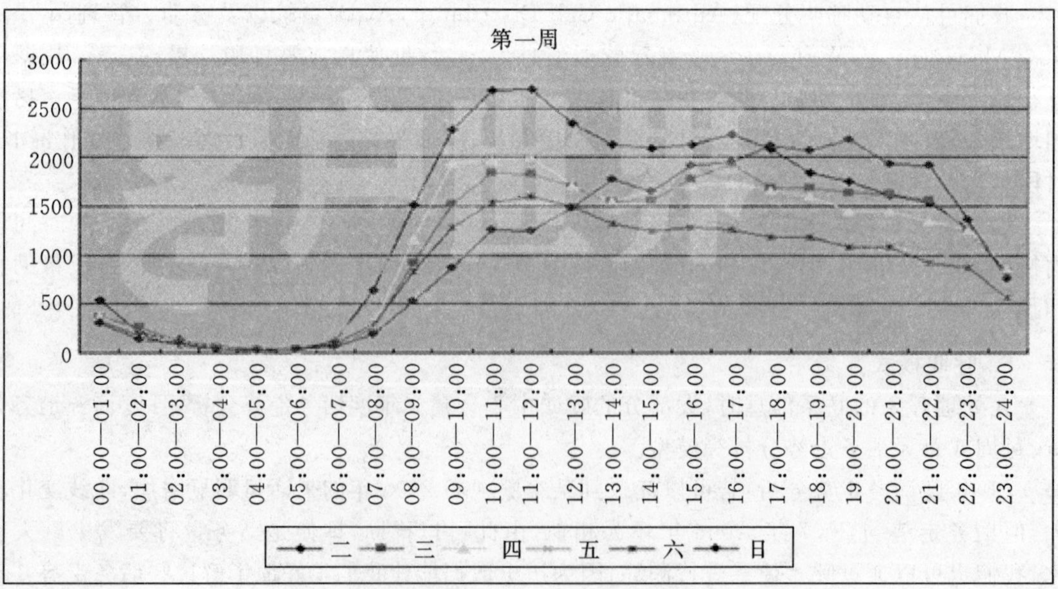

图 4-3 呼叫中心话务量波动图二

(4)每小时话务走势分析:通过话务走势可以看出,这个呼叫中心的话务走势是比较典型的双峰图,话务高峰集中在上午 10 点到 11 点和下午 3 点到 5 点之间,上午 11 点和下午 4 点后话务量开始回落,逐步进入日内话务低谷,见图 4-4。了解日内每小时话务数据走势,可使管理人员对座席进行合理安排。

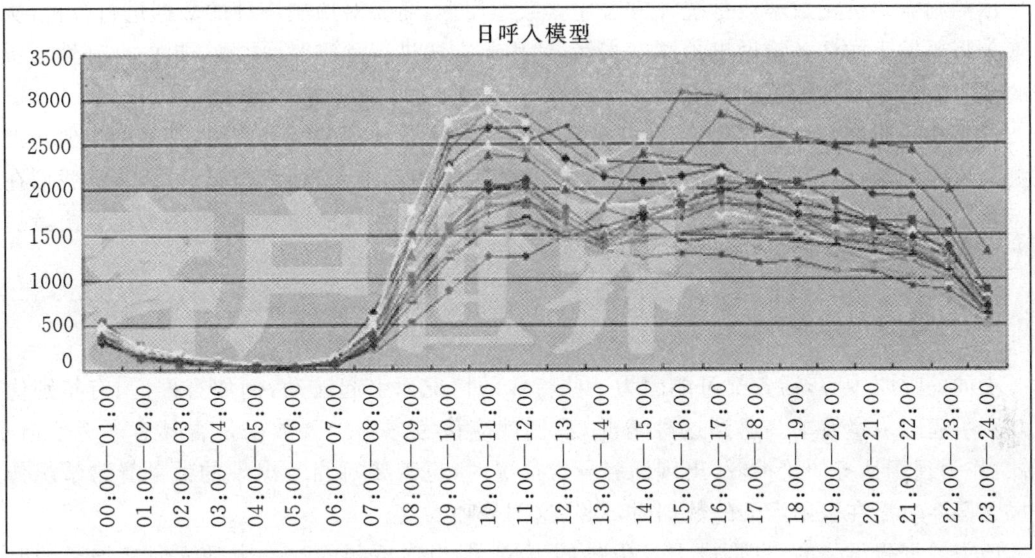

图 4-4　呼叫中心话务量波动图三

当然,话务数据的变化是多样的,很可能还有其他模式的发现。下面我们看一个案例。

【案例】该不该外呼营销?

李丽很清楚,目前自己所管理的呼叫中心工作量实际上不饱满,客服人员每天的工作状态都是一阵忙一阵闲的,绝不像有些客服代表所抱怨的“忙死了,透不过气来”的状态况,问题的根源在于忙的时候太忙了,电话多得根本处理不完。

客服人员心态浮躁,一线班组长们却又缺乏责任感,因为只要一提到呼损率太高时,他们便会立刻抱怨道“人不够啊,没办法,要想降低呼损,就必须加人”。这是李丽最无法容忍的一个借口,因为增加人员是个棘手的问题,她无法解决。所以,只要大家一提到“人不够”这个问题,她也无可奈何。

尽管如此,她还是决定要做一个尝试,在话务量闲时从接电话的人员中抽去 5 个去做外呼,对客户做一些产品推荐,因为也许只有通过直接为企业创造直观的利润,增加人员才可能不再是自己管理中的一个软肋。

有想法就付诸行动。半个月过去了,外呼推广的效果逐渐显现,但让李丽没想到的是,随之而来的话务量也增多了,因为关注的客户量在增大。结果是,客服人员的抱怨非但没有减少,而且愈演愈烈,现场则乱成一团……

该怎么办?坚持还是停下来?李丽完全没有了方向。

我们已经发现了另外的话务模式,当我们在固定的时间内进行外呼或向客户发出提醒通知时,这些主动行为实际上已经促成了新的话务模型形成。单个呼叫者的呼叫看起来并不觉得会对呼叫中心的工作量有多大的冲击,但这恰恰是构成可预测模型的主要部分。由此我们得知，预测活动的最重要步骤之一便是关注你的数据信息，确定已经存在的模式。

在了解了话务模型形成的基本原理后，让我们共同进入到如何进行话务量预测的课题中。

预测方法在广义上可分为定量预测与定性预测。一般我们在做定性预测时，更多的是要求预测者根据以往的经验，凭直觉对话务量做出猜测，提出其预感可能发生的话务量变化；而定量预测则需要运用数学或是统计方法建立数学模型，需要对历史统计的数据进行分析，从而对未来将要发生的话务量做出预测。当然，使用此方法进行预测时，预测结果的准确性与所选用的数学模型将密切相关。

但是在呼叫中心运营管理中，往往是定性预测与定量预测的结合使用，其目的主要是提高预测结果的准确性。预测人员的预测经验与数据模型相互结合、相互补充，可以帮助我们在日常运营中建立合理的预测模型，并能够更好地分析总结话务量活动规律，最终为运营决策提供相关依据。

四、计算人员数量

不同的呼叫中心，话务都可能因为一些特殊的情况而引起波动，例如有推广、有特别优惠等都会引起呼入量波动。遇到这种情况，我们就应该考虑到当天数据是否具有参考价值了。同样，作为现场话务的监控者，出现话务异常情况时，也需要对当天出现的话务异常情况作出汇报。必要时需在采用当天的数据时，剔除这部分呼入量。

历史数据告诉你的，只是过去发生过的事情，但当你预测的是一个呼入急速增长的时期时，更需要我们通过数据的分析来预测将来的呼入量。例如：即将进入十一黄金周，过去几周的数据已不足以支持我们来预测黄金周时的呼入量，这时，我们要参考的应该是上一黄金周期间的数据，同时，必须要考虑到呼入量的增长趋势，做好备班工作，以应付更大的呼入量。

以上所述，是对短期呼入量的预测。如果长期的话务预测，更多的是需要考虑公司的发展目标和发展趋势。长期话务的预测，更多适用在制定年度计划和人员编制上。根据公司的发展目标，预测每月或每季度的话务量，从而提前预算客服代表的人员编制，以便在新的一年里制定招聘及人员培训计划。

排班除了预测呼入量外，还有另一重要的数据，收集参与排班的客服代表的工作效率。即他们的每通电话的平均处理时长。

平均处理时长＝平均通话时长＋平均事后处理时长

也就是说，从顾客打进电话，到客服代表接起电话，到结束通话，再加上客服代表处理该通电话的工作，再加上进入准备接下一通电话的状态这一系列工作需要多长时间。平均处理时长的收集，直接影响到在预测了呼入量时，该安排多少客服代表来承担这些话务。

我们根据预测到的呼入量，按以下公式，可以推算出需要安排多少客服代表：

每半小时当值人数＝(每半小时预测呼入量×每通电话的平均处理时长)÷(1800×工时利用率×出勤率)

工时利用率＝(通话时长＋事后处理时长)÷总登录时长

工时利用率一般在70％～80％。

出勤率：预计可能会出现的病事假或迟到等无法按排班当值的情况，对于任何呼叫中心，由于培训、会议、休息等原因，客户服务代表不可能用全部出勤的时间来接听电话，一般在95％左右。

五、确定班次及当值人数

如今的排班比以前要困难得多。早期呼叫中心的功能和服务范围都较为单一，而今的呼叫中心所承担的职能和职责则复杂得多，不管从产品类型上还是从服务范围方面都更加宽泛。随着技术的日渐成熟，当越来越多的简单业务或交易可通过系统自助完成后，为客服人员留下的则是那些具有相对难度的问题和通话了。因此，为了支持客服人员能尽快地在线解决客户的问题，知识库的建设也日渐受到了重视。

客服人员除了掌握公司的业务知识，了解系统操作和沟通技巧之外，更多的客户潜在问题研究分析以及各种培训充斥着客服人员工作的每一天。现今，越来越多的企业引入了多种联络渠道以方便客户能够便捷地与企业联系，增加企业与客户之间的互动，但正是由于这些联络渠道的引入，恰恰为呼叫中心的排班增加了难度。

我们先来看看在呼叫中心常见的两种情况：

(1)人员不足：出现这种情况只会让当事者双方都极度不满意，呼叫者不满意，因为要长时间地等待；客服人员不满意，因为工作会过度繁忙、易于疲劳及产生情绪压力。当然，呼叫中心的管理人员也不满意，因为放弃率高、通话时间长、客服人员的出错率增加、客户的重复呼叫增加、成本增加；系统也会不满意，因为电话网络率上升、中继线负荷变大，虽然系统不会说话。

(2)人员过剩：有些呼叫中心不是很关注按需排人，而是有多少人就上多少，这种人员安排带来的不良后果可能会超乎管理人员的想象。一旦出现客服人员坐在席位中长时间地等待电话呼入而无所事事时，厌倦情绪将会在员工之间蔓延，现场秩序也有可能会遭到破坏。此时，管理能力会受到挑战，很有可能会使管理人员对此后的预算产生质疑。

我们不得不重复此间的那句话，“安排合适的人员在合适的地点和时间做合适的事情”，这不仅仅是管理的核心，也是衡量排班质量的关键，在现场管理中需要不遗余力地推动此原则，使其深入到管理的每个环节。

合理的排班，乃至优秀的排班的前提首先是需要正确识别各种不同类型的业务活动，然后再将这些不同类型的业务活动加以分类，再通过准确的计算进而得出基本所需的人员数量。当然你不能忽视一个重要的因素，那就是“损耗”，需要预估出损耗要求，接下来将是体现排班方案灵活性的部分，那就是利用排班备选方案来为一些可能变化的因素增加必要的灵活性，以及建立合理的管理制度确保能够按照指定好的排班推进执行。

其实，排班就是安排客服人员应该在什么时候上场参与的“游戏计划”。它将每个客服人员应该在什么时候上场，应该在什么时候下场都一一计划在内，并要求客服人员严格按照计划安排进行，以保障呼叫中心平稳地运营。这是一种高层次的预测，它的不同在于其给出的是某人在某时某地做某事。排班工序见图 4－5。

现在我们假设排班师在进行排班时已经获得了他所需要的各种信息和资源，有效的排班表就是要将每时、每日、每周、每月和每年的工作量变化反映出来，它将取决于更长期的预算以及短期的执行情况。

1. 人员损耗

也许你会对“人员损耗”这个术语感到陌生，但是有些情况可能你会觉得一点都不陌生，例如，每当公司安排临时任务，客服中心临时培训或者管理人员急需人员帮忙时，都会抽调一部分客服人员离线。这种临时抽调客服人员离线的事件时有发生，而且发生的次数有时会十分

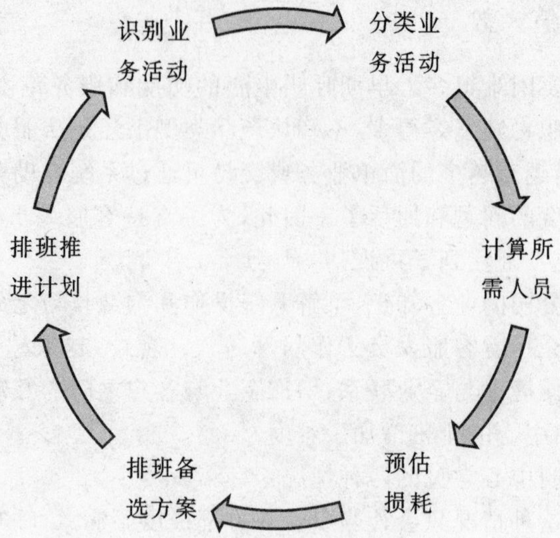

图 4-5　排班工序

频繁和随意。当询问为什么要这样做时，大部分管理人员给予的答案是："没办法，只是临时安排，但我们也按排班表的要求预留有一部分人员在线。"

这个问题的严重性被管理人员大大地忽略了！不管你的话务预测多么精准，不管你的系统设备多么先进，也不管你的指标设置得如何细致，在服务水平下降的一刻，一切都会显得苍白无力。

现在，让我们看一个在排班中经常会用到的指数——员工排班指数(Rostered Staff Factor，RSF)。解释这个指数有点复杂，不如我们先来看看公式：

RSF＝On Schedule/Base Staff Required

其中，RSF——Rostered Staff Factor(员工排班指数)；

On Schedule——排班人数；

Base Staff Required——所需的基本人员数。

通过公式可以分析出，所谓排班指数，针对的是在满足排班表上所需的基本员工数量之外，额外所需的最低员工数量。而正是这个额外的员工数量才能确保排班表上所要实现的呼叫中心服务水平和应答速度。也就是说，排班师根据呼叫中心设定的需要实现的服务水平指标确定了所需的基本人员后，在制定排班表之前需要加入此指数的计算，以确保服务水平指标的有效实现。

例如，在仅处理呼入服务的小组中，设定的服务水平指标为 80/20。假设在 9:00—9:30 时段内进入了 300 个电话，需要 36 个座席进行处理，但有 2 个座席需要参加培训，还有 1 个座席缺勤，那么此刻需要安排的座席数量应为 39 个，而不是 36 个，员工排班指数为 1.08。需要提醒的是，RSF 并不是存在已发生的状态中，而是以预测形式存在的，也就是说，排班师可以通过统计各时段的 RSF，将其应用在排班表的人员计算中。

另外，不能因为有了 RSF，就认为可以因需要而随时抽调现场人员，应该尽可能地根据排班表来进行人员管控，而不能仅凭感觉或是因为某些管理人员抽调人员而放松管控。呼叫中心里的每一个人都应为呼叫中心设定的指标负责，而不是因工作而工作；优秀的呼叫中心一定是由一个优秀的团队打造的，绝不是各自为战，各扫门前雪。

虽然前面说了导致员工离线的一些原因，但总会有一些事情要排除之外。呼叫中心几乎每天都会出现让管理人员意想不到的事情，而最让人无法预知的往往就是员工的缺勤借口。这里我们不是要去分析究竟哪些缺勤借口是“真正的借口”，而是要将这些缺勤和休息明确地包含在 RSF 计算中。此外，在呼叫中心中最常见的培训活动是否也应该计算在内呢？首先，尽可能地避免占用员工在线时间组织员工进行培训；其次，尽可能地避免用较长时间培训。如果仅仅是非离线状态下的业务说明或是业务指导，在计算时不需要包含培训因素；如果这个培训是经过事先安排的，则需要排班师将其纳入到计算之内。

呼叫中心没有哪个指标是一成不变的，或者是必须要与所谓的行业标准一样的。也许你会参考其他呼叫中心的 RSF，如果发现你的 RSF 与之相比要高出很多或者低出很多，那么请先查看一下那些呼叫中心的座席是否像你一样赋予了同样的工作职责？工作内容是否相同？是否也有与工作量无关的大量活动？排班师应对影响员工不在线的因素进行跟踪，并在排班时给予考虑，结合形势的变化调整计算，最终统计出呼叫中心的 RSF。

可能有人会质疑了，为什么不谈人员损耗反而一直在谈 RSF 呢？这两者是不是一个意思？当然不是一个意思，两者之间有着根本意义上的不同，单从字面意思即可理解，当然它们之间的差别非常细微。

先来理解一下损耗，它是指实际安排的人员与基本需求的人员之间存在浪费现象。例如，现场的基本座席人员需求是 85 人，其中 15 名被安排了其他工作，排班表上要求的是 100 个座席人员。这里面有 15 个座席人员并非在从事现场计划内的事物，也就是说这 15 个座席是被损耗掉的，人员损耗率为 15%。而我们前面讲过的 RSF 则关注的是排班师根据排班表的要求，并结合导致员工离线的情况向基本需要的人员中增添多少人员，据此可以计算得出 RSF 为 1.176。其实这两个概念长时间以来都被混淆使用了，后果则是导致人员数量安排过多了。

2. 备选方案

呼叫中心几乎每天都有变化，无论话务量还是业务，服务需求还是人员。正是这些变化让那些需要提前做出安排的工作变得异常困难，其中最让管理人员与排班师痛苦的莫过于人员上的变化。鉴于呼叫中心全年、全月乃至全天的员工分配浮动很大，制定多种备选方案一直是管理人员所要求的。多种备选方案制定的目的是保证有足够的人手在岗，同时避免大部分时间出现人员冗余的现象。

下面为大家介绍几种方法：

(1)轮班制：大部分呼叫中心都采用此方法进行排班，有正轮法、逆轮法、大轮班、小轮班等之说，这里不再赘述。呼叫中心无论采用何种方法轮班，应考虑人员的安排数量一定要符合话务的走势，决不能生搬硬套，管理人员要保证对这些轮班进行及时必要的调整，应将各种联络形式都考虑在内。

(2)调整时间：在呼叫中心的现场，常常发生着培训、开会、休息、午餐等一系列的事件。如何安排这些活动的时间，其出发点应从客户及员工的角度入手考虑，而不是以管理人员的时间是否为准。即便是稍加考虑，你也看到意想不到的效果。

(3)允许呼损：这里所说的允许呼损是指可接受范围内的呼损。如今的呼叫中心环境中有更多类型的问题和工作需要处理，有些工作还有特定的时间要求。面对这种两难的局面，应根据情况执行或稍缓处理，不一定要完全覆盖。如果计划控制得当的话，情况一定不会让你失望。

(4)加班机会:也许管理人员会认为没有几个员工愿意加班或者加班,但实际情况却跟想的不一样。如果呼叫中心依托有效的绩效体现支撑,不需要另行培训,会有很多客服人员表示愿意加班。当然,允许员工加班的前提应该是他们的工作状态和效能一直延续。

(5)机动班组:大型的呼叫中心可能更需要,通过灵活的班次安排可以让呼叫中心更有效地处理呼叫,也能很好地缓冲其他客服人员的压力。

(6)增援机制:这个方法对所有类型的呼叫中心都适用。在忙时应该辅助客服人员处理呼入、呼出或其他业务,为其释放一些过重的话务压力。使用增援机制的前提是管理人员要有周到的规划。

(7)安排兼职:有时呼叫中心会处理一些临时性或阶段性的工作,此时,雇佣一些适当的兼职人员是节省人力和财力的最好办法,虽然很多呼叫中心对此还只是停留在设想阶段。

(8)临时待命:虽然这个方法会遭到客服人员的反对和抵触,但它确实是很多呼叫中心乐于使用的方法之一,呼叫中心常常会采用此方法以应对那些不确定的或不能预测的事件,例如促销活动的初期。

(9)工作时间:有些呼叫中心采用的是工作日,有些呼叫中心采用的是工作时,不管用哪一种方法,重要的是员工能够工作的天数或小时数、

(10)远程办公:近些年,有些呼叫中心使用这种方法来照顾一些不方便上班的员工,它为呼叫中心营造了一个人性化管理的环境,甚至让员工原来难以接受的轮班问题都得到了一定程度的解决,提高了排班的灵活性,当然也增加了员工的满意度。

(11)采用外包:这是老生常谈的一个问题了。与国外不同的是,国内自建型呼叫中心基本不会将核心业务进行外包,而只是将一些非核心业务、营销活动或人力资源进行外包。实际上,经过10多年的发展,现在外包运营商的专业性已今非昔比,不容小视,对于处理各种复杂的联络活动也有着丰富的经验。

(12)两两合作:虽然此方法在国内还鲜有应用,但它的确可以节省大量的人力成本。不同行业的呼叫中心在一年四季中繁忙程度不一,可以根据两中心的季节差建立人员调配机制,也就是说两个中心的客服人员共享,协助对方处理季节高峰话务。这种方法不仅可以帮助企业降低人员的招聘成本,甚至还能节省雇佣临时员工的相关费用。

3. 整合策略

做好基础工作后应充分认识到,排班实际上是一个反反复复的过程,想要实现有效排班,就需要考虑策略问题:

(1)业务的整体规划:排班所关注的风向标永远是业务,它必须要与业务的发展相匹配,与呼叫中心目前阶段的情况相吻合。在整体规划中,应根据各时段的变化安排与之相符的工作内容和任务。

(2)客服人员的喜好:把员工剔除在策略之外是不明智的,应该让员工参与进来,使得他们乐于接受并遵守,因为其中涉及的因素很多,包括客观环境、重点时段、员工需求、运营指标、矛盾冲突等。

(3)客服组别的结构:混排还是单排?技能需求的专业化程度?员工技能与路由的设计?花点时间和精力去研究它,保持其简单性,使其得到相应的控制。

(4)设计排班表范围:需要提前排出多长时间的排班表,这个问题困惑了很多的排班师和

管理人员。可以明确的是，周期过长的排班表其实并不是最有效的，因为它可能会在实际话务量与预测值之间发生较大的偏差；当然周期过短的排班表也会使员工产生不满，因为他们都喜欢提前知道工作安排以便规划属于自己的时间，即使排班师认为这样的排班表准确度更高。最终，这个平衡是需要管理人员来把握的。

(5)必要的沟通互动：制定排班计划是需要上下联动的，应及时向上层主管汇报动态，向下属员工传递信息，不断梳理来自各方面的需求，加强沟通。排班师须尽可能地让更多的人接受并理解排班意图。这应该是一个集体智慧的结晶，其中也蕴含着众多技巧。

良好的策略整合，会极大地促进零散实务重组，排班师必须确定规则，控制好这一过程，从而得到最佳结果。

以下就以电信行业的呼叫中心为例来说明如何利用话务量波动法来进行人员排班，步骤如下：

(1)以半小时为周期计算平均月度时段来话量；

(2)通过公式来计算每时段应安排的客服代表人数；

(3)通过合理的人员分组来进行排班，实现对来话的覆盖；

(4)考虑中午及晚间就餐时间的人员；

(5)通过计算周工作时间，对排班的细节进行优化；

(6)通过对排班效率的评估来不断调整，提高效率，降低成本。

针对电信行业需要7乘24小时工作的呼叫中心，建议通过计算，按照轮班的形式进行排班，这样的排班有如下优势：

(1)完成了对现有来话量的最大覆盖；

(2)工作效率的极大提高；

(3)可以提供充裕的培训时间(在工作时间)；

(4)满足了大家对公平性的要求；

(5)与相应的考核制度结合，体现制度的透明；

(6)解决了专职上大夜班员工工作的实际困难(话量少、骚扰多、生理周期的颠倒、家庭的问题)，促进了呼叫中心整体服务品质的提升。

通过以上方法，在呼叫中心进行科学合理的人员排班，不仅可以提高现有人员的利用率，而且有利于呼叫中心成本的有效控制；在合理的成本下，确保呼叫中心优质服务的实现。

六、排班改进

合理的排班，能在保证服务水平的前提下，让人员的利用率达到最大值。预测的呼入量和实际的呼入量永远无法达到百分比的吻合，但我们能尽量接近实际呼入量，就是成功的一期排班。当出现预测呼入量和实际呼入量有较大的偏差时，就需要考验当值的话务监控者的能力了。

在出现实际呼入量少于预测呼入量时，为了避免过多的人力浪费，当值主管可以根据业务情况适当地抽出部分人员进行相关业务的培训或者安排补休等。在实际呼入量大于预测呼入量时，当值主管可以通过以下几项措施来保证服务水平：

(1)密切关注话务监控系统分析，必须保证现场至少有一人时刻关注话务的变化；

(2)控制客服代表的小休、用膳时间，保证现场所有客服代表进入电话接听状态；

(3)关注客服代表的电话状态,控制事后处理时长;

(4)适当地调整客服代表的技能。

如实施以上措施仍无法保证当时的服务水平,则应再采取以下应变措施:

(1)及时向上司反馈话务情况;

(2)向有本组技能的其他组同事提出支援申请;

(3)安排同事加班;

(4)主管亲自接听电话。

有必要的话,安排资深的、业务能力强的同事先记录客人的需求,不做处理,待话务回落后再联系客人跟进。

思考题:

1. 在排班时要考虑哪些因素?

2. 哪些因素往往制约找排班工作的有效实施?

【案例分析】

他们都去哪里了

孔明越看自己呼叫中心的数据,越是一头雾水,明明排出的人数是可以达到服务水平目标的,但怎么报表上显示的数据是低于服务水平呢?而且这几次的排班都是和排班师一起做的,为了确保目标达成他们还适当地增加了在线人数,怎么还是这样?孔明怎么都不相信眼前的事实,是不是电话量暴增造成了指标未达成?她又认真地核实了一遍话务数据的变化,基本没有什么变化,差值才20个左右,20个话务数据的变化绝不可能对服务水平指标有如此之大的影响。

为了验证问题到底出在什么地方,孔明来到现场,直接按人头查点在线人数,此刻,她只相信自己的眼睛,不对,在线人数怎么不够,怎么少了这么多人,人都到哪里去了?是不是自己数错了?孔明又数了一遍,还是不对,人去哪里了?

孔明扭身走到现场管理人员旁,问:"怎么现场在线的人数跟计划的人数不相符?怎么少了这么多人?已经严重低于在线标准了。他们都去哪里了?……"

你觉得孔明的问题该如何解决?

项目三　质量监控与培训

第一节　呼叫中心质量监控概述

随着中国呼叫中心事业的蓬勃发展,呼叫中心已经由一个新兴的行业向成熟化进步,各种自建型、外包型呼叫中心如同雨后春笋般涌现在中国大地。越来越多的呼叫中心培训、认证,越来越多国外呼叫中心进入中国,这一切,使得了解、认识、重视呼叫中心的人越来越多。在这个阶段,我们应该考虑的不再是什么是呼叫中心,呼叫中心能做什么,而是如何做好呼叫中心。这时,呼叫中心的质量控制,即如何做好质检工作,成为一项重要的工作。

一、呼叫中心质量控制的重要意义

无论是自建型呼叫中心还是外包型呼叫中心,无论是"成本中心"还是"利润中心",都时时刻刻在提供着各种各样的服务。这种服务可以是售前服务、售中服务，也可以售后服务。在市场经济竞争越来越激烈的环境下，打价格战必将两败俱伤，只有做好服务才是最根本的。呼叫中心作为企业的服务中心、客户关系管理中心，或者称为客户关系维系中心，所提供服务的质量尤为重要。保证每一位座席代表的服务质量就是在维护公司的形象与利益，是呼叫中心现场管理工作各个环节中重要的一环。

呼叫中心具有呼入与呼出两种基本的业务类型，质量控制工作针对这两种业务类型的重要意义各有不同。

二、呼入型呼叫中心质量控制的意义

呼入型呼叫中心的业务主要包括接听客户的咨询、建议、话务转接、投诉、定单处理等各种客户主动打入的电话，对于此类业务，质量控制工作的重要意义在于：

(1)保证座席代表服务的质量。

质量控制工作(质检)是除培训、现场管理、绩效考核以外能够有效保证服务质量的重要工作途径。

质检工作可以对座席代表部分甚至全部服务内容进行实时的监控，以及事后的复核。通过录音系统对每一个细节进行监控，保证每位座席代表的服务质量，进而保证整个呼叫中心的服务质量。

(2)保证座席代表服务的规范性。

专业的呼叫中心服务，要求每位座席代表的服务符合各种已定的规范，这是保障客户利益与公司利益的重要方面。根据不同的业务需要，我们对座席代表受理的客户问题都有相应的应对要求以及解决流程，质量控制工作就是在对座席代表监控的同时，保证服务的规范性。

(3)保证座席代表服务的一致性。

呼叫中心的服务应该是统一的，这个统一有两层含义：对每位客户的服务一致以及不同座席代表对同一客户的服务一致。在这个意义上，质量控制工作的重要意义就在于保证所有座席代表对每一位客户的服务都是一样的，树立、维护一致的公司品牌与形象。

(4)为培训工作提供各种真实案例。

质检工作所了解到的情况都是座席代表最直接的表现。通过实时监听以及录音复核，可以将问题重现，进而对质检工作中所发现的共性、个性问题进行分类与记录，提供给负责培训工作的培训人员，达到以典型案例培训与指导座席代表工作的目的。

(5)为座席代表考核，特别是服务质量的考核提供依据。

对座席代表的考核中重要的一项就是质量考核，通过一定周期各种方式的质检工作，可以量化座席代表的服务质量，结合其它现场管理的考核情况，为座席代表的考核工作提供考核依据。

三、呼出型呼叫中心质量控制的意义

呼出型的业务是指由座席代表主动打出的电话，主要业务类型包括电话销售、电话回访、客户关怀、数据挖掘、数据清洗等。对于此类业务，质检工作的重要意义在于：

(1)维护公司及客户的利益。

座席代表所呼出的每一通电话，都代表着公司(外包型呼叫中心代表的是客户公司)。由于呼出型项目多以座席代表的业绩来考核，所以座席代表难免将个人的利益看得比较重要，这时质检工作的意义就在于监控座席代表的工作，减少甚至杜绝出现假单、诱单、抢单等现象的发生，站在“公司利益第一”的角度判断、检查座席代表的工作。

(2)掌握座席代表的工作技能。

对于从事呼出的座席代表，由于是主动致电客户，可能遇到的情况相对呼入型业务更加复杂，并且客户拒绝的可能性更大，这就要求我们的座席代表掌握一定的呼出技能，比如电话沟通技巧、电话销售技巧、电话服务礼仪等，而这些方面的掌握程度一方面可以由座席代表的业绩表现出来，另一方面就需要通过质检来发现。质检工作是有针对性的，是实实在在的具体案例，能够非常有效地在实践中检验座席代表的工作水平。

(3)为座席代表的培训提供案例。

通过质检工作能够发现各种各样的问题，将这些问题整理、归类，制作成典型案例，并且提供给培训部门，供培训人员在对座席代表进行培训时使用。这样的案例来源于实际，来源于座席代表本身，更具有说服力与指导性，对提升座席代表的技巧与能力非常有帮助。

(4)为项目运营提供有益参考。

正是由于质检工作能够实时了解座席代表与客户的沟通情况，而且质检工作的覆盖面大，了解到的信息真实、全面，在检查座席代表工作的同时，更能够及时、准确地把握客户的需求，将这些信息反馈给项目经理及其它部门，有利于公司随时把握项目进展情况，为项目的运营提供有益的参考。

第二节　质量控制工作的实施

作好质量控制工作首先要在清楚质检工作重要意义的基础上，确定质检的原则、目的、标准以及质检的方式等工作环节。有效的质量控制一般需要从以下几方面开展：

(1)确定质检原则；

(2)明确质检目的；

(3)作好质检前的准备；

(4)选择质检方式；

(5)确定质检标准；

(6)质检信息的使用与反馈。

一、确定质检原则

通常来讲，质量控制要遵循“公平、公正、客观、及时、准确”等基本原则，这是对质检工作整体的要求也是对每一位质检人员的要求。只有遵循这样的原则来开展质检工作，才能起到有效控制质量的目的。

根据质检的原则，对每一个项目、每一个座席代表的质量考核标准应该是一致的，此为“公平”；在质检过程中，要严格根据质量标准的要求来执行，此为“公正”；质检员在质检过程中，要以客观事实为依据，而不能靠个人主观判断，这是“客观”；质检工作必须及时，在项目启动时就需要深入开展，因为在项目启动初期，是最容易出现问题的，所以，质检工作需要“及时”；从事质检的工作人员，需要掌握熟练的业务水平，有能力准确判断出各种问题，对发现的问题要能够准确定位。

二、明确质检目的

质检并不是为了挑座席代表的错误，而是要及早地发现问题，而发现问题更是为了使座席代表能够更好地学习，从而不断提高个人与整体的服务水平与质量。

如果质检的目的不是从公司、座席代表的角度去考虑，就可能成为一味地为找问题而找问题，而不去分析问题。这样，质检人员容易与座席代表成为对立面，这样不仅不利于质检工作本身，更不利于团队的分工协作，破坏团队凝聚力。

所以，正确的呼叫中心质量控制的目的是：从公司与客户的利益出发，以帮助座席代表改善服务质量。

三、作好质检前的准备

在质检工作开始前需要做好准备，为今后的质检工作打好基础。质检前的准备工作主要有：

(1)清楚了解项目要求，特别是对质量的要求。

不同的项目对质量的要求不同，对质检工作人员的要求也不同，所以在开始质检工作之前，需要与项目负责人及其他同事做好沟通，清楚地了解质检工作的要求。换言之，质检工作是建立在对项目的深刻认识这个基础上的。

(2)积极学习业务知识，熟练掌握业务知识。

服务质量控制是需要对质量进行控制与把关，而使质检人员掌握熟练的业务知识与技能是做好这项工作的前提。

为了更好地掌握业务知识，要根据业务需要及工作安排，认真组织质检人员接受项目培训，提升质检人员的业务水平。同时，要安排质检人员积极与座席代表进行沟通，了解他们对业务知识的认知程度，这样可以避免在质检中与座席代表出现理解分歧，要首先统一认识。

(3)分析业务重点与难点，制定质检计划。

“凡事预则立，不预则废”，任何一项工作都不能盲目地开展，需要在掌握需求、熟悉业务、了解座席代表情况的基础上制定质检计划。

质检计划应该包括所选择的质检方式、拟投入的时间与精力、质检效果的评估办法、质检问题的反馈流程、座席代表质检扣分标准、质检的重点等。

质检工作需要按着质检计划来进行，才能有条不紊地开展，避免产生质检的盲区，全面控制服务质量，使质检工作能够达到希望的目的。

四、选择质检方式

在质检工作中，需要掌握一定的质检方法，不能盲目地监听、复核，要将质检工作分出轻重缓急，根据具体项目对质检的要求，准确地选择所要质检的对象以及质检时侧重的主要问题。

电话监听是呼叫中心质量管理的一个独特手段，也是进行质量监控的必然方式。通过电话监听，可以实时掌握客户代表的状态信息(通话质量、通话时间、案面时间、就绪时间、休息时间等)，对客户代表的服务态度、活述规范、语言表达能力、专业知识、通话技巧、应变能力、呼叫控制、系统掌握、记录准确性和责任心等方面进行监控，促进客户代表更好地与客户进行交流，解决客户的问题，有助于提升整个呼叫中心的服务品质。

电话监听工作一般在呼叫中心系统内部进行，通常监听方式可以分为录音监听、远程时实监听和肩并肩监听三种形式。不同的监控方式有各自的优缺点(见表 4-4)。

(1)录音监听，即监听者通过客户服务系统对客户代表和客户的通话录音进行抽听，随机选取部分录音监听来评判客户代表的服务质量。

(2)远程时实监听，即监听者通过客户服务系统实时对客户代表和客户的通话进行现场监听，并在现场给予客户代表及时的指导和帮助。

(3)肩并肩监听，即监听者就坐在客户代表旁边，对客户代表与客户的通话进行监听，并存现场给予客户代表及时的指导和帮助。

表 4-4 电话监听三种形式的优缺点比较

监听形式	优点	缺点
录音监听	(1)为客户代表服务质量评帖提供依据； (2)客户代表自已也可以电话录音，以帮助自己判断需要改进的地方； (3)监听者可以灵活地选择监听的时间段，根据需要调录音； (4)监听者可针对客户代表进行集中听取	(1)由于不是实时监听，对客服代表的反馈会滞后； (2)如客户代表的解决方案或解答有问题，监听者不能进行插话纠正，只能在事后弥补或放弃； (3)过分依赖电话录音系统，如系统问题，会影响监听工作的进行
远程实时监听	(1)监听者不受时间的限制，对客户代表的通话进行实时监听； (2)客户代表并不清楚正在被监听，其表现金租自然，监听效果更真实； (3)可以给予客户代表及时的反馈； (4)客户代表的解决方案或解答有问题，监听者可以进行插话给予纠正或解释	由于不能确定客户电话何时呼入，监听者有时不得不为等待电话呼入而造成时间利用率的降低
肩并肩监听	(1)这种监听能保证双方都及时地交流沟通，监听者可以给予客户代表及时的反馈，并可以直接回答客户代表的疑难问题； (2)有利于监听者和客户代表建立良好的关系，增进彼此的信任感； (3)如客户代表的解决方案或解答有问题，监听者可以进行插话给予纠正或解释	(1)客户代表可能会由于监听者就在自己身边而感到羞怯或不安. 因此，不能够表现正常工作状态； (2)客户代表可能会因为监听者在身边而产生依赖心理

具体操作如下。

1. 质检对象的选择

做好质量控制，需要能够准确找到主要的质检对象，而不能“眉毛、胡子一起抓”。根据一定的质检原则，将全体座席代表的工作情况要有一定的判断与了解，对存在严重问题或者屡次出现问题的座席代表要有所侧重，加大质检力度，同时做好问题的跟踪。

2. 质检内容的选择

根据具体质检要求以及座席代表的实际情况，总结出座席代表常犯的共性错误、个性错误，并将各类错误做为主要的质检内容，在质检过程中着重对关键的问题点进行质检。

3. 质检方式的选择

随机抽查：质检工作常用的方式是抽检，特别是大型项目由于同时上线的座席代表较多，难以做到一个一个的质检，这时抽检就是一种有效的质检方式。在选择随机抽查这种质检方式时，特别要注意质检对象与质检内容的选择，提高质检效率。

摸底质检：在质检工作当中，特别是一个项目刚刚开始运作时，往往还不了解座席代表的工作情况，这时需要通过全面的摸底质检，对座席代表逐一进行考核。这种质检方式投入的工作量较大，重点是要对座席代表的情况进行掌握并且归类，比如哪些座席代表容易出错，哪些座席代表业务熟练，哪些座席代表沟通技能强，哪些座席代表工作经验不足等。只有在对全体座席代表的工作情况熟悉后，才能有针对性地选择质检对象。

同时，还需要对在全面质检中发现的个性问题、共性问题进行分类，做到心中有数，在后续的质检工作当中有的放矢，提高质检工作的效率。

在质检工作当中，往往根据项目不同阶段的需要，选择不同的质检方式。

五、确定质检标准

为了实现呼叫中心的数字化管理，对在服务质量监控中发现问题的座席代表需要结合个人绩效进行考评，这时就需要先制定一个质检评分标准，以便在质检过程中有章可依。

质检标准包括质检的主要方面、质检发现问题的处理办法等，这些标准是质检员在质检工作的依据。同时，座席代表也需要了解质检标准，以便在服务过程中“有法可依”。

六、质检信息的使用与反馈

质量控制的目的很明确，就是为了发现问题并且帮助座席代表解决问题。所以，质检结果的反馈也是非常重要的。如果只是做了大量的质检工作，而对质检得到的信息没有相应地反馈或者只是对座席代表进行有效地传递，其实并没有真正实现质检的目的。

所以，质量控制工作要注重质检信息的使用。通过对质检结果的归纳、整理及反馈，将质检中发现的问题以及获取到的信息，及时地反馈给负责项目管理工作的其他同事以及培训人员，通过各个环节来帮助座席代表纠正错误，将个性的问题共享，共性的问题共勉。这样，通过质检工作与各个工作环节的配合，才能够使项目整体的服务质量得到不断提升。

呼叫中心通过定期召开“质量分析会”，召集所有的客户代表参加，质量监控人员和客户代表可以在会议上充分沟通。一方面可以对质量监控成绩进行分析，并播放典型录音进行评价总结其优缺点，另一方面可以听取客户代表的心声。

然而实施监控后的结果和问题必须尽快地以面谈的形式反馈给客户代表本人，反馈内容应该包括监控中发现的优点和缺点，以及改进的建议。因此呼叫中心应建立完善的沟通反馈机制，这样才能从根本上解决质量方面问题。

沟通是润滑剂、胶黏剂和催化剂，良好的沟通可以产生理解和思想的一致。把持续改善服务质量的原则用于沟通上，可以消除质量监控人员和客户代表之间的误会和矛盾。质量监控人员发现影响服务质量的问题后，应及时给予反馈与指导。正面的反馈可以激励员工的士气和自尊，而建设性的批评，是用一种恰当的方式给予话务代表以指导，对于绩效的改变能起到较大的影响。而在呼叫中心的实际运营过程中，将这两种反馈方式平衡运用，更能提高客户代表的工作热情，使之配合质量监控工作的开展，并愿意接受监控人员的帮助，从而改进他们的接话质量。质量监控人员有必要倾听、信任和赏识客户代表提出的新的观点，这样更可以促进质量监控工作良性地发展。呼叫中心建立定期的面谈机制，根据质量成绩实行“分级面谈”。

总而言之，还有很多方法和措施值得探讨和实践，当然也希望呼叫中心的高层管理者和质量监控负责人员更多地倾听客户代表的声音，将质量监控工作由一种提高服务质量的外界手段转变为客户代表的自觉行动，客户代表自身产生改善服务质量的意识，才可以有效消除监控人员与客户代表的对立。

做好呼叫中心的质量控制工作非常重要，需要成立专门的质检部门或者针对具体项目成立专门的质检小组，通过质检部门或者质检小组有序地开展质检工作，实现质量控制的科学化及规范化。质检人员职责表见表 4－5。

表 4－5　质检人员职责表

<table>
<tr><th>职责</th><th>对 TSR 的监听监控</th><th>业绩评估</th><th>服务指导</th><th>处理投诉</th></tr>
<tr><td>座席服务质量监督</td><td>每天对 TSR 的工作进行监听监控，保证优质服务</td><td>＊对 TSR 个人的服务质量评估；
＊整体质量评估</td><td>＊对 TSR 服务中存在的问题做出适时、及时的指导；
＊制定规范工作流程</td><td>＊处理刁钻的客户；
＊与相关部门协调处理投诉</td></tr>
<tr><td>能力要求</td><td colspan="4">客服经验，分析能力，沟通与协调能力，良好的心理素质</td></tr>
<tr><td>人员设置</td><td colspan="4">2～3 人（保证早中班至少一人在班）</td></tr>
<tr><td rowspan="2">工作内容</td><td>日常工作</td><td colspan="3">（1）监听 TSR 接听来电：每 TSR 至少 1 次时监听；
（2）给 TSR 服务质量进行评估，记录日志：每天每人均有评分，按技能分类评估；
（3）须与各部门协调固定业务的工作衔接（长期、短期）：主动沟通、保证本部门工作顺利进行；
（4）对 TSR 工作情况进行监控：发现问题及时纠正，根据呼入量调控在岗人员、保证高峰期呼损不得高于 15％，非高峰期呼损不得高于 10％</td></tr>
<tr><td>非日常工作</td><td colspan="3">（1）对新业务制定座席工作流程，及规范要求并准确传达给当班座席：熟悉座席的工作流程，有效、严谨的规范要求、传达及时；
（2）处理“刁钻”客户：维护本中心的整体形象，处理方式得当，不产生更严重后果；
（3）座席工作情况统计及分析：月报表，整体情况分析，个案分析；
（4）对 TSR 进行业务指导：时时指导，适时指导，针对性指导；
（5）根据座席整体情况提出培训建议</td></tr>
<tr><td>工作要求</td><td colspan="4">工作主动，工作方式得当，统计分析详细，评估公平公正；</td></tr>
</table>

注：TSR—Telephone Service Representative，电话销售代表。

第三节　呼叫中心质量监控的指导

呼叫中心要实施质量监控，必须要拟订相适合的“质量监控标准”和“服务质量指标”。“服务质量指标”通常选择致命错误与非致命错误率，以电话中出现的错误数来计算。致命错误与非致命错误定义：

(1)致命错误：导致客户需要再次拨打电话或者做别的事情，包括一切非法事项，给客户错误答案，服务态度不好，话语激怒客户，做出破坏企业形象、损坏企业利益的事等。

(2)非致命错误：让客户感受不好的事情，包括解决了客户的问题，但在规范用语上欠缺，不用敬语、尊称，技能技巧运用不好等。

致命错误的增多会导致：

(1)让客户的满意度降低。

(2)呼叫中心的电话量、业务量增加，一次解决率降低。

(3)客户对企业的信任度降低。

(4)企业成本支出增多等。

非致命错误的增多会导致：服务质量降低，使客户感受不好等。

因此降低致命错误与非致命错误率，是提高电话质量的必然手段。一旦《质量监控标准》确定后，监听人员应严格按照《质量监控标准》进行评定。《质量监控标准》使质量监听人员在进行电话监控及评估的过程中，有据可依，且达到标准一致，使客户代表的工作质量得到公正评价。

《质量监控表》是监听人进行电话监听时质量打分的工具，根据其《质量监控标准》进行项数的界定，《质量监控表》的结构一般包括四部分(可根据实际情况进行调整)。

(1)本信息。包括被评估人、监听人及客户的基本信息。

(2)致命评估项。包含5个考察项。

①提供正确方案并解释；

②冒犯客户或与其争执；

③电话升级处理；

④正确选择业务单；

⑤工单记录的准确性。

(3)非致命错误评估项。包含10个考察项。

①礼貌问候；

②确认信息；

③语言语调亲切；

④按规范置HOLD或等待；

⑤用语恰当、规范；

⑥止确提问；

⑦熟练应用系统；

⑧确认方案；

⑨工单细类选择正确；

⑩按规范礼貌结束电话。

(4)整体评估。对客户代表在此次咨询中的优点及不足进行文字说明，并针对不足之处提出改进建议。

监听人员在填写《质量监控表》时，应认真仔细，须填写完整，不可有空白项。当某些项目由于监控方式的原因无法填写时，用“/”补填完整，例如，当肩并肩监控时通话的时长不好计算，可用“/”来表示。“基本信息”中的“电话类别”一项，根据客户咨询需求来选择咨询类型，分为咨询、报修、业扩报装、投诉建议共四类。

质量监控评分原则：如果某一评估项中有NA(监听中无法监测的内容项)选择，则此项会有两种可能导致：第一种，咨询过程中没有涉及该项内容；第二种，受到监控方式所限(例如远程监控)，此次评估中未被考察到。按照监控表中所附的评分说明，满足要求的项目评为“1”分，未满足要求的项目评为“0”分。

非致命错误及致命错误的计算方法及通过标准：

(1)单通电话。

非致命错误数＝单通电话中“非致命错误”项中评价为“0”的项目和。

致命错误数＝单通电话中“致命错误”项中评价为“0”的项目和。

非致命错误准确性是否通过：fail为单通电话中非致命错误数≥3，pass为单通电话中非致命错误数＜3。

致命错误准确性是否通过：fail为单通电话中致命错误数≥1，pass为单通电话中无致命错误。

单通电话是否通过：fail为“非致命错误准确性”和“致命错误准确性”中有任一个为“fail”；pass为上述两项准确性全部为“pass”。

(2)多通电话(用于计算班组业绩或中心整体业绩)。

非致命错误率＝电话中非致命错误的数量/(监控的总电话量×非致命错误监控项数)

致命错误率＝电话中致命错误的数量/(监控的总电话量×致命错误监控项数)

呼叫中心质量监控表见表4-6。

表4-6 呼叫中心质量监控表

员工姓名		班别	
工号		组别	
话务类型		测听人	
测听方式		测听日期	
客户编号		时长(S)	
主叫号码		录音生成时间	
电话类别		工单号	
服务内容		错误类型	得分
1. 礼貌问候，表述规范			
接通电话时按照规范礼貌地问候客户，根据电话类别按规定进行陈述		非致命1	
2. 确认信息			

续表 4－6

收集、核对客户的信息，探寻客户需求，确认客户问题	非致命 2	
3．态度、用语规范		
(1)语气、语调是否亲切	非致命 3	
(2)让客户 HOLD(呼叫保持)、等待时，遵循规范	非致命 4	
(3)通话过程中的用语是否恰当、规范	非致命 5	
4．技能技巧		
(1)围绕主题正确提问，控制通话节奏主动权，妥善引导客户情绪，站在客户立场考虑问题	非致命 6	
(2)系统操作熟练	非致命 7	
5．方案提供和工单填写		
(1)对客户问题提供准确方案并进行正确的解释	致命 1	
(2)确认方案，并确定客户已经理解	非致命 8	
(3)电话服务过程中态度好、服务主动积极，避免出现搪塞、推诿客户现象，不能冒犯客户或与其争执，站在客户立场考虑问题	致命 2	
(4)重要问题升级处理，电话回拨	致命 3	
(5)正确选择业务单种类	致命 4	
(6)工单记录是否准确、完整	致命 5	
(7)工单细类是否选择正确	非致命 9	
6．恰当结束		
按照规范礼貌结束电话	非致命 10	

非致命项目数		致命项目数	
非致命错误数		致命错误数	
非致命错误(Pass/Fail)		致命错误(Pass/Fail)	
整通电话通过情况			
给予服务代表的反馈			
优点			
待改进			

注：若非致命错误≥3 项为 0，则整通电话不通过；若致命错误有一项为 0，则整通电话不通过。

如何有效地改善服务质量，提高客户满意度，一直以来都是呼叫中心的重头戏，加强质量管理也已经成为了提升企业服务竞争能力的一项目重要工作和核心内容，呼叫中心作为客户服务的重要载体，关键的一个问题就是如何保障服务指标达到设定的要求。而质量监控的实施，对整个呼叫中心通话质量的监督和提升起着重要作用，使以前无法监控到的问题得到控制与改进。

值得指出的是，就呼叫中心的质量监控而言，我们已做到了全面的语言管理，并已取得了一定的成效。我们可以看看下面的案例。

【案例】呼叫中心进行质量监控前后对比。

没有进行质量监控前的回答。

电话铃响到第三声时,客户代表李××赶紧接起电话。

客户代表:“喂,你好,这里是××中心××号客户代表为你服务,请问有什么可以帮你的?”(语气平淡,显得有气无力)

客户:小姐,我们这里电线被偷了!

客户代表:是外线被盗吗,

客户:是我们楼梯间的线,很长一段都不见了。

客户代表:先生,请问你停电了吗?(公事化询问,无尊称)

客户:今天早上就停电了,出去一看,我们这几层都停电了。

客户代表:是哪几层呐?请您描述清楚。(语气稍显钢硬,有责怪客户未说清楚的意味)

客户:是七、八、九层。

客户代表:请问先生电费在哪里缴纳的?

客户:啊?你是怀疑我们没缴电费?我们是每月都按时缴纳了电费的,没有欠费。

客户代表:我想问的是你的电费是到哪里缴的?(对客户的疑虑未进行安慰和解释,询问缴纳电费处,只是判断直供户的手段,并非怀疑客户未缴纳电费)

客户:我们是缴到营业厅的,没有欠过费。

客户代表:那麻烦你把停电的具体地址告诉我。

客户:××区双林路××号。

客户代表:请问是哪个林?

客户:双木林。

客户代表:那请问来电显示号码能联系你吗?(未确认地址和电话)

客户:可以。

客户代表:那好的先生,这个情况我们尽快通知工作人员过来处理,请你到当地的派出所报案。(命令的口气)

客户:还要我自己去报案?为什么?

客户代表:这是规定。(解释不到位,缺乏沟通技巧)

客户:那好嘛。(很无奈的答应了)

客户代表:请问还有什么能够帮助你的吗?

客户:就这事。

客户代表:好的,欢迎再次致电95598,再见!

资料来源:××电力客户服务中,2013年5月报修电话录音。

对于这一案例,从整个通话过程来看,客户代表李××不够热情,也谈不上微笑服务。通话过程中有些语言太刚硬,接话不够主动,好像是被动地在应答客户,比较机械。没有询问和使用客户的称呼,以体现个性化和人情味。

进行质量监控、语言管理后的回答。

电语铃响到第二声时,客户代表李××不慌不忙地接起电话。

客户:小姐,我们这里电线被偷了!

客户代表:请问是外线被盗吗?(充满乐于服务的热情,结尾用升调,使开场白更有人情味)

客户:是我们楼梯间的线,很长一段都不见了。

客户代表:“哦,是这样。请问您贵姓呐?”

客户:姓陈。

客户代表:陈先生,请问您停电了吗?(运用尊称,有亲切感)

客户:今天早上就停电了,出去一看,我们这几层都停电了。

客户代表:请问是哪几层停电呐?

客户:是七、八、九层。

客户代表:请问陈先生电费在哪里缴纳的?

客户:啊?你是怀疑我们没缴电费?我们是每月都按时缴纳了电费的,没有欠费。

客户代表:对不起,陈先生,我并不是怀疑您没缴电费,我只是想问您电费缴纳的地点。(对客户的疑虑进行澄清,并在适当时候表示歉意)

客户:我们是缴到营业厅的。

客户代表:好的,那麻烦您把停电的具体地址告诉我。

客户:××区双林路××号。

客户代表:请问是双木林的林吗?

客户:是的。

客户代表:那请问××××××××这个电话号码能联系您吗?(及时确认联系方式)

客户:可以。

客户代表:那好的陈先生,这个情况我们尽快通知工作人员过来处理,能麻烦您到当地的派出所报案吗?

客户:还要我自己去报案?为什么?

客户代表:哦,是这样的,因为外线被盗需要公安部门出现场给予证明,能麻烦陈先生吗?

客户;哦!那好吧。

客户代表:陈先生,感谢您给我们提供这个信息,我们尽快通知工作人员过来处理,好吗?(当客户提供对电力有益的信息时能及时向客户致谢,给予客户非常周到的服务)

客户:好的,谢谢!

客户代表:请问陈先生还有什么能够帮助您的吗?

客户:没有了,谢谢!

客户代表:好的,谢谢您,欢迎再次致电 95598,陈先生,再见!

资料来源:××电力客户服务中心 2014 年 2 月报修电话录音。

以上两个电话内容相近,只是事情发生的时间大约有一年左右,通过对比不难看出,该客户代表在经过呼叫中心语占管理并实施质量监控后,在呼叫语言的专业感和效率等方面都比以前有明显进步。

第四节　呼叫中心培训

培训如今成为呼叫中心运营管理中一个不可缺少的环节。通过培训改变员工的价值观、工作态度和工作行为,指导员工获取新知识、提高技能以适应企业的需要。本节主要规定了新老员工岗前以及在岗、下岗培训流程、方案及有关内容。

(1)岗前培训:用于新招聘的客户代表(包括临时员工)上岗前培训。

(2)岗前强化培训:适用于离岗一个月以上,增聘或(或补充缺额)的且在95598呼叫中心有过工作经历的客户代表,培训针对性强。

(3)在岗培训:为保证呼叫中心员IT对新业务、新系统、新流程及新功能等方面的及时培训,从而确保服务质量及客户满意。

(4)离岗培训:适用于连续两月同一绩效指标未达标或半年内同一个绩效指标累计三次未达标的员工,离岗进行相关培训,达到提高绩效水平和服务质量的目的。涉及人员及职责如下:

①专责:负责岗前培训整体设计、安排与实施,定期组织培训师和培训负责人对培训教材、考试试题进行更新和交流。并持续不断地给予员工工作指导,对其工作表现和成长负责。

②内训师:由呼叫中心负责人、各业务管理专责、值班长、业务技能突出的人员及公司部门相关专责担任,负责培训课程讲授、阅卷与学员的管理工作。

③值班长:负责拟订本班组培训计划并组织实施。

④质量监控专责:负责根据服务质量情况及时向培训专责提供培训需求和培训人员名单,并做培训指导。

⑤现场管理专责:负责向培训专责提供现场服务规范及业务流程方面的培训需求和培训人员名单,并做培训指导。

⑥绩效管理专责:负责向培训专责提交根据当月绩效需改进的方面和有下岗培训需求的人员名单,并做培训指导。

⑦有关人力资源管理部门:负责审批呼叫中心培训专责提供的培训计划及培训费用。

一、培训技巧

每一个呼叫中心的从业人员都认识到:培训工作不仅可以帮助队员提升技能、表现,进而提升整个团队的表现和运营能力,更重要的是,培训工作能给员工极大的激励,通过帮助员工补充不足或阶段提升,让员工始终保持高度的工作热情,也保证了团队的高度活力。

培训工作还是一种福利,不断给员工精神营养,让员工自身不断提升,这使得培训工作也成为保持员工忠诚度、工作满意度的一种手段。并且,学习型组织的建设可以使团队呈现上进、共同进步的氛围,这样,培训也成为团队建设的良好方法。

本章从培训的内容、原则、方法、评估等方面的介绍,全面呈现了呼叫中心培训工作的架构。

二、培训内容及分类

除了企业的一些基本情况,如愿景、价值观、文化及一些人事、行政方面的规章制度外,呼叫中心的员工培训大体上应该包括如下内容。

1. 培训分类(按培训阶段分)

(1)岗前培训。

岗前培训主要涵盖专业知识、技能操作、辅助工具培训、基本软技巧培训。

(2)在岗培训。

在岗培训主要涵盖业务提升培训、技能提升、素质提升培训、语言培训。

(3)转岗及岗位交叉培训。

新岗位角色及职责培训、新岗位业务培训、新岗位技能培训。

(4)晋升培训。

主要包括管理基础知识培训、管理工具培训、管理能力提升培训、素质提升培训。

2. 培训分类(按培训内容分类)

按内容,培训课分为如下几类,如表 4-7 所示。

表 4-7　培训分类表

公共类	技能类	素质提升类	管理类	语言类
公司介绍 价值观培训 职业道德 客服中心介绍	知识:行业知识;工作必备知识,包括技术、沟通技巧及行业常识 流程:相应工作涉及的所有流程 工具:CRM 系统,电话系统,数据库系统,知识库等	电话处理技巧 投诉处理技巧 服务同理心 应变能力技巧 沟通技巧 谈判技巧 人际关系技巧 培训技巧 数据分析技巧	现场管理 辅导技巧 团队管理及激励 压力及情绪管理 高效执行力 绩效管理 质量管理 时间管理 非人力资源的人力资源管理课程 ……	英语 粤语 普通话提升 (语音、语调)

呼叫中心在招聘的时候都会要求员工具备一些基本的技能和素质要求,但是在员工招进来之后,却往往忽视了对这些基本技能和素质的继续培养和提升。应该有规律地重新评估员工在这些基本的技能和素质要求方面的表现,并根据检验结果把欠缺部分放入继续培训计划中。

同时,总结绩效表现优秀员工的综合素质特点以及这些特点是如何形成的。培训中可以引用这些实例。一些共性的东西可以用于流程改进并且完善目前的培训计划。

三、培训应遵循的原则

我国职业培训与发达国家相比,无论是在硬体建设还是软体发展上,都存在很大的差距。而其中最大的差距莫过于在培训的内容设置方面,我们过多地模仿国民教育体系,偏重于学历教育和知识灌输,而在突出技能培训和观念变革方面严重不足。特别是呼叫中心的职员培训,目前还没有一套成熟的模式可以借鉴,大家在摸索着前进。随着国内客户服务理念逐步深入,越来越多的企业设立了呼叫中心作为与客户之间的门户,其重要性越来越得到认同,呼叫中心的成功建立、高效运营摆在了管理者们面前,培训成为提高运营效率、创造绩效、增强竞争力的必不可少的手段。呼叫中心职员培训可归为职业培训范畴,遵循基本的职业培训原则,如表 4-8所示。

表 4-8 培训遵循的原则表

项目	内容
实用性	培训以实用为主，目的让接受培训者能掌握和运用、发展和提高岗位专业能力，侧重于基本能力在实际中的运用
标准性	依据客服中心各业务技能部门的工作程序及标准进行培训，专业知识培训课程都必须有统一的教材和考核标准
全员性	培训的目的在于提高客服中心全体员工的综合素质与工作能力，所有人员都应充分认识培训工作的重要性，从前、中、后台到管理层都要积极参加培训、不断学习，并参加考核
计划性	计划工作要根据培训需求，制定有目的、有针对性的计划，并按计划严格执行
跟踪性	培训结束后要对培训内容进行考核，考核要有结果与奖惩，要及时定期检验及跟踪培训效果

四、呼叫中心培训十要素

1. 围绕呼叫类型，为话务员提供循序渐进的培训程序

有许多的话务员培训参考资料，包括合理的规则、系统信息和公司编码等。但是在大多数例子中缺乏一个步骤指南，可以使得话务员容易地获得在任何一个给定时间基于不同呼叫类型的一步步指导。通过使用编制得很好的、针对每一个呼叫类型的步骤程序，所有的话务员将准确地知道如何在某个场合回答一个给定的呼叫。这将创建一致性并提高呼叫的精确度。即使没有时间接受正规的培训，为话务员提供一步步的程序指南也将提高呼叫中心的生产力和质量。

2. 尽可能将现有的参考资料简单化

要尽可能地使信息容易被获取，将现有的参考资料缩短并定出要点。如果现有的资料是纸张印的，最好转成在线格式，要让话务员可以很快地找到想要的资料。

3. 围绕呼叫类型组织培训要点

如果有时间进行正规的培训，创建的步骤指南将有助于支持培训效果。如果是围绕呼叫类型组织培训，这将需要培训实际操作，处理每一个在工作中可能遇到的呼叫类型。先要从简单的、需要更多基础技巧的呼叫开始，逐渐到一些需要复杂技巧的呼叫。在培训进入更高级的阶段之间，要确保话务员已经具备了前面所学的每一个技巧的真实能力。

4. 允许话务员在不同的呼叫类型中扮演角色

一旦话务员掌握了每一个呼叫类型，应该给他们一个机会，在学习的环境中扮演不同呼叫类型的角色。要尽可能将学习环境模拟成与实际工作一样。这种角色扮演应该包括不同的呼叫类型中简单和复杂的呼叫。

5. 学习环境要尽量与实际工作条件相像

要将学习环境做得与话务员在实际中所面对的情况一样，是否有多种对话，座席是否处于

话务量高峰期等。

6. 允许话务员以自己的步骤学习并尽可能多实践

人们只有从实践中才能更好地学习和掌握知识。要保证培训的成功,实践的课程要占总课程数的50%以上。随着掌握的熟练程度,有些培训者可以比其他人少一些实践。要注意,不要让一些已经很有经验的培训者在培训中产生厌烦情绪,在编制课程时,要允许这部分培训者进入到更高一级的复杂技巧培训阶段。而对那些实践经验还欠缺的培训者要给予更多的培训时间,以便他们掌握技巧,并树立起在实际工作中所需的自信。

7. 使培训者按照与实际工作相同的标准操作

给予培训者足够的实践锻炼机会不仅将帮助培训者在不同的呼叫类型中获得成功,也要在培训中按实际标准进行要求,如通话时长等。对于那些在培训结束后没有能100%精通技巧的培训者,要在他们返回工作岗位时,再制定一些特殊的计划,这将有助于他们尽可能快地达到实际工作标准的要求。

8. 将阅读减少到最小

对于任何的培训所需要的资料,要做到尽量不基于纸张,而是采取在线形式或光盘、磁带。如果需要提供基于纸张的资料,主要写出要点即可,如"需要知道的"在资料的旁边要留下大部分的空白空间。

9. 强化主管的培训

培训结束后,要给予主管工具、技巧和资料,使他们能够继续不断地指导话务员工作。为了保证培训的持续性成功,对于呼叫中心主要要强化培训,在培训期间要提供最好的实践。否则,新接手培训的话务员在返回到工作实际中,就会发现与培训时不同的程序步骤、执行标准。

10. 为新培训的话务员提供支持的工作环境

当新培训的话务员返回工作岗位后,为确保培训效果,在一定的时间内最好为他们配备辅导教师。当然,首先这些辅导教师需接受正规培训,具备这样的能力。至少主管应该在话务员需要得到帮助时能对他们有所指点。

五、常用的培训方法

培训的效果在很大程度上取决于培训方法的选择,当前,呼叫中心培训的方法有很多种,不同的培训方法具有不同的特点,其自身也是各有优劣。要选择到合适有效的培训方法,需要考虑到培训的目的、培训的内容、培训对象的自身特点及企业具备的培训资源等因素。下面我把企业培训常用的8种方法的特点和适用范围给大家一一介绍,供大家参考。

1. 讲授法

讲授法属于传统模式的培训方式,指培训师通过语言表达,系统地向受训者传授知识,期望这些受训者能记住其中的重要观念与特点知识。

【要求】培训师应具有丰富的知识和经验;讲授要有系统性,条理清晰,重点、难点突出;讲授时语言清晰,生动准确;必要时运用板书;应尽量配备必要的多媒体设备,以加强培训的效果;讲授完应保留适当的时间让培训师和学员进行沟通,用问答方式获取学员对讲授内容的反馈。

【优点】运用方便，可以同时对许多人进行培训，经济高效；有利于学员系统地接受新知识；容易掌握和控制学习的进度；有利于加深理解难度大的内容。

【缺点】学习效果易受培训师讲授的水平影响；由于主要是单向性的信息传递，缺乏教师和学员间必要的交流和反馈，学过的知识不易被巩固，故常被运用于一些理念性知识的培训。

2. 工作轮换法

工作轮换法是一种在职培训的方法，指让受训者在预订的时期内变换工作岗位，使其获得不同岗位的工作经验，一般主要用于新进员工。现在很多呼叫中心采用工作轮换则是为培养新进入企业的年轻管理人员或有管理潜力的未来的管理人员。

【要求】在为员工安排工作轮换时，要考虑培训对象的个人能力以及他的需求、兴趣、态度和职业偏爱，从而选择其适合的工作；工作轮换时间长短取决于培训对象的学习能力和学习效果，而不是机械的规定某一时间。

【优点】工作轮换能丰富培训对象的工作经历；工作轮换能识别培训对象的长处和短处。

【缺点】如果员工在每个轮换的工作岗位上停留时间太短，所学的知识不精；由于此法鼓励"通才化"，因此，适合于一般直线管理人员的培训，不适用于职能管理人员。

3. 工作指导法

工作指导法也叫教练/实习法。这种方法是由一位有经验的技术能手或直接主管人员在工作岗位上对受训者进行培训，如果是单个的一对一的现场个别培训则称为我们企业常用的师带徒培训。负责指导的教练的任务是教给受训者如何做，提出如何做好的建议，并对受训者进行鼓励。这种方法一定要有详细、完整的教学计划，但应注意培训的要点：第一，关键工作环节的要求；第二，做好工作的原则和技巧；第三，须避免、防止的问题和错误。这种方法应用广泛，可用于基层生产工人。

【要求】培训前要准备好所有的用具，搁置整齐；让每个受训者都能看清示范物；教练一边师范操作一边讲解动作或操作要领。示范完毕，让每个受训者反复模仿实习；对每个受训者的试做给予立即反馈。

【优点】通常能在培训者与培训对象之间形成良好的关系，有助于工作的开展；一旦师傅调动、提升或退休、辞职时，企业能有训练有素的员工顶上。

【缺点】不容易挑选到合格的教练或师傅，有些师傅担心"带会徒弟饿死师傅"而不愿意倾尽全力。所以应挑选具有较强沟通能力、监督和指导能力以及宽广胸怀的教练。

4. 研讨法

研讨法是按照费用与操作的复杂程序又可分成一般研讨会与小组讨论两种方式。研讨会多以专题演讲为主，中途或会后允许学员与演讲者进行交流沟通，一般费用较高。而小组讨论法则费用较低。研讨法培训的目的是为了提高能力、培养意识、交流信息、产生新知。比较适宜对管理人员的训练或用于解决某些有一定难度的管理问题。

【要求】每次讨论要建立明确的目标，并让每一位参与者了解这些目标；要使受训人员对讨论的问题发生内在的兴趣，并启发他们积极思考。

【优点】强调学员的积极参与，鼓励学员积极思考，主动提出问题，表达个人的感受，有助于激发学习兴趣；讨论过程中，教师与学员间，学员与学员间的信息可以多向传递，知识和经验可以相互交流、启发，取长补短，有利于学员发现自己的不足，开阔思路，加深对知识的理解，促进能力的提高。据研究,这种方法对提高受训者的责任感或改变工作态度特别有效。

【缺点】运用时对培训指导教师的要求较高;讨论课题选择的好坏将直接影响培训的效果;受训人员自身的水平也会影响培训的效果;不利于受训人员系统地掌握知识和技能。

5. 视听技术法

视听技术法就是利用现代视听技术(如投影仪、录像、电视、电影、电脑等工具)对员工进行培训。

【要求】播放前要清楚地说明培训的目的;依讲课的主题选择合适的视听教材;以播映内容来发表各人的感想或以"如何应用到工作上"来讨论,最好能边看边讨论,以增加理解;讨论后培训师必须作重点总结或将如何应用在工作上的具体方法告诉受训人员。

【优点】由于视听培训是运用视觉和听觉的感知方式,直观鲜明,所以比讲授或讨论给人更深的印象;教材生动形象且给学员真实感,所以也比较容易引起受训人员的关心和兴趣;视听教材可反复使用,从而能更好地适应受训人员的个别差异和不同水平的要求。使用灵活,符合分散式学习的新趋势,学员可灵活选择学习进度,灵活选择学习的时间和地点。

【缺点】灵活选择学习的成本较高,内容易过时;选择合适的视听教材不太容易;学员处于消极的地位,反馈和实践较差,一般可作为培训的辅助手段。

6. 案例研究法

案例研究法指为参加培训的学员提供员工或组织如何处理棘手问题的书面描述,让学员分析和评价案例,提出解决问题的建议和方案的培训方法。案例研究法为哈佛管理学院所推出,目前广泛应用于企业管理人员(特别是中层管理人员)的培训。目的是训练他们具有良好的决策能力,帮助他们学习如何在紧急状态下处理各类事件。

【要求】案例研究法通常是向培训对象提供一则描述完整的经营问题或组织问题的案例,案例应具有真实性,不能随意捏造;案例要和培训内容一致,培训对象则组成小组来完成对案例的分析,作出判断,提出解决问题的方法。随后,在集体讨论中发表自己小组的看法,同时听取别人的意见。讨论结束后,公布讨论结果,并由教员再对培训对象进行引导分析,直到达成共识。

【优点】学员参与性强,变学员被动接受为主动参与;将学员解决问题能力的提高融入知识传授中,有利于使学员参与企业实际问题的解决;教学方式生动具体,直观易学;容易使学员养成积极参与和向他人学习的习惯。

【缺点】案例的准备需较长时间,且对培训师和学员的要求都比较高;案例的来源往往不能满足培训的需要。

7. 角色扮演法

角色扮演法是指在一个模拟的工作环境中进行培训。

【要求】教师要为角色扮演准备好材料,才能产生更好的效果。

【优点】学员参与性强,教员的指导可以让学员及时认识自身存在的问题并进行改正。

【缺点】角色扮演法效果的好坏主要取决于学员素质,如学员素质不高,则效果可能会不理想。

8. 网络培训法

网络培训法是一种利用新型的计算机网络信息进行培训,也是培训发展的一个必然趋势。

【优点】节省了学员集中培训的时间与费用；在网上培训方式下，网络上的内容易修改，且修改培训内容时，无须重新准备教材或其他教学工具，费用低。可及时、低成本地更新培训内容；网上培训可充分利用网络上大量的声音、图片和影音文件等资源，增强课堂教学的趣味性，从而提高学员的学习效率。

【缺点】不适用于技能类培训，尤其是一些需要实际操作方法掌握的培训。

对以上各类培训方法，我们可按需选用，实际采用的培训必然是多层次、多内容、多形式与多方法的，这种特点要求培训部门在制定培训计划时，必须真正做到因需施教、注重实效。

六、培训导师姿态与眼神

培训师在培训时需要注意仪表，具体要求如表 4－9 所示。

表 4－9　培训师仪表

姿态	标准
站姿	双脚分开，丁字步，腰部挺拔，略向前倾。站直，平均分配体重在两只腿上，双手放口袋处外
坐姿	头正身直，双脚平行着地，略分开不超过一只脚长，手放在桌面
走姿	踱步徐行，动作舒缓，保持丁字步，重心均衡

(1)要与学员保持举例，每个人都有自己的空间，15～20cm 属亲密关系，46～122cm 属个人空间范畴，122～166cm 属社会空间范畴。

(2)如需使用麦克风，应单手持麦克风。

(3)如果觉得空手不适，可在手里握一支笔。

(4)要注意与不同位置的学员保持眼神接触。

(5)上课前先环视一周，开始授课后，可以视为虚视。

(6)对视不能超过 5 秒。

(7)需要伸手时，注意手心向上。

(8)眼镜不要总盯着笔记看。除引语外，其他内容不要念而是讲述。

(9)更热情：如果连培训师都没有热情，学员为什么要有呢？

(10)经常停顿—沉默对你来说比对听众长得多。

七、培训效果的评估手段

1. 课堂反馈

主要是学员对培训的方法、团队或个体互动、课程资料、讲师授课形式、表达和组织能力等方面的感觉反馈。通常是以问卷的形式来进行。

2. 结业测试

主要通过考试测验、模拟环境实习、坚挺评分等形式来了解员工对所应该学到的知识和技能的掌握程度。尤其要关注受训员工共性的弱项或缺陷，这往往反映出培训内容或实施中某个环节存在的不足。

3. 工作绩效表现

通过质量监控、绩效考核与分析等手段评测员工在接受培训方面学以致用的实际表现。同样要注意区分个性与共性问题。

【案例思考】

联通 10010 客户服务中心质检报告

本周话量均处高峰阶段，给前台工作人员带来了较大的压力，但从质检的情况来看：多数客服代表表现不错，均能克服种种困难，坚守岗位，认真对待每一位客户、尽力接好每一通电话，质检的得分也相对较高，无出现较大的失误及投诉现象。本周我方有五名新员工上岗，对此，主管和质量控制（Quality Control，QC）组分别都对她们进行了帮扶工作，针对这些新员工QC 组主要采用了实时监听的质检方式，并与督导配合对其进行服务上面的监控，以确保 10010 热线的服务品质。

新员工质检分析：

经过前段时间的集中培训和上机实习，新员工于本周正式上岗了，在这期间，品质监控组加强了对她们的监听力度，通过实时监听，发现问题及时给予纠正及帮助，使她们能够顺利地接完每一通电话。通过连日来的监听，我们发现：新员工虽无出现很大的问题，但整体的效果不是很理想。细节方面的问题较多，仍需进一步提高。不过，这里面有些客观原因，例如，这些新员工刚刚上岗，就遇到了话务高峰，承受了比老 CSR 更大的压力，且近期有关话费问题的咨询量大，新员工对 ACCOUT 的界面相对较为生熟，对帐务系统各类数据的分析也处于初期阶段，因此就无法很好地作好相关的解释。在下一阶段的工作中，我方将继续对新员工进行集中监听，服务用语及业务水平一起抓，尽力帮助这批新员工提高通话质量和服务水平，早日适应新的工作环境，成为一名合格的客服代表。

规范用语和服务态度方面：

从每日的质检日报中可以看出：上半周，员工规范用语及服务态度方面的扣分比例较小，多数员工表现良好。下半周，规范用语的扣分比例略有上升，可能与话量有关，不间断的话量使员工感到有些疲劳，在执机过程中难免因粗心大意而出现一些小的失误，例，让用户等待后未使用规范用语、“十字”礼貌用语使用不到位等。另外，在监听中仍有发现少数员工在通话过程中因急于向客户作解释而打断用户的话，显得不礼貌，而且也影响了通话质量。对于这些问题，质检人员均已进行了纠正，希望员工能够尽快改掉一些坏习惯，不断完善自己的服务用语。虽然人工台的话量一直居高不下，但我方的绝大多数客服代表均能以良好的服务态度来迎接每一位顾客，服务态度不存在较大问题，但必须提醒大夜班的 CSR：希望大家能够持之以恒，善始善终地接好每一通电话，注意控制语速及语气，以免影响整体的服务水平。

业务知识与问题处理能力方面：

新业务及相关的业务活动较多，咨询量大增，前台工作人员基本上都能按照相关的统一口径作好解释工作及引导工作；

(1)前台工作人员对移方的业务变更和新业务知识的掌握较快，能够及时、主动地吸收最新的业务资讯，并为客户提供准确的信息。

(2)从对各 TL 的质检中反映：我方多数 TL 业务水平相对较高，业务知识较熟，能为客户提供良好的服务，希望 TL 能够继续努力，不断进步。

(3)需要提高倾听能力，认真理会用户的话意，以便作出正确的引导。再次提醒 CSR：请务必认真听取客户的第一句话,这将在整个通话的过程中起很大的作用,否则容易产生失误。例:用户询问交通信息如何点播?后又解释能否通过信息点播的方式查询火车时刻表,可CSR却因听不清楚或不明白其话意,而引导客户登记交通违章,导致误导。

(4)回答问题的完整性不够,经常因为这方面存在问题而被扣分。例:宣传"××"时,未告诉客户漫游时的资费标准;引导客户密码重置办理地点未说全,未提醒客户预设IP只能在省内使用。希望员工一定要注意这些细节方面的问题,因为服务方面的一些成绩,往往都是通过细节体现出来的。

(5)除此,应答技巧也是服务技巧之一。员工在与客户交谈的过程中一定要注重应答技巧,提高应答技巧不仅能缩短通话时长而且也能提高服务质量。例:"××"客户问是否有语音信箱时?只需向客户说明语音信箱已升级为××业务,但该客户暂未开通该项业务,这样解释用户就基本上能够清楚了。不必告诉用户直接设置呼转,但语音信箱升级为E-number后不稳定,且也要开通E-number业务……这样的解释不够妥当且客户可能也难以理解,并对我们的系统产生怀疑,又需CSR进行一些解释工作,不仅造成通话时间延长,又影响了通话质量。

这是联通10010呼叫中心的质检报告,请大家认真研究,然后探讨质检对话务中心的意义有哪些?

项目四　绩效考核

第一节　呼叫中心绩效管理的涵义和作用

呼叫中心绩效管理是依据公司与呼叫中心员工之间达成的协议来实施的一个动态的沟通和绩效与激励的界定过程,该协议对呼叫中心员工的工作岗位要求、工作绩效的衡量、双方的协同、障碍的排除等问题做出了明确的要求和规定。在这里呼叫中心绩效管理的关键的一点是,绩效管理工作是公司人力资源主管、呼叫中心主管与呼叫中心座席代表一起以共同合作的方式来完成的,要努力实现对呼叫中心员工本身、管理层和公司三赢。呼叫中心绩效管理是一种防止呼叫中心绩效不佳和共同提高绩效的工具,它是意味着管理层同员工之间持续的双向沟通,是双方共同学习和提高的过程,整个呼叫中心绩效管理的核心工作之一就是持续沟通,不是管理层对呼叫中心员工的单向工作。必须指出的是,顾客越来越多地渗入到了呼叫中心的绩效管理之中,客户忠诚度和客户满意度在呼叫中心绩效管理中的作用在增强。

有效的呼叫中心绩效管理会给呼叫中心日常管理工作带来许多好处。如果绩效管理运用得当,那么对呼叫中心座席代表、呼叫中心主管和公司都会有明显的益处。

对于管理层而言,尽管绩效管理不能直接解决呼叫中心管理中的所有问题,但它为处理好许多呼叫中心管理问题提供了一个工具。只要管理层投入一定的时间与呼叫中心员工形成良好的合作关系,绩效管理就可以使呼叫中心管理层不必过多介入到所有具体事务中;通过赋予呼叫中心员工必要的知识来帮助他们进行合理的自我决策,从而节省管理层的时间;减少呼叫中心员工之间因职责不明而产生的误解;减少出现当管理层需要信息时没有信息的局面;通过帮助呼叫中心员工找到错误和低效率的原因来减少错误和偏差。

对于呼叫中心员工而言,呼叫中心绩效管理是一种帮助呼叫中心员工完成他们工作的管理手段,呼叫中心员工们通过绩效管理可以知道管理层希望他们做什么,自己可以做什么决策,必须把工作干到什么样的程度,得到什么样的激励。这样,也就可以解决呼叫中心员工在工作中的很多烦恼,这些烦恼包括:不了解他们自己工作得好还是不好,不知道自己有什么样的权力,工作完成很好时没有得到认可,没有机会学习新技能,自己不能做任何简单的决策,缺乏完成工作所需要的资源,等等。

对于公司而言,绩效管理由于可以强化其团队效应,使得公司文化得以推进,公司和谐、绩效提高。呼叫中心绩效管理最终将有利于为客户创造更多的价值。

第二节　呼叫中心的绩效考核方法

一、呼叫中心绩教管理的系统要素

呼叫中心绩效管理是一个完整的系统,该绩效管理系统的要素包括:

1. 绩效计划

主管经理与员工合作,就员工下一年应该履行的工作职责、各项任务的重要性等级和授权水平、绩效的衡量、经理提供的帮助、可能遇到的障碍及解决的方法等系列问题进行探讨并达成共识的过程,是整个绩效管理体系中最重要的环节。许多人有这样的误解:绩效管理体系中最重要的环节在于绩效考核。实则不然,制定绩效计划才是最重要的。绩效计划的作用在于帮助员工找准路线,认清目标,具前瞻性,而孤立的绩效考核则是在绩效完成后进行评价和总结,具回顾性。绩效指标是绩效计划的重要部分。

2. 动态、持续的绩效沟通

经理与员工双方在计划实施的全年随时保持联系,全程追踪计划进展情况,及时排除遇到的障碍,必要时修订计划。这是绩效管理体系的灵魂与核心。

3. 绩效评价

纳入绩效管理体系的考核可在融洽和谐的气氛中进行。原因有二,一是在充分参与绩效计划和绩效沟通的基础上,员工们能亲身感受和体验到绩效管理不是和他们作对,而是为了齐心协力提高绩效,他们因此会少些戒备,多些坦率;二是考核不会出乎意料,因为在平时动态、持续的沟通中,员工们已经就自己的业绩情况和经理基本达成共识,此次绩效考核只是对平时讨论的一个复核和总结。此时,经理已从“考核者”转变为“帮助者”和“伙伴”。考核面谈的目的是鼓励员工自我评价,运用数据、事实来证明。经理同样也可用数据、事实来证明自己的观点。如果绩效计划和绩效沟通认真执行,则考核时产生严重分歧的可能性很小。需注意的是,若采用等级评定考核法,则应对各等级的含义定出操作性的解释后再开始评价,否则,只能制造矛盾、浪费时间。另外,不必在数字上过分斤斤计较,因为真正有助于提高绩效的不是绩效考核,而是绩效管理过程中沟通的质量和水平!

4. 绩效诊断与辅导

一旦发现绩效低下,最重要的就是找出原因。绩效不佳的因素可以分成两类:一类是个体因素,如能力与努力不够等;一类是组织或系统因素,如工作流程不合理、官僚主义严重等。绩效诊断应当先找出组织或系统因素,再考虑个体因素。员工是查找原因的重要渠道,但要努力创造一个以解决问题为中心的接纳环境,必须确保员工不会因为吐露实情而遭惩罚。一旦查出原因，经理和员工就需要齐心协力排除障碍，此时，经理充当了导师、帮助者的角色，称之为辅导。

5. 又回到起点再计划

完成了上述过程之后，绩效管理的一轮工作就算结束了。

二、呼叫中心的关键绩效指标

1. 关键绩效指标 KPI 的含义

KPI 是 Key Performance Indicators 的缩写，即关键绩效指标，是反映个体与组织关键业绩贡献的评价依据和指标。KPI 的含义是指通过对组织内部某一流程的输入端和输出端的关键参数进行设置、取样、计算及分析，用以衡量流程绩效的一种目标式量化管理指标。KPI 是指标，不是目标；KPI 是绩效指标，不是能力或态度指标；KPI 是关键性的绩效指标，不是一般所指的绩效指标。KPI 作为一种先进的管理工具，可以把企业的战略目标分解为可运作的远景目标，它是企业绩效管理的基础。

2. 关键绩效考核的特点

KPI 作为当前绩效测评的一种实用工具，具有以下突出的特点。

(1)KPI 来自于对公司的战略目标的分解，是宏观战略决策执行效果的检测指标。

(2)它通过层层分解的方法使得各级目标(包括团队目标和个人目标)不会偏离组织战略目标。

(3)关键性是指应选择对公司价值、利润影响程度很大的关键指标，是对重点经营活动的衡量，而非对所有操作过程的反映。

(4)KPI 是可衡量的(Measurable)，绩效指标是数量化的或者行为化的，验证这些绩效指标的数据是可获得的，在成本、时限、质量或数量上有明显的规定。

(5)KPI 是组织上下认同的，它是一个完整的系统，在这个系统中，组织经理和员工全部参与进来，经理和员工的绩效目标等确定下来，在持续不断沟通的前提下，经理帮助员工清除工作过程中的障碍，提供必要的支持、指导和帮助，与员工一起共同完成绩效目标，从而实现组织的远景规划和战略目标。

正是由于这些特点，使得 KPI 可以更好地衡量团队绩效以及团队中个体的贡献，起到很好的价值评价和行为导向作用。

3. 呼叫中心关键绩效考核

呼叫中心关键绩效指标(KPI)是通过对呼叫中心内部流程的输入端、输出端的关键参数进行设置、取样、计算、分析，衡量流程绩效的一种目标式量化管理指标，是把呼叫中心的战略目标分解为可操作的工作目标的工具，是呼叫中心绩效管理的基础。KPI 可以使呼叫中心主管明确其主要责任，并以此为基础，明确呼叫中心座席代表的业绩衡量指标。建立明确的切实可行的 KPI 体系，是做好呼叫中心绩效管理的关键之一。

确定呼叫中心关键绩效指标要遵守 SMART 原则，它是 5 个英文单词首字母的缩写：S 代表具体(Specific)，指绩效考核要切中特定的工作指标，不能笼统；M 代表可度量(Measurable)，指绩效指标是数量化或者行为化的，验证这些绩效指标的数据或者信息是可以获得的；A 代表可实现(Attainable)，指绩效指标在付出努力的情况下可以实现，避免设立过高或过低的目标;R 代表现实性(Realistic),指绩效指标是实实在在的,可以证明和观察;T 代表有时限(Time bound),注重完成绩效指标的特定期限。建立呼叫中心 KPI 指标的要点在于流程性、计划性和系统性,先明确呼叫中心的战略目标,并在呼叫中心会议上利用头脑风暴法和鱼骨分析法等找出呼叫中心的价值评估的重点,而后再用头脑风暴法等找出这些关键业务领域的关键业绩指标。

对于呼叫中心的关键绩效指标首先我们强调的第一个指标呼叫中心的客户忠诚度。这充分体现了我们对呼叫中心客户为中心管理的要求。对客户忠诚度和满意度的调查可以根据情况进行选择性安排,但是,对于客户忠诚度的调查优先于客户满意度的调查,这是考虑到管理研究表明客户忠诚度比客户满意度更为重要。其次,我们选择的第二个指标是呼叫中心的语言水平。这是考虑到语言管理在呼叫中心中的重要性而设置的。最后,我们选择的 8 个指标为:平均响应速度、平均通话时间、平均挂机后处理时间、平均放弃率、电话转接比例、总呼叫散、监听分值、每个座席平均成本/收益。必须指出的是,呼叫中心的绩效指标可以根据呼叫中心与其客户的情况进行调整和新的选择。

呼叫中心的关键绩效指标还有分解与否和如何分解的问题。一般的绩效指标分解通常都是从企业最高层自上而下制定、逐级分解的,有时分解到部门,有时分解到个人。对于呼叫中心而言,从事营销的呼叫中心可以将营收、利润指标分解到每一个座席代表,并可与之激励体系挂钩。但如果选择了呼叫中心的接通率、放弃率这些指标,分解到座席代表个人就比较难了。呼叫中心在一些绩效指标分解后,也还要进行动态的评估和调整,并且要注意与总体目标的协调。

【相关知识:KPI 企业绩效考评】

企业绩效评估经常遇到一个很实际的问题就是,很难确定客观、量化的绩效指标。其实,对所有的绩效指标进行量化并不现实,也没有必要这么做。通过行为性的指标体系,也同样可以衡量企业绩效。

建立 KPI 指标的要点在于流程性、计划性和系统性。首先,明确企业的战略目标,并在企业会议上利用头脑风暴法和鱼骨分析法找出企业的业务重点,也就是企业价值评估的重点。然后,再用头脑风暴法找出这些关键业务领域的关键业绩指标(KPI),即企业级 KPI。

接下来,各部门的主管需要依据企业级 KPI 建立部门级 KPI,并对相应部门的 KPl 进行分解,确定相关的要素目标,分析绩效驱动因数(技术、组织、人),确定实现目标的工作流程,分解出各部门级的 KPI,以便确定评价指标体系。

然后,各部门的主管和部门的 KPI 人员一起再将 KPI 进一步细分,分解为更细的 KPI 及各职位的业绩衡量指标。这些业绩衡量指标就是员工考核的要素和依据。这种对 KPI 体系的建立和测评过程本身,就是统一全体员工朝着企业战略目标努力的过程,也必将对各部门管理者的绩效管理工作起到很大的促进作用。

指标体系确立之后,还需要设定评价标准。一般来说,指标指的是从哪些方面衡量或评价工作,解决“评价什么”的问题;而标准指的是在各个指标上分别应该达到什么样的水平,解决“被评价者怎样做,做多少”的问题。

最后,必须对关键绩效指标进行审核。比如,审核这样的一些问题:多个评价者对同一个绩效指标进行评价的结果是否能取得一致,这些指标的总和是否可以解释被评估者 80%以上的工作目标,跟踪和监控这些关键绩效指标是否可以操作,等等。审核主要是为了确保这些关键绩效指标能够全面、客观地反映被评价对象的绩效,而且易于操作。

每一个职位都影响某项业务流程的一个过程，或影响过程中的某个点。在订立目标及进行绩效考核时，应考虑职位的任职者是否能控制该指标的结果，如果任职者不能控制，则该项指标就不能作为任职者的业绩衡量指标。比如，跨部门的指标就不能作为基层员工的考核指标，而应作为部门主管或更高层主管的考核指标。

绩效管理是管理双方就目标及如何实现目标达成共识的过程，以及增强员工成功地达到目标的管理方法。管理者给下属订立工作目标的依据来自部门的 KPI，部门的 KPI 来自上级部门的 KPI，上级部门的 KPI 来自企业级的 KPI。只有这样，才能保证每个职位都是按照企业要求的方向去努力。

善用 KPI 考评企业，将有助于企业组织结构集成化，提高企业的效率，精简不必要的机构、不必要的流程和不必要的系统。

——摘自＜IT 经理世界＞

三、客服人员绩效评估标准

目前呼叫中心分布在各个行业，业务流程的差别性很大，所以客服人员职位界定是非常必要的，应该以书面形式明确规定与客户有关的关键职位所必须具备的最低技能和知识，不仅应包括聘此职位所需要的条件，还应包括角色和职责，指标的制定应该包括大部分的工作内容，这样才有针对性，如表 4－10 所示。

表 4－10　客服人员绩效评估标准

客服人员绩效评估标准		
评估项目	主要衡量指标	衡量方法
生产力	出勤率	出勤天数/当月工作天数
	准时出勤率	准时出勤天数/当月工作天数(不包括请假培训)
	座席利用率	(呼入、呼出通话时间＋电话等待时间＋事后处理时间)/(8小时×60×工作天数)×100％
	平均处理时间	(ACD 打入、打出通话时间＋等待时间＋事后处理时间)/ACD 接入电话数
	每天处理电话数	本月 ACD 接入电话数/工作天数
	录入率	录入系统的案例数量/电话总数
服务质量	交易质量监测	准确率×专业得分(软技巧得分＋技术能力得分)
	重大错误率	业务准确性为 0 分的电话数/监听电话数×100％
	客户投诉率	客户投诉数/处理呼叫数×100％
技能和知识确认	考核服务水平	书面考核分数×40％＋电话考核分数×60％

1. 目标绩效

呼叫中心应该为每一项指标设立一个量化的目标，例如在收到电子邮件后24小时内答复95%的电子邮件，具体考核时可以对指标进行加权处理。如表4-11所示，目标考核可以设定一个目标范围，如每日接电话数量，如果低于最低指标30个，则这一项是0分，因为低于最低限度，就不应该再加分，考核不是单纯的加法，要加得有意义。如果接电话数等于30个，为6分；如果高于50个，那么这一项得分就是满分；如果只接了40个，那么得分为8分。这样设定底线，可以使考核更合理。呼叫中心可以根据实际情况，合理制定目标。

表4-11　呼叫中心绩效考核

主要衡量指标	目标范围		权重
	最低	最高	
每天处理电话数	30	50	15
出勤率	60%	85%	25
准时出勤率	60%	80%	15

2. 指标详解

(1)出勤率：计算员工出勤率时应该按工作类型或工作组来计算，工作类别里也要将接听热线的员工和其他工种的员工分开。出勤率对于保证呼叫中心项目正常运营具有非常重要的意义。如果某个项目的出勤率一直较低，要进行详细的问题调查，分析是员工个体行为还是整个项目普遍存在的问题，如果是某个员工的问题，需要与员工进行充分沟通。如果是普遍存在的问题，需要检查公司激励机制和管理制度。在日常的排班管理中，应该保证在线的人员不少于X人，以保证团队的绩效不受影响。

(2)准时出勤率：等于准时出勤天数除以当月工作天数，请假、培训应该排除在外。

(3)座席利用率：管理人员可以根据这项指标监控业务情况，并根据情况合理安排资源。

(4)平均处理时间：可以算出小组的平均数，如果某个座席代表的平均处理时间持续高于小组平均值，可能就需要监听人员跟进，分析是由于沟通问题还是流程不清楚，然后一对一跟进，保证服务质量。

(5)每天处理电话数：即本月ACD接入电话总数除以工作天数。

(6)交易监测：从用户角度来看，服务质量包括回答问题的准确性、一致性、接听热线人员的知识面、沟通能力等。呼叫中心可以设立监听人员，对服务质量进行监测，也可以通过师傅带徒弟的方式，一对一沟通，目标就是提高处理业务的准确性，以专业的技能和良好的沟通技巧使用户满意。

(7)重大错误率：指业务准确性为0分的电话数占监听电话数的百分比。呼叫中心应该追踪致命错误率。错误的回答会导致用户投诉，当某位客服人员的绩效低于下限水平时，应当执行纠正行动计划，对重复出现致命错误的服务代表在采取有效的纠正行动之前，不应该继续处理用户业务。

(8)客户投诉率：客户投诉数占处理呼叫数的百分比。

(9)技能和知识确认：可以按月考核，包括以书面形式考核流程、技术、沟通能力及电话处理技巧等方面，也可以通过电话监听考核。另外，可以在培训结束后对员工进行书面测验，考查员工的接受程度，可以保证培训的效果。

四、团队绩效评估

团队绩效评估标准具体如表 4－12 所示。

表 4－12　团队绩效评估标准

评估项目	主要衡量指标	衡量方法
服务效率	服务水平	在 X 秒内接起电话总数/呼入电话总数×100％
	总呼叫数	所有打入电话总数
	平均通话时间	通话时间/电话总数
	平均处理时间	(ACD 打入、打出通话时间＋等待时间＋事后处理时间)/打入电话总数
	转接呼叫率	转接电话数量/电话总数
	呼叫放弃率	放弃电话数/接入电话数×100％
	平均放弃等待时间	放弃呼叫前在线等待时间/放弃电话数量
	平均应答速度	被接通用户在线等待时间/接起电话数量
	平均延迟时间	平均用户在线等待时间
	远程解决率	远程解决问题数量/所有案例数量
	一次性解决问题的呼叫率	首次呼叫解决问题数量/所有案例数量
	年呼叫率	每年每个用户打入的电话数量
资源效率	座席占用率	(呼入、呼出通话时间＋电话等待时间＋事后处理时间)/工作小时数×100％
	电话系统实际可用率	1—不可用分钟数/(60×工作小时×工作日)×100％
服务质量	客户满意率	完全满意案例总数/被调查的案例总数×100％
	培训满意率	被培训人员满意数量/被调查的问卷总数×100％
	感谢信数量	感谢信总数
	平均监听分数	监听分数之和/监听电话数
	重大错误率	业务准确性为零分的电话数/监听电话数×100％
	客户投诉率	客户投诉数/处理呼叫数×100％
成本收益	平均单呼成本	总成本/接入电话总数
	平均培训成本	培训总费用/人均培训时间
	平均人力成本	总人事费用/员工数

1. 服务水平

服务水平是指某个统计时间段内应答电话数量与呼叫中心接入电话的百分比。服务水平是衡量呼叫中心服务能力的重要指标，也是既影响客户满意度又影响呼叫中心成本的关键指标。呼叫中心在制定这个指标时，需要衡量满意度和成本之间的关系。如果指标定得过高，会耗费呼叫中心大量的资源，过低会造成顾客等待时间过长，影响顾客的满意度。座席数量的配置与服务水平直接相关，质量管理者要随时关注服务水平状况，及时进行座席数据调配，以使呼叫中心在保持适当顾客满意度的基础上尽可能地降低成本。

2. 总呼叫数(Total Call Volume)

总呼叫数即打入、打出电话总数。如果是通过 Email 或聊天室为用户提供服务的呼叫中心则应该考核邮件的总数或案例总数。管理人员可以根据总呼叫数来分析每年当中的高峰期，然后结合市场促销及产品销售情况等事件合理预测未来的电话趋势.

3. 平均通话时间(call minute per Call)

平均通话时间等于在线通话总时间除以电话总数。平均通话时间过短可能是由于一线人员应付顾客，导致一次解决率降低；平均通话时间过长可能是座席的工作能力有问题，或培训力度不够，文档库的覆盖面小等。质量管理者要加强监控这个时间的长短，由监听人员调出录音仔细分析问题发生的原因。

4. 平均处理时间(Average Handle Time per Call)

平均处理时间是指座席代表与客户谈话时间、持线时间及处理与此呼叫有关的整理工作所需时间的总和除以总的电话量。

平均处理时间是衡量呼叫中心单通电话处理速度的重要指标，它的高低直接与呼叫中心员工的工作能力相关，影响呼叫中心的成本。呼叫中心在关注平均处理时间时，要分别分析谈话时长、持线时长和后处理时长。座席在后处理时间里主要处理与通话有关的事务，呼叫中心应该致力于减少后处理时长，以控制呼叫成本。减少后处理时长的主要措施有：加快座席的录入速度，优化座席操作系统使界面具有亲和力、操作简单，减少不必要工作流程等。

5. 转接呼叫率(Call transfer Rate)

由座席话务员转给其他人员接听的电话的百分比，可以由 ACD 获得，或由座席代表定期报告这些数据，并附带上反馈信息。电话转接过多将耗费成本，影响用户体验。管理人员应该定期分析反馈信息，关注转接电话的原因，例如语音提示有误或语音提示过长导致电话进错队列；座席代表资料不完整或流程不清晰，导致转接电话；用户再次打入电话，愿意和原来的座席代表通话等。通过数据分析，就可以制定合理的改善计划，如合理设计语音系统，加强员工的培训，ACD 自动分配时通过主叫号码分配同一座席等。呼叫中心应该倡导 Warm transfer，避免不通知用户就转接，或转接了但没有向下一位座席代表重复用户信息。试想，转一次电话，用户就重复一遍自己的需求，那样的用户体验将会多差。

6. 呼叫放弃率(Call Abandon Rate)

放弃电话是指已经被接通到中心，但又被呼叫者在座席话务员接听之前主动挂断了的电话。考核呼叫放弃率时也应该考虑到座席占用率，如果呼叫中心一直处于比较高的座席利用率，如 98%，那么呼入量稍微高于预测量就会使放弃率增加，用户在队列中等待的时间也会增加。

考核呼叫放弃率时也同样应该关注放弃前的等待时间。如果电话在接通后很短的时间内挂断,如用户自动在 3 秒内挂断,那么这样的数量是应该排除在外的,运营管理人员应该关注那些有意义的数据,按时间段抓出电话量的历史数据,以图表的形式列出趋势图,分析每日、每周及每月的电话高峰期。如周一是电话的高峰期,可以合理排班,尽量让员工不要在周一请假。按每半小时抓取数据分析电话量,如午休时间 12:00—13:30 时电话量是很低的,但是结合呼叫放弃率对比,发现放弃率反而变高。解决办法就是合理排班,可以安排两个班有 15 分钟的重合期,以防员工不能按时接入系统。另外,建议呼叫中心设立队列监控人员,实时观察队列的忙闲状态,提醒小组成员及时接起电话,稍后再做事后处理。

7. 平均放弃等待时间(Average Waiting Time Before Abandon)

平均放弃等待时间指呼叫者放弃呼叫前平均等待的时间,以秒来计算。

8. 平均应答速度(Average Speed of Answer)

平均应答速度是影响顾客满意度的重要指标,顾客一般难以忍受的振铃次数为 3 次,否则会火去耐心而抱怨。提高应答速度,可以减少顾客等待时长,提高线路的使用率,节省呼叫中心的成本。质量管理需要经常检查这一指标,如果不合乎要求,要及时采取纠正措施。可以通过对座席理念的培训、监控等手段控制该指标。

五、呼叫中心绩效考评程序的设计

在呼叫中心的绩效管理中绩效考评占有一定的位置,采取恰当的考评程序可以减少考评的误差并促进绩效管理水平的提高。在实际工作中,一种选择是安排任务发布者考评"重要工作",直接上级考评"日常工作"。同事之间对"工作态度"进行互评。同时,可以安排"日常工作"和"工作态度"的自评,自评成绩不计入总成绩。但是,它可以主要是让考评人了解被考评人的主观评价,找出主观评价和客观评价之间的差距,在"考评沟通"时可以针对性地指导被考评人改进工作。

"考评沟通"是整个考评中的重要环节,它的主要任务是让被考评人认可考评结果,客观地认识自己并且改进工作,这也正是进行绩效考评的根本目的。"考评沟通"应由考评人和被考评人单独进行,时间为 1 小时左右为宜,沟通的程序建议开始一般先对被考评人的工作成绩进行肯定,然后提出一些不足及改进意见,最后冉对被考评人进行一番鼓励,但最为重要的是在沟通中要注意考评是不是事实,还是由上级主管歪曲了事实。如果原有的考评是错误的,要及时更正。此外,为了防止绩效考评的失误,可以建议考评人对被考评人的"重要工作"和"日常工作"经常进行非正式考评,并记录关键事件,在正式考评时,可以以此为原始材料,以保证呼叫中心绩效考评的客观性。

对于呼叫中心绩效管理中的绩效考评应注意:在相关人员的参与上,对考评内容设计、程序设计时都要有考评人和被考评人的参与,可以让呼叫中心经理、主管和座席代表共同来制定考评制度,这样才不会使座席代表在考评时感到被动,且可以增强团队的透明和公开性。考评结果只对被考评人、主管经理和人事部门公开,对其他人员一律保密。在第一次开始考评前,公司人事部门要对考评人进行集中培训,使其掌握考评的操作方法和沟通技巧,这样才能保证考评的顺利进行。

六、呼叫中心绩效沟通技术与激励策略

呼叫中心绩效管理的绩效沟通的方法可分为正式沟通与非正式沟通。正式沟通是事先计划和安排的，如定期的书面报告、面谈、有经理参加的定期的小组或团队会等；非正式沟通的形式也多种多样，如闲聊、走动式交谈等。在实际应用时，最好同时灵活运用多种沟通方式。无论采用何种沟通方式，都要采用恰当的沟通技术来提高绩效沟通的效果。可供选择的沟通技术包括倾听技术和绩效反馈技术。倾听的技术主要有在进行绩效沟通时，呼叫中心经理、主管可以呈现恰当而肯定的面部表情，避免出现隐含消极情绪的动作，呈现出自然开放的姿态，不要随意打断对方。绩效反馈技术有沟通时间遵循 80/20 法则，即 80％的时间留给员工，20％的时间留给自己。而自己在这 20％的时间内又有 80％的时间在发问，20％的时间才用来指导、建议等；沟通的重心放在“我们”；反馈应具体；对事不对人；把握适时反馈良机。

思考题：

1. 你的员工是否都清楚绩效考核方案呢？
2. 在你的方案执行前，有和员工探讨过吗？
3. 在我们用绩效方案来考核员工的时候，如何了解员工对方案的看法呢？

【案例思考】

某呼叫中心团队结对帮带考核办法

职责分配：

组长：

(1)每天负责本组的现场管理工作与现场业务指导，发现违规现象及时制止，如有不服从管理的人员，按现场管理规定记录备档，每周汇总上报组员本周的现场劳动纪律情况。

(2)每天对组员的外呼量进行实时跟踪，未完成的组员进行预警提醒。当天呼出量未达到 40 个的组员，如中班人员由小组长与副组长一起负责跟进晚上 18:30 开始加班补足当天外呼量。要求当天必须完成 40 个话务量。如发现未按规定执行者，若经发现，扣该坐席维系经理 5 分/次，现金 10 元/次。组长做好每日扣罚记录工作，每周汇总上报组员本周外呼量的完成情况。如发现小组长与副组长未按此执行，负小组连带责任，扣 2 分/次/人。

(3)每月提交一份小组月度分析报告，对比本月与上月组员的工作情况，内容包括：

①成功签约后用户取消量分析：分有理由与无理由投诉两类，根据组员的取消量进行排名对比，请落后的组员分析自身存在的原因，找到改进方法。

②考试成绩分析：对比上月组员的业务考试成绩，了解组员对于业务的掌握程度与业务的提升与退步情况。

③外呼量分析：对比本月与上月本组组员的月外呼量，了解组员每月外呼量的完成情况与两个月的差距。

④成功量分析：对比本月与上月本组组员的月成功量，了解组员每月成功量的完成情况与两个月之间存在的差距，分析落后组员成功率降低原因，提出改进措施。

⑤录音质检分析：对比本月与上月本组组员的录音质检总分，了解组员每月录音质检存在的问题，总结个性与共性问题，个性化的及时在日常工作中进行沟通；共性问题每月汇总提交后，在晨会互动或每月培训中进行传达与学习。

副组长：

(1)每天对组员的成功率进行实时跟踪，以组员上报的成功率对派单进行查询(发现存在虚报成功量情况，经查属实扣 2 分/次)，未完成的组员进行预警提醒。每天每个维系经理的外呼成功量须达到 12 个以上。组长做好每日成功率记录工作，每周汇总上报组员本周成功量的完成情况。当天成功量未达到 12 个的组员，由小组长与副组长一起负责跟进晚上 18:30 开始加班补足当天成功量。要求当天必须完成 12 个以上的成功量。如发现未按规定执行者，若经发现，该坐席维系经理每少 1 个扣 2 分/次。组长做好每日扣罚记录工作，每周汇总上报组员本周成功量的完成情况。如发现小组长与副组长未按此执行，负小组连带责任，扣 1 分/次/人。

(2)每周小组长须提交一份本组的周报告，内容包括各组员在现场管理中的表现、周外呼量排名、周成功率排名等，便于组长与管理人员了解组员的工作状态。

(3)每月每组提交一个典型的成功案例作为信息报道，如在外呼中如何面对用户拒绝，最终通过什么方法与技巧改变用户态度，成功签约的过程。必须提交具体录音。

谈谈你对这个呼叫中心绩效提升方案的看法？

项目五 团队建设与人员激励

作为一个劳动密集型的行业，呼叫中心的团队建设工作非常重要。从客户的角度讲，良好的团队氛围能使客户的问题更快速、更高质量地被解决。客户无论任何时候、以任何问题与呼叫中心接触，感受到的都是热情、一致的服务而不是互相推诿；从员工的角度讲，融洽的团队氛围让员工感觉工作在舒适的氛围中，从而以更积极的态度面对客户，增强了员工对团队的满意度也就增强了忠诚度。

本模块通过对团队的构成要素、类型、发展阶段、弹性的统一团队及人员奖惩等方面的介绍，希望能帮助每个呼叫中心的团队建设。

第一节 团队的定义

一、团队的定义

团队是由员工和管理层组成的一个共同体，该共同体合理利用每一个成员的知识和技能协同工作，解决问题，达到共同的目标。

- 团队可以创造独特的机会，他们能化腐朽为神奇；
- 他们彼此支援，就像一家人；
- 他们整合个别的行动，形成集体；
- 他们激发向心力，产生凝聚力；
- 他们创造归属感，相互信任与依赖；
- 他们确认训练与发展需求；
- 他们提供彼此学习的机会；
- 他们加强沟通，产生创意；
- 他们提供令人满意且具挑战性的工作环境。

二、团队的构成要素

团队的构成要素：团队有几个重要的构成要素，总结为5P：Purpose、People、Place、Power、Plan。

自然界中有一种昆虫很喜欢吃三叶草（也叫鸡公叶），这种昆虫在吃食物的时候都是成群结队的，第一个趴在第二个的身上，第二个趴在第三个的身上，由一只昆虫带队去寻找食物，这些昆虫连接起来就像一节一节的火车车厢。管理学家做了一个实验，把这些像火车车厢一样的昆虫连在一起，组成一个圆圈，然后在圆圈中放了它们喜欢吃的三叶草。结果它们爬得精疲力竭也吃不到这些草。

这个例子说明在团队中失去目标后，团队成员就不知道上何处去，最后的结果可能是饿死，这个团队存在的价值可能就要打折扣。

团队的目标必须跟组织的目标一致，此外还可以把大目标分成小目标具体分到各个团队成员身上，大家合力实现这个共同的目标。同时，目标还应该有效地向大众传播，让团队内外的成员都知道这些目标，有时甚至可以把目标贴在团队成员的办公桌上、会议室里，以此激励所有的人为这个目标去工作。

1. 目标(Purpose)

团队应该有一个既定的目标，为团队成员导航，知道要向何处去，没有目标这个团队就没有存在的价值。

2. 人(People)

人是构成团队最核心的力量。3个（包含3个）以上的人就可以构成团队。

目标是通过人员具体实现的，所以人员的选择是团队中非常重要的一个部分。在一个团队中可能需要有人出主意，有人定计划，有人实施，有人协调不同的人一起去工作，还有人去监督团队工作的进展，评价团队最终的贡献。不同的人通过分工来共同完成团队的目标，在人员选择方面要考虑人员的能力如何，技能是否互补，人员的经验如何。

3. 团队的定位(Place)

团队的定位包含两层意思：

(1)团队的定位。团队在企业中处于什么位置？由谁选择和决定团队的成员？团队最终应对谁负责？团队采取什么方式激励下属？

(2)个体的定位。作为成员在团队中扮演什么角色，是订计划还是具体实施或评估？

4. 权限(Power)

团队当中领导人的权利大小跟团队的发展阶段相关，一般来说，团队越成熟，领导者所拥有的权利相应越小，在团队发展的初期，领导权是相对比较集中的。

团队权限关系的两个方面：

(1)整个团队在组织中拥有什么样的决定权？比方说财务决定权、人事决定权、信息决定权。

(2)组织的基本特征。比方说组织的规模多大，团队的数量是否足够多，组织对于团队的授权有多大，它的业务是什么类型。

5. 计划(Plan)

计划的两层面含义:

(1)目标最终的实现,需要一系列具体的行动方案,可以把计划理解成目标的具体工作程序;

(2)提前按计划进行可以保证团队的顺利进度。只有在计划的操作下团队才会一步一步地贴近目标,从而最终实现目标。

三、典型的项目团队人员配置

1. 项目经理(Project Manager)

工作职责和内容:

- 项目主要沟通联系人;
- 确保项目按照进度高质量地完成;
- 工作技能要求;
- 项目管理能力;
- 问题解决能力;
- 沟通与协同工作能力;
- 团队管理能力。

2. 业务咨询师(Business Consultant)

工作职责和内容:

- 分析并改进业务流程;
- 制作业务咨询报告;
- 工作技能要求;
- 客服行业运营经验;
- 问题解决能力;
- 流程管理能力;
- 客户沟通能力。

3. 技术咨询师(IT Consultant)

工作职责和内容:

- 系统架构处理能力;
- 问题解决能力;
- 业务分析能力。

4. 项目助理(Project Assistant)

工作职责和内容:

- 项目日常事务组织;
- 会议组织与记录;
- 工作技能要设计;
- 系统需求文档调研与制作;

- 工作技能要求；
- IT 专业能力，包括计算机软硬件、网络、电话交换机等；
- 客服业务经验；
- 问题解决能力。

5. 数据分析师(Business Analyst)

工作职责和内容：

- 数据准备与清洗；
- 分析业务数据并制作报告；
- 工作技能要求；
- 计算机数据求；
- 文档制作能力；
- 协调配合能力。

四、典型的呼叫中心运营团队人员配置

1. 运营主管(Team Manager)

工作职责和内容：

- 负责日常客户服务的运营管理；
- 人员招聘与管理；
- 与客户方客服主管紧密联系；
- 工作技能要求；
- 人员管理能力；
- 绩效管理能力；
- 现场管理能力；
- 知识管理能力。

2. 运营班长(Team Supervisor)

工作职责和内容：

- 员工现场管理；
- 质量指导；
- 工作技能要求；
- 客服工作经验；
- 现场管理能力；
- 人员管理能力。

3. 技术主管(Tech Lead)

工作职责和内容：

- 管理技术解决方案；
- 提高问题有效解决率；
- 与客户方技术人员保持联系；
- 工作技能要求；

- 扎实的技术能力；
- 客服工作经验；
- 知识管理能力；
- 培训与教育能力。

4. 客户服务专员(Customer Service Representative)

工作职责和内容：

- 处理客户服务请求；
- 在系统中记录服务内容和反馈；
- 学习最新的流程和话术；
- 工作技能要求；
- 沟通能力；
- 学习能力；
- 计算机使用能力。

5. 技术支持工程师(Technical Support Engineer)

工作职责和内容：

- 处理客户技术支持请求；
- 在系统中记录；
- 学习最新的产品知识和流程；
- 工作技能要求；
- 专业技术能力；
- 沟通能力；
- 学习能力。

6. 电话销售专员(Telesales Representative)

工作职责和内容：

- 与最终用户/渠道进行沟通；
- 聆听客户需求；
- 介绍产品信息；
- 将服务内容在系统中进行记录；
- 工作技能要求；
- 沟通能力；
- 销售技巧；
- 对产品和报价的知识。

7. 质量保证或质量控制专员(QA&QC Specialist)

工作职责和内容：

- 监督客服业务运营质量；
- 整理运营流程文档；
- 根据质检标准对事件进行评分；
- 跟踪质量改进进程；

- 工作技能要求；
- 流程管理能力；
- 质量监管能力；
- 质量报表制作能力。

8. 数据报表专员(Reporting Specialist)

工作职责和内容：

- 制作业务数据报表；
- 制作呼叫中心运营报表；
- 工作技能要求；
- 计算机数据处理能力；
- 数据分析能力。

团队成员的个性对团队建设有着深远影响。团队角色是指团队成员为了推动整个团队的发展而与其他成员进行交往所表现出来的特有的行为方式。目前研究发现了八个能对团队做出积极贡献的角色，他们分别是：实干家、协调员、推进者、智多星、外交家、监督员、凝聚者、完美主义者。每种角色都是我们团队需要的。假如我们团队缺乏实干者，团队可能很乱；假如缺乏推进者，效率可能不够高。在进行角色管理中，我们需要注意到：

(1)人人能不断进步，但无人能达到完美，但团队可以通过不同角色的组合达到完美；

(2)团队中的每个角色都是优点缺点相伴相生，领导要学会用人之长，容人之短；

(3)尊重角色差异，发挥个性特征，角色并无好坏之分，关键是要找到与角色特征相契合的工作。

第二节　团队的类型

根据团队存在的目的和拥有自主权的大小可将团队分成三种类型：问题解决型团队、自我管理型团队和多功能型团队。

一、问题解决型团队

问题解决型团队的核心点是提高生产质量、提高生产效率、改善企业工作环境等。在这样的团队中，成员就如何改变工作程序和工作方法相互交流，提出一些建议。成员几乎没有什么实际权利来根据建议采取行动。

20 世纪 80 年代最流行的一种问题解决型团队是质量圈，质量圈分成六个单元，或六个部分。首先要找到质量方面存在哪些问题，接下来在众多问题中选择一些必须马上解决的，然后进行问题的评估——如果不解决可能会带来什么样的损失，这个问题的等级是重量级的还是轻量级的？第四个部分是推荐的方案，要解决问题采取什么样的方式比较好？第五是评估方案，看看可行不可行，它的成本花费是多少。最后一部分是决策最终是否实施。

通常质量圈由 5～12 名员工组成，他们每周有几个小时碰头，着重讨论如何改进质量，他们可以对传统的程序和方法提出质疑。在质量圈中问题的确认这一部分是由管理层来最终实施的，团队的成员没有权力来确定问题在哪里，只能提出意见。第二到第四个部分是由质量圈的成员操作，最后两个部分需要管理层和质量圈的成员共同把握。

在这六个部分当中权利其实是分解的，并不是所有质量团队的成员都有权力或有能力完成这六个任务。

二、自我管理型的团队

质量圈对表现企业的质量行之有效，但团队成员在参与决策方面的积极性显得不够，企业总是希望能建立独立自主、自我管理的团队——自我管理型团队。

美国德州一汽公司因为推行自我管理型团队而获得国家质量奖。美国最大的金融和保险机构路得教友互动会，因为推行自我管理团队在4年的时间中减员15％，而业务量增加了50％，主要原因是提高了员工的满意度，推行了自我管理型的团队。麦当劳成立了一个能源管理小组，成员来自于各连锁店的不同部门，他们对怎样降低能源问题提供自己的方案，解决这一环节对企业的成本控制非常有帮助。能源管理小组把所有的电源开关用红、蓝、黄等不同颜色标出，红色是开店的时候开，关店的时候关；蓝色是开店的时候开直到最后完全打烊后关掉。通过这种色点系统他们就可以确定，什么时候开关最节约能源，同时又能满足顾客的需要。这种能源小队其实也是一个自我管理型团队，能够真正起到降低运营成本的作用。

但推行自我管理团队并不总是能带来积极的效果，虽然有时员工的满意度随着权利的下放而提升，但同时缺勤率、流动率也在增加。所以首先要看企业目前的成熟度如何，员工的责任感如何，然后再来确定自我管理团队发展的趋势和反响。

三、多功能型的团队

多功能型团队由来自同一种等级不同领域的员工组成，成员之间交换信息，激发新的观点，解决所面临的一些问题。

20世纪60年代爱必尔诺威开发了卓有成效的360类反馈系统，该系统采用的是一种大型的任务攻坚团队，成员来自公司各个部门。由于团队成员知识、经验、背景和观点不太一样，加上处理复杂多样的工作任务，因此实行这种团队形式，建立有效的合作需要相当长的时间，而且要求团队成员具有很高的合作意识和个人素质。

麦当劳有一个危机管理队伍，责任就是应对重大的危机，由来自于麦当劳营运部、训练部、采购部、政府关系部等部门的一些资深人员组成，他们平时在共同接受关于危机管理的训练，甚至模拟当危机到来时怎样快速应对，比如广告牌被风吹倒，砸伤了行人，这时该怎么处理。一些人员考虑是否把被砸伤的人送到医院，如何回答新闻媒体的采访，当家属询问或提出质疑时如何对待。另外一些人要考虑的是如何对这个受伤者负责，保险谁来出，怎样确定保险。所有这些都要求团队成员能够在复杂问题面前做出快速行动，并且进行一些专业化的处理。

虽然这种危机管理的团队究竟在一年当中有多少时候能用得上还是个问题，但对于跨国公司来说是养兵千日，用兵一时，因为一旦问题发生就不是一个小问题。在面临危机的时候，如果做出快速而且专业的反应，危机会变成生机，问题会得到解决，而且还会给顾客及周围的人留下很专业的印象。

这一节主要讨论的问题是团队最基本的概念，团队是由员工和管理层组成的一个共同体，它合理利用每一个成员的知识和技能协同工作，解决问题，达到共同的目标.

第三节　团队的发展阶段

一、成立期

成立期即团队形成的初期。

(一)团队成员在成立期的行为特征

- 被选入团队的人既兴奋又紧张；
- 高期望；
- 自我定位，试探环境和核心人物；
- 有许多纷乱的焦虑、困惑和不安全感。

(二)依赖职权

团队组建的两个工作重点：

- 形成团队的内部结构框架；
- 建立团队与外界的初步联系。

团队组建的两个工作重点简单地说一个是对内，在内部建立什么样的框架；一个是对外，怎样跟团队之外的领导者或其他的团队保持联系。

1. 团队的内部框架需要考虑的问题

- 团队的任务是什么？
- 团队中应包含什么样的成员？
- 是否该组建这样的团队？
- 成员的角色如何分配？
- 团队的规模多大？
- 团队生存需要什么样的行为准则？

2. 团队的外部联络需要注意的问题

- 建立起团队与组织的联系；
- 确立团队权限；
- 团队考评与激励体系；
- 团队与外部关系。

(三)如何帮助团队度过第一阶段

第一步：宣布你对团队的期望是什么。也就是希望通过团队建设，在若干时间后，取得什么样的成就，达到什么样的规模。

第二步：明确愿景。告诉团队成员，我们的愿景目标是什么，向何处去。

第二步：为团队提供明确的方向和目标。在跟下属分享这个目标的时候，要展现出自信心，因为如果自己都觉得这个目标高不可攀，那么下属会有信心吗？

第四步：提供团队所需要的一些资讯、信息。比如要一个小组的成员到东北成立一个分公司，就必须给他足够的资讯，首先包括竞争对手在这个商圈中的分布，市场占有率分别是多少；计划在这个区域投入多少资本。

第五步：帮助团队成员彼此认识。第一阶段是初识阶段，大家还不知道你是谁我是谁，自己有一些特长，还不好意思介绍出来，所以这个时候有必要让团队的成员彼此认识。你要告诉他们，哪位成员身上怀有什么样的绝技，这样容易彼此形成对对方的尊重，为以后的团队合作奠定良好的基础。

在组建团队的初期不妨试一个活动，名称是“认识你真好”。如果每一个团队成员都通过彼此的认识，形成一种印象和感觉的话，那么就已经初步建立了一种比较融洽的气氛，为后面团队精神的培养，合作气氛的营建奠定基础。这个活动分成五步：

(1)团队成员组合在一起，交叉进行分组练习，每五个成员一起，最多不要超过五个。

(2)每个成员介绍自己有代表性的三件事情，其中有两件真的，一件假的。比如我曾经做过两年的培训经理，这是一个经历，让大家猜测一下是不是真的；13 岁以前一直生活贫困，这段经历对我以后的工作很有帮助等等。

(3)其他成员来猜测，到底哪一个是真的，哪一个是假的，并说出理由。

(4)由陈述者介绍一下，哪个真哪个假，依次进行。

(5)提供足够的时间，让大家相互认识。除了这三件事之外，可以就广泛的问题进行沟通，以便加深彼此的了解。

二、动荡期

第一阶段完成以后，团队就进入了第二个阶段——动荡期。

1. 团队在动荡期阶段的表现

- 期望与现实脱节，隐藏的问题逐渐暴露；
- 有挫折和焦虑感，目标是否能完成；
- 人际关系紧张(冲突加剧)；
- 对领导权不满(尤其是出问题时)；
- 生产力遭受持续打击。

随着时间的推移，一系列的问题都开始暴露出来，人们从一开始的彬彬有礼。互相比较尊重，慢慢地发现了每个人身上所隐藏的缺点。慢慢会看到团队当中一些不尽如人意的地方，比如团队的领导朝令夕改，比如团队成员的培训进度落后，刚开始承诺有很多很好的培训机会，为什么一遇到问题的时候就耽误了。

成员对于团队的目标也开始了怀疑，当初领导者很有信心地要达成某个目标，但经过一两个月的检验，基本上是高不可攀，达不到的。而人际关系方面，冲突开始加剧，人际关系变得紧张，互相猜疑、对峙、不满，成员开始把这些问题归结到领导者身上，对领导权产生不满，尤其在问题出现的时候，个别有野心的成员，甚至会想到挑战领导者，这个阶段人们更多是把自己的注意力和焦点放在人际关系上，无暇顾及工作目标，生产力在这个时候遭到持续性的打击。

2. 动荡期的特点

团队中在动荡期的特点从下面五个方面体现：

- 新观念；
- 新规范；
- 新技术；

• 领导者；

• 成员间。

人们遇到了新观念的挑战，成员间、领导者与成员间发生了一些冲突：在其他团队和传统的组织结构中没有碰到的新技术也是一种挑战，以及一些人们觉得不适应的，过去在组织中没有的新规范。

3. 度过团队第二阶段

如何帮助度过团队第二阶段：最重要的是安抚人心。

• 认识并处理冲突；

• 化解权威与权力，不容以权压人；

• 鼓励团队成员对有争议的问题发表自己的看法；

• 准备建立工作规范(以身作则)；

• 调整领导角色，鼓励团队成员参与决策。

(1)渡过动荡期最重要的问题是如何安抚人心。

首先要认识并处理各种矛盾和冲突，比方说某一派或某一个人力量绝对强大，那么作为领导者要适时的化解这些权威和权利，绝对不允许以一个人的权利打压其他人的贡献。

同时要鼓励团队成员就有争议的问题发表自己的看法。

(2)准备建立工作规范。

没有工作规范、工作标准约束，就会造成一种不均衡，这种不均衡也是冲突源，领导者在规范管理的过程中，自己要以身作则。

(3)需要调整领导决策，鼓励团队成员参与决策。

例如，一个团队成员中午上班，喝酒喝得醉醺醺的，下午办事时，既影响了客户的利益，也影响了公司的形象，碰到这种问题怎样解决？给大家一个建议，这种问题真正出现的时候，可以在团队的会议上，不失时机的予以纠正。可以这样说：各位同事，你们在午餐时间做什么事情是你们个人的选择，不过各位绝对不能带着一身酒味回到办公室，这样不仅令人讨厌，也会给客户留下糟糕的印象，我希望大家从现在开始跟我合作。

通过这番话，这位团队成员会意识到自己的问题所在，也会把自己拉入团队正常的运作轨道中。既然作为一种规则已经定下，那么他就有责任、有必要去配合。

随着时间的推移，技能的提升，团队会进入稳定期，这是团队发展的第三个阶段。

三、稳定期

1. 稳定期的特征

• 人际关系由敌对走向合作，憎恶开始解除，沟通之门打开，相互信任加强，团队发展了一些合作方式的规则；

• 注意力转移；

• 工作技能提升；

• 建立工作规范和流程，特色逐渐形成。

稳定期的人际关系开始解冻，由敌对情绪转向相互合作，人们开始互相沟通，寻求解决问题的办法，团队这时也形成了自己的合作方式，形成了新的规则，人们的注意力开始转向任务和目标。通过第二个阶段的磨合，进入稳定期，人们的工作技能开始慢慢提升，新的技术慢慢被掌握。工作规范和流程也已经建立，这种规范和流程代表的是团队的特色。

2. 怎样帮团队度过第三个阶段

团队要顺利地度过第三个阶段，最重要的是形成团队的文化和氛围。团队精神、凝聚力、合作意识能不能形成，关键就在这一阶段。团队文化不可能通过移植实现，但可以借鉴、参考，形成自己的文化。这一阶段最危险的事就是大家因为害怕冲突，不敢提一些正面的建议，生怕得罪他人。

四、高产期

度过第三个阶段，稳定期的团队就可以进入到高产期，也叫高绩效的团队。

1. 高产期的团队情况会继续有所好转

- 团队信心大增，具备多种技巧，协力解决各种问题；
- 用标准流程和方式进行沟通、化解冲突、分配资源；
- 团队成员自由而建设性地分享观点与信息；
- 团队成员分享领导权；
- 巅峰的表现：有一种完成任务的使命感和荣誉感。

2. 如何带领高产期的团队

对于一个高绩效团队，维持越久越好，但怎样去维持？

(1)随时更新我们的工作方法和流程。并不是过去制定的一套方法和流程是对的，我们就不需要改变它，时间推移了工作方法也需要调整，所以要保持团队不断学习的一种劲头。

(2)团队的领导行如团队的成员而不是领袖。领导者要把自己当作团队的一分子去工作，不要把自己当成团队的长者、长官。

(3)通过承诺而不是管制来追求更佳的结果。在一个成熟的团队中，应该鼓励团队成员，给他们一些承诺，而不是命令。有时资深的团队成员反感自上而下的命令式的方法。

(4)要给团队成员具有挑战性的目标。

(5)监控工作的进展，比如看一看团队在时间过半的情况下，任务是否已经完成了一半，是超额还是不足。在进行监控反馈的过程中既要承认个人的贡献，也要庆祝团队整体的成就，毕竟大家经过磨合已经形成了合力，所以团队的贡献是至关重要的。当然也要承认个人的努力。

五、调整期

古话说，天下没有不散的宴席。任何一个团队都有它自己的寿命，高产期的团队运行到一定阶段，完成了自身的目标后，就进入了团队发展的第五个阶段——调整期，见图 4-6。

团队何去何从
- 团队解散
- 团队休整
- 团队整顿

图 4-6

调整期的团队可能有如下三种结果。

第一种:团队的任务完成了,先解散。伴随着团队任务的完成,团队的使命要结束,面临着解散,这个时候成员的反应差异很大,有的人很悲观,好不容易大家组合在一起,彼此间都形成了很好的印象,但时间这么快,团结很好的时候又面临解散;也有一些人持乐观的精神,他们觉得没有白来一趟,完成了既定的目标,新的目标还在等待着我们。人们的反应差异很大,团队的士气可能提高,也可能下降。

第二种:团队这一任务完成了,第二个任务又来了,所以进入了修整时期。经过短暂的总结、休年假等,要进入到下一个工作周期,这个时候新的团队又宣告立,可能原来一部分成员要离开,新成员要进入,因为人员的选择跟团队的目标是有关联的。

第三种:对于表现不太好的团队,将勒令整顿,整顿的一个重要内容就是优化团队的规范。通常团队不能达到目标就是因为规范建立不够,流程做得不够,没有形成一套有系统的方式和方法。

建立高绩效团队,绝不是一蹴而就的事情,团队的发展有自己的阶段。

这一节主要讨论了团队的五个发展阶段:团队的成立期、团队的动荡期、团队的稳定期、团队的高产期、团队的调整期,团队在每一个阶段当中主要的特征以及如何帮助团队进入下一个阶段。

第四节 弹性的统一团队

一、识别团队的发展阶段

领导团队的过程就像医生看病人的过程一样,先诊断,后开方。上一节中谈到了如何诊断团队的发展阶段,根据团队发展的不同阶段,可以采取不同的领导方式。

二、识别团队的两个尺度

怎样判定团队处于哪个阶段?除团队的特征外,还可以从另外两个提炼的因素中得到启示:

(1)生产力。这个团队的生产力是高还是低,生产力所反映的问题是这个团队的成员会不会做事情,能不能做事情,是否拥有相关的技能。

(2)团队成员的士气。士气体现的是团队成员愿不愿意做。

三、四种不同的团队

根据士气和生产力的高和低,我们可以组成四种不同的团队。

(1)在第一阶段,团队刚刚组合在一起,面对新技术、新观念、新知识,可能掌握得不多,这时生产力相对还比较低,但人们刚刚开始加入这个团队,都有一种很大的期望值,士气比较高。

(2)进入到团队发展的第二个阶段,伴随着培训、产品知识的介绍等,生产力有所提升,但这个时候的士气很低,因为矛盾比较集中,冲突不断出现。

(3)随着培训、技能的切磋和交流,团队发展到第三个阶段,这时生产力不断攀升,达到一个较高的水平,但士气则呈现出一种波动的状态,或高或低。

当团队的技能能够完成任务时,人们表现出很好的自信心,这时士气就高;当交给该团队一个挑战性的工作,团队成员的技能还不足以能够完成它的时候,团队的士气就低。

例如:小孩学游泳,有教练、家长在旁边看着,这时他可以从游泳池的一端游到另一端,20米长没有问题。但有一天教练、家长都不在了,他自己在一个深不可测的湖或大江里,没人看护,他就不敢游。

(4)进入第四个阶段,这时生产力和士气都会进入到相对稳定的阶段,即双高阶段。但跟第一阶段相比,哪个士气更高?第一阶段更高,我们很难找到刚开始参加工作时的热忱和兴奋。团队发展到第四个阶段,高士气是相对稳定的,不是那种超现实的状态。

四、团队领导的两种行为

团队的领导每天都在做什么?在领导者的众多行为、众多事情中,可以归结为如下两种不同的行为。

(一)指挥性的行为

指挥性的行为就是告诉你做什么,例如布置工作,指导、监督下属。指挥性行为是一种单向的沟通方式,也就是领导说下属听,自上而下,包括5个W和1个H(What、When、Where、who、why、How)。除了告诉你这些工作步骤之外,一个指挥性的领导者还会严格地监督团队工作的进展,指挥行为强的领导者在做决策的时候,领导是决定者,是解决问题的人。

指挥性行为的领导者对于团队的技能、生产力是有帮助的。

以下几个关键的词可以帮助判断是不是指挥性行为。

(1)结构。一个指挥行为强的领导者总会希望建立强有力的结构,告诉你这件事情分三个阶段去完成,第一阶段准备,第二阶段实施,第三阶段总结、检讨等。

(2)组织。组织的对象是人、财、物、时间、信息等。当一个任务布置下去之后,指挥性行为的领导者会组织各个方面的资源完成这个项目。

(3)教。告诉下属怎么做。

(4)监督。指挥行为很强的领导者,绝不会把任务布置完就不管不问,他会保持巡视,了解这件事情的进展。

(二)支持性的行为

支持性行为从来不会给答案,但会鼓励你:你可以做得到,你能够完成。当你完成工作的时候他会认可你,提升你的自信心,他会扩展团队成员的思维,鼓励你去冒险,想得更深入一些。

支持性行为的领导者在开会时,和指挥性行为领导者的模式完全不同。

指挥性行为很强的领导者,开会时通常是这种方式:今天我们把大家召集在一起开会,主要有以下几个工作,A工作谁去完成,B工作谁去完成,C工作谁去完成,好大家有什么不同的意见吗?如果没有大家可以分头去做!他把所有的事情都想好,然后开会分解,让你来完成这个计划。

支持性行为的领导者在开会时,通常把大家组织在一起,提出自己的问题:最近我们发现团队的离职率越来越高,大家认为最主要的原因在哪里?我们应该采取什么样的方式来保留这些合格的,甚至优秀的团队成员?当他把问题提出来以后,由团队成员集思广益,群策群力,想办法解决。这就是一个支持性行为领导者的特征,不告诉你答案,只问和听。

支持性行为偏强的领导者会提升士气，因为他总是认可、赞扬，使你觉得是一种莫大的激励和鼓舞。有几个关键的词可以帮助判断是不是支持性行为：问、听、鼓励、解。

五、四种不同的团队领导方法

事实上在每个领导的身上，这两种行为或多或少都存在，不可能完全是指挥性行为，也不可能是绝对的支持性行为，只是表现的多寡不同而已。

如果我们把这两种行为作为两个轴，就会得到一个象限，可以区分四种不同的领导方式，如图 4－7 所示。

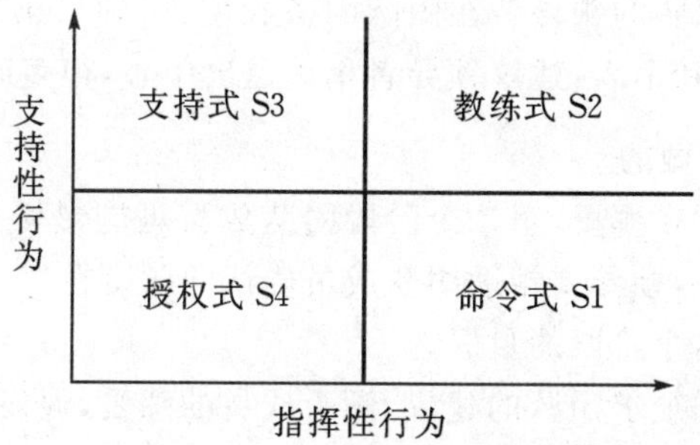

图 4－7　团队领导方法结构图

(一)命令式

命令式的领导指挥性行为偏强，而支持性行为偏弱。命令式也可叫做指挥式，用 Sl 表示。

1. 命令式领导风格的特点

(1)从行为上说，指挥得多，支持得少。他总是告诉你做什么，怎么做。

(2)从决定权来说，这个命令多半是由领导者自己做出。

(3)从沟通上来说，多半是单向的沟通方式，也就是领导者说下属听，自上而下。

(4)从监督的频率上来看，因为团队的生产力不太高，所以监督的频率也比较密。

(5)从解决问题的角度来看，命令式的领导者通常帮助团队成员解决大量的问题，

(6)命令式的领导风格适合于团队发展的第一个阶段。第一阶段的特征是生产力比较低，但士气非常高。

2. 第一阶段团队的领导者所要做的

(1)协助团队成员发现问题，这时团队成员刚刚组合在一起，还不具备自己去判断和知道问题所在的能力。

(2)设定团队成员的角色，提供明确的职责和目标。

(3)明确指导团队产生行动计划，这套行动计划需要在指导下去完善。

(4)领导者对员工，在多数情形下采取单向沟通的方式，自上而下解决问题，控制决策。要明确地告诉团队成员他所期望的工作标准，及时跟踪反馈。

(二)教练式

教练式的领导是一种双高阶段的领导模式，在这种领导模式中指挥性行为和支持性行为是并重的。教练式的领导恰好对应的是团队发展的第二个阶段，用 S2 表示。

1. 教练式领导风格的特点

(1)从行为上来看,是双高的,高指挥、高支持。

(2)从决策权来看,领导是在征求意见以后再做决定。

(3)从沟通上来说,是一种双向交流,并且提供反馈。

(4)从监督上来说,相对比第一阶段的次数要少。但因为第二阶段冲突不断,建议监督的频率还要维持在一定的范围内,不宜过少。

(5)从解决问题方面来看,建议领导者稍稍退出来一点,当团队成员认为比较困难时,才帮他解决。

(6)如果说第一阶段团队的领导者在团队的核心位置,到了第二个阶段,因为团队成员对于领导权已经产生了怀疑和不满,建议领导者稍稍退出中心,很多问题可以征求下属的意见。

2. 教练式的领导所要做的

(1)应确认团队的问题在哪里,第二个阶段团队成员可能慢慢会知道问题在哪里,但是不确定,这就是主要问题所在,领导要帮助团队成员确认问题所在。

(2)要帮助团队设定这个阶段的目标。

(3)说明决策的理由并征求团队的建议,倾听成员的感受,促发大家的创意。

(4)支持和赞美团队的发展、进程。

(5)做最后的决定,并继续指导任务的完成。

(三)支持式

支持式的领导方式是一种高支持、低指挥的领导方式,用 S3 表示。支持式的领导适应团队发展的第三个阶段,生产力较高,而士气处于波动的状态,正需要支持。

1. 支持式领导风格的特点

(1)从决策权来说,和前两个阶段有所不同,决定权已经慢慢向团队成员过渡。

(2)从沟通上来说,领导者是多问少说,并且经常反馈,多听大家的意见。

(3)建议在这个时期监督次数要减少,因为团队已经发展到一个比较高的水平。

2. 支持式的领导所要做的

(1)领导要让下属参与到问题的确认和目标的设定当中来。

(2)应多问少说,听听下属的意见,激励下属共同承担责任。

(3)必要时提供一些资源、意见和保证。

(4)领导和下属要共同参与决策的制定,分享决策权。

支持式的领导者尽可能在下属无计可施的时候才出面,即便是复杂的问题你要让团队成员自己试试看,否则的话会养成依赖的心理。

(四)授权式

授权式的领导指挥性行为比较少,而支持性行为也比较少,是一种双低的领导行为,用 S4 表示。对于一个发展到第四阶段的团队来说,授权式的领导方式是受迎的。第四阶段生产力已经很高,你不需要指挥他,面对一个士气相对比较稳定的员工,也不需要过多的激励。

1. 授权式领导方式的特点

(1)从行为上来说,是少指挥,少支持。

(2)从决定权来说,已经完全下放,但任何时候目标的最终决定权都在领导身上。

(3)从沟通上来说,也是一种双向的交流,并及时提供反馈。

(4)从监督上来说,要尽可能少。

(5)从解决问题上来说,鼓励团队成员自己解决。

(6)通过授权式的领导,团队真正实现了分担领导权,团队可以做到集思广益,达到真正的高绩效。

2. 授权式领导者需要做的

(1)跟下属共同界定问题,共定目标,下属参与的程度更高一些。

(2)行动计划由下属自己来做。

(3)鼓励下属挑战高难度的工作。

(4)酬劳你的团队,要给他们适当的认可和奖励,提供团队成员成为他人良师的机会。

(5)定期检查和跟踪团队的绩效。

通过图 4－7 我们可以看到,领导方式有四种:命令、教练、支持和授权。团队发展有四个阶段:第一、第二、第三和第四。在每种领导方式和团队发展的每一个阶段之间,都可以很容易地给它们画上一个连接符,用命令式的领导方式指导第一阶段的团队,用教练式的领导方式指导第二阶段的团队,用支持式的领导方式指导第三阶段的团队,用授权式的领导方式来指导第四阶段的团队。

每一种领导方式和每一个团队发展阶段之间都是一一对应的关系,这便于我们去理解用什么样的领导方式来指导团队的进展。

这一节主要讨论的问题有以下三个方面。

(1)衡量团队发展的两个尺度:一个是生产力,一个是团队的士气。

(2)领导者的两种行为:一个是指挥性的行为,一个是支持性的行为。

(3)四种不同的领导方法:命令式、教练式、支持式和授权式。我们要针对团队发展的不同阶段采取不同的领导方法,用 S1 来指导第一,用 S4 来指导第四。

第五节　人员奖惩机制

科学合理的奖惩机制包括绩效考评体系、薪酬体系、培训体系以及公司基本规章制度。

一、切实可行的绩效考评体系

这是企业实行奖惩的前提。

绩效考评体系应根据公司的发展,科学地设置机构和岗位,明确各岗位的职责,进行岗位评价,然后根据岗位描述进行绩效考评。绩效考评主要是用一定的量化标准对人作出的业绩和效果进行衡量。它是一项经常性的工作,每年对于员工考评两次。绩效考评的第一步就要确定绩效考评指标体系。可以采用平衡计分卡的理念来设计绩效考评指标体系。在每年的年初和年中,管理者会辅助员工根据其业务的特色来设定半年的工作目标,将公司年度目标、部门年度目标和个人目标紧密联系,使每位员工清楚地了解自己工作重心,也能使管理团队能够更加客观和公正地来评判每位员工的工作表现。

从心理学角度分析,以工作对人的思想适应程度要求而言,可分为舒适区、发展区和潜能区。相对于工作的完成标准,舒适区是具备职责所要求的技能,轻松完成,即完成基本目标;发展区是在完成基本目标的基础上,稍有发展;潜能区是指创造性地超额完成任务。就人的本性而言,大家都愿意在舒适区工作,没有压力,不用费力,而最不愿意的就是在潜能区工作,而绩效考评就是通过竞争把大家从舒适区调动到潜能区工作。

基本目标是绩效考评的最低要求。在设置基本目标的基础上,设置达标与超标的立项。部门主要业务中,对具有成长性的项目,根据"跳起来摘桃子"的原则,采取达标与超标相结合的办法进行立项。在发展区设定基本工作目标,分值占 70%,任务全部完成方能得分;在潜能区设超标计分标准,分值占 30%,按照任务完成量计分。这样,使被考评者保持"跳起来摘桃子"的工作状态,使其能力的发挥从舒适区转向潜能区。在制定绩效考核机制时,要充分体现目标任务的科学性。指标定得太低,使员工觉得无需努力,唾手可得。就会失去了考核的意义,达不到竞争的目的,也推动不了工作;而指标太高,又会让员工感到望尘莫及,因无法完成而放弃,起不到激励的作用。如果目标定的程度超过了员工的实际能力,可能会导致破坏性伤害,比如员工的自信心受损而离开公司。因此,考核的指标要与工作实际能力相结合,既要有一定高度和难度。同时也让员工感到通过努力,勤奋工作,是可以实现目标的。

二、建立科学合理的薪酬体系

这是企业最基本的奖惩手段。薪酬是包括工资和福利在内的劳动报酬的总称。建立科学合理的企业薪酬制度,关系到企业内部员工积极性能否充分发挥,关系到企业能否留住人才,保持人才优势,从而关系到企业在社会竞争中的生死存亡。

一个科学合理的薪酬体系,可以降低人员流动率,特别是防止高级人才的流失,吸引高级人才,减少内部矛盾。同时,合理的薪酬体系应能满足职工的生存需要和发展需要。

薪酬与岗位、责任大小、业绩优劣等密切挂钩。通过薪酬的差距及浮动实施奖惩。企业经营者可以根据其掌管的资产大小、收益状况实行年薪制,把企业效益与个人经济上、职业上的风险联系起来。完善的薪酬分配体现了 80/20 法则,即向企业 20%的核心员工倾斜,有效体现薪酬的奖励职能。

合理的薪酬体现以人为本的理念。

(一)充分体现以人为本的理念

薪酬设计中除了固定工资,法律规定的各种基本社会福利,还为员工提供饭补、交通补贴等。对于一些特殊职位的员工,根据其业务特点,提供一些额外的补贴金,以照顾到员工的需求。

(二)体现公平、合理、科学的薪酬分配原则

利用最先进的评估方法,核定不同职位的劳动量,并由此核定按劳付酬的数量,为不同的岗位设定不同的薪资范围。此外,坚持把员工的绩效与奖金紧密结合,员工对于公司的贡献越大,他的奖金积点就越高。以此充分调动员工的积极性、创造性,使企业取得最大的经济效益。

三、灵活多变的奖励机制

这是企业实行奖惩的重要手段。除了通过绩效考评和薪酬体系之外,还要实施多样化的激励措施。

在公司范围内,进行年度优秀员工评选。每年会评估各个部门员工的贡献度,通过绩效成

绩评估，全民网上投票的形式选出员工心目中的最佳员工，并在年度大会上进行公开表彰。

在线奖品兑换。除了年度优秀员工评选和半年度的评选外，为了更有效地对员工进行激励，对于有特别贡献的员工也会进行表彰。对于所有被表彰的员工，都会给予一定的积分，并且可以进行累计。积分越高，奖品的价值越高。以这种形式促进在职员工充分地发挥其才能和智慧。

内部晋升机会。晋升职务的奖励作用是多方面的。首先它标志着个人能力得到展现并被认可，能够增强员工的自信心；其次使个人在组织及社会上的地位很高，带来极大的心理满足；第三是职务晋升意味着薪酬和待遇的提高，能给自己和家人带来更多的实惠；第四是推动了实现个人价值的过程，为实现自身价值提供了一个更高的起点。为了保证晋升职务的客观性和公正性，严格遵循以下两个原则：一是必须建立在严格考核的基础上，晋升者必须有出色的业绩，并有承担所任岗位的能力；二是晋升职务的激励作用必须是双向的，既能激励其本人，同时对组织的其他成员也起到激励作用。晋升职务的人选要令人心服口服，这样才能充分地调动晋升者和其他员工两方面的积极性。

四、纪律与处分——必要的负激励措施

所谓负激励，是指当组织成员的行为不符合组织目标或社会需要时，组织将给予惩罚或批评，使之减弱和消退，从而来抑制这种行为。为了保证呼叫中心工作的正常运营，对于违纪行为以及处罚措施进行详细的定义，并将其文档化、存储在公司的网站上使所有员工都能方便地查阅到。

五、建立以人为本的培训与发展制度

这是企业实行奖励的一个重要方面。以人为本是当今人力资源开发理论的核心精神，员工是企业最主要的资源，所有员工的培训与发展都是企业需要的。除了普通的培训与发展计划外，给予优秀或业绩出色员工特殊的培训与发展机会，使他们获得承担更高级职务所需要的知识和能力的机会，这是属于较高层次的奖励。

为员工提供了各种供个人发展的平台，给他们提供发展的舞台和空间，帮助他们实现职业梦想。同时引导这种个人目标与组织的需要相匹配。

思考题：

1. 团队建设中最具破坏力的是哪些因素？
2. 在进行团队建设时，应结合哪些因素？
3. 团队建设中，如何对待“小团体”现象？
4. 团队建设与企业文化如何结合？
5. 团队氛围如何随着企业的发展而调整？

第六节　人员考核与激励体系

一、人员的考核

（一）人员考核的目的及手段

在管理工作中，为了对员工在一定时期完成本职工作或履行职务的质量、数量、效率、效益

等情况进行评价，准确评价每位员工的工作实绩，为聘任、奖惩及调整工资、职务晋升等提供依据，定期对员工进行考核评价。如果以管理人员的思想感觉去划分评价，这样难免因个人感知不同、认同度不同等因素影响执行的公平性。采用统一的评价标准，运用数字化管理评价，就避免了这一问题。

呼叫中心应以国内呼叫中心行业及电力行业内先进模式和管理为目标，对照业内通用标准及国家电网公司规范为基准，制订“呼叫中心员工绩效管理考核方案”。通过对员工的服务速度、服务质量、客户满意度和员工效率、月度业务知识考核等指标对呼叫中心值班长、组长及客户代表各个层面进行考核评价。

(二)绩效考核原则

根据岗位的不同，考核方案的设计不同，不同岗位进行单独排队。绩效考核是保障近期绩效目标实现的手段，绩效考核总分为100分，根据设立的加分项可超过总分，但不能超过上限。

月度主要指标为：服务水平、弃呼率、员工利用率、平均电话处理时长、月度业务考试成绩和工作评价；季度主要指标为：电话服务质量、季度业务考试成绩。工作评价是对近期绩效指标之外的所有工作的考核，包括日常工作的完成情况、劳动纪律、报表统计、交办的工作等。

二、人员激励

(一)激励的定义

什么是激励，美国管理学家贝雷尔森和斯坦尼尔给激励下了如下定义：“一切内心要争取的条件、希望、愿望、动力都构成了对人的激励。它是人类活动的一种内心状态。”人的一切行动都是由某种动机引起的，动机是一种精神状态，它对人的行动起激发、推动、加强的作用。激励要全面分析、区分动机。同样的积极行为背后有不同的动机。对于员工不同的思想、工作表现、心理需求以及不同的情绪状态，采用不同的激励方式才能达到强化积极思想和行为的目的。应根据员工的实际情况，分析、判断其积极行为是在何种动机支配下产生的，想达到什么目的，再决定是否激励，在什么场合激励以及激励到什么程度。

(二)设计合理有效的激励机制

我们所制订的薪酬水平具有简洁以及相当高的透明度，建立有效的利益分配机制，确定合理的工资差别，力求使每个人的收入与他们的实际贡献相称；在利益分配上引入竞争机制，通过竞争使收入分配趋于合理化；以工资为杠杆，对业绩优秀者，加大奖励力度。只有这样，才能让员工明白他们的薪酬水平具体在哪一个阶层，知道在做好本份工作的同时怎样努力才能达到工资的提升。同时，通过工资激励，在保证员工拿到相对较高的工资的同时，仍然有一个更高的发展目标在指引着他们。为防止部门员工上进积极性不够大的现象，在配套的绩效考核的基础上，还建立合理的激励约束机制。

三、激励须遵循的原则

(一)员工激励的公平性

公平性是员工管理中一个很重要的原则，任何不公的待遇都会影响员工的工作效率和工作情绪，影响激励效果。取得同等成绩的员工，一定要获得同等层次的奖励；同理，犯同等错误的员工，也应受到同等层次的处罚。如果做不到这一点，宁可不奖励或者不处罚。在处理员工问题时，保持公平的心态，不应有任何的偏见和喜好，不能有任何不公的言语和行为。

（二）奖惩适度

建立正确的评价和激励机制，重奖重用工作优秀者。奖励和惩罚会直接影响激励效果。员工的情绪一般不容易控制，奖励过重会使员工产生骄傲和满足的情绪，失去进一步提高自己的欲望；奖励过轻会起不到激励效果，或者让员工产生不被重视的感觉。惩罚过重会让员工感到不公，或者失去对公司的认同，甚至产生怠工或破坏的情绪；惩罚过轻会让员工轻视错误的严重性，从而可能还会犯同样的错误。

四、呼叫中心员工激励的形式

中心坚持以内在激励与外在激励结合的方式激励并管理员工，秉承以人为本的管理理念，通过尊重人、关心人、理解人来凝聚员工、管理员工，充分调动员工的积极性。根据管理心理学中的“需要层次理论”，采用多种方法，从不同的层次上达到激励的目的。

（一）内在激励

良好的工作环境与氛围。为员工修建情绪发泄室、员工茶水间，并设有小冰箱、微波炉、电脑上网、书架台的时尚杂志等，为值夜班员工提供电热水器方便夜班的洗漱。坚持对员工进行企业文化的学习，通过观念的灌输帮助员工克服困难，发挥潜力，强调员工自我发展和企业发展的统一和谐。建立学习园地，进行知识交流，展板及时更新张贴、交流，互动学习。坚持开展拓展培训，注重员工团队协作意识的培养。召开员工家属座谈会，引导家属参观工作区，获得员工家属对呼叫中心工作的理解和支持，换来员工对企业的忠诚和信任。坚持开展员工生日会，送上中心精心准备的生日蛋糕和礼物，增强员工对企业的归属感。

设立合理化建议箱，为员工与中心管理层建立畅通的沟通渠道，及时掌握员工的思想动态，通过解答和落实问题打消员工的顾虑，加强团队的凝聚力和战斗力。

（二）外在激励

建立员工“发展树”，形成技能和管理两条职业晋升阶梯，为员工的职业发展拓宽道路，注重对优秀员工的职业生涯培养。从业务知识优秀者选出培训师，对其他客户代表进行业务指导及进行远程实时质量监控并分析，让她们有机会进入管理层。

通过目标激励、激发员工的工作动机，以达到调动员工积极性的目的。

运用绩效管理，建立一套适用于客户服务中心的绩效管理体系，实现绩效成绩与奖金挂钩，管理制度辅助绩效管理，做到工作奖罚分明。年度评选核心员工、月度评选优秀员工，并将其照片贴在公告栏，在工作中树标兵建立榜样作用，带动团队共同进步。

五、职业生涯

（一）职业生涯概述

职业生涯管理学说起始于20世纪60年代，直至20世纪90年代中期才传入我国。埃德加·H·沙因(Edgar H Schein)是美国最著名的职业生涯管理研究专家，他在1978年出版的《职业的有效管理》一书中首次提出职业锚的概念。对绝大多数人来说，其职业生涯都会跨越其人生中精力最充沛、知识经验日臻丰富和完善的几十年，职业已经成为其生活的重要组成部分。可以说，职业早已不再仅仅是个人谋生的手段，它还为个人创造了迎接挑战、实现自我价值的大好机会和广阔空间。

(二)职业生涯管理的作用与任务

职业生涯管理是企业人力资源管理的重要内容之一,目的是:通过员工和组织的共同努力与合作,使每个员工的生涯目标与组织发展目标相一致,使员工的发展与组织的发展相吻合。从员工的角度来看,职业生涯管理可以增强员工对职业环境的把握能力和对职业困境的控制能力;帮助员工协调好职业生活与家庭生活的关系,更好地实现人生目标;同时,企业为员工制订的职业发展计划则可以使员工充分把握机会,发挥能力,以使员工的自我价值不断提升和超越。

从企业的角度来看,职业生涯管理能够提高组织的竞争力和应变能力,减少因员工流动而带来的损失。企业关心员工职业发展,会使员工感觉到自己是企业整体计划的一部分,从而改善员工的工作态度,激发他们的士气,提高劳动生产率,使组织变得更加有效率。

1. 职业生涯管理的作用

良好的职业牛湃管理对企业主要具有三个方面的作用:

(1)可以帮助企业了解内部员工的现状、需求、能力及目标,调和它们同存在于企业现实和未来的职业机会与挑战间的矛盾。

(2)协调和统一人力资源管理中的人员选择、工作安排和能力开发等。

(3)可以为员工提供平等的就业机会,改善企业的企业文化,促进企业可持续发展

注重企业的可持续发展,在考虑组织利益的同时兼顾员工个人的发展,是现代企业的管理趋势。实际上,也只有使员工的职业生涯发展目标与组织的发展目标保持一致,将员工的职业生涯发展与组织的发展紧密地结合起来,才能真正发挥出职业生涯管理的作用,既能使员工终生受益,也让组织茁壮成长,实现两者的共同目标。

2. 职业生涯管理的主要任务

帮助员工开展职业生涯规划与开发工作。确定企业发展目标与企业需求规划。依据企业的现状、发展趋势与发展规划,明确企业的发展目标,并据此确定不同时期企业的职业发展规划与职位需求。

开展与职业生涯管理相结合的绩效评估工作。这些工作包括进行工作业绩与表现评估、工作士气调查等,并将相关资料回馈给企业或员工,配合企业发展目标与方向,晋升优秀员工,提供生涯发展路径,及早确认有潜力者,确定甄选升迁标准,使员工公平竞争。

职业生涯发展评估。应当协调员工发展职业生涯目标,并对其进行科学的评估,找出员工的优缺点及组织的优劣势,分析员工职业生涯发展的可行性。

工作与职业生涯的调适根据绩效、生涯发展的评估结果,对员工的工作或职业生涯目标做出适当的调整,使员工的工作、生活与目标密切融合。

职业生涯发展。包括各种教育与训练、工作的扩大与丰富化、责任的加重、激励措蘸等。

以上五个方面彼此之间相互联系,互相影响。在实际操作中,只有相互兼顾,才能获得最佳效果,在促进员工自我发展的同时确保企业的持续发展。

(三)职业生涯管理:呼叫中心员工职业生涯

1. 职业生涯管理

(1)对中心的发展目标进行宣传教育。通过会议、内刊、主管宣讲等方式,让员工了解企业

的发展目标。使员工对企业的目标产生认同，建立使命感，以此激发员工内在的积极性，并进而促进员工之间的了解、沟通，建立共识，为完成企业目标而共同奋斗。

(2)建立职业信息系统。职业信息系统内既包括了企业和员工的所有相关信息，也包括企业的发展战略、职业空缺、各岗位任职资格标准、晋升标准等方面的信息。

(3)设立员工职业生涯发展评估。

(4)与人力资源管理活动相配合。

(5)建立奖赏升迁制度。奖赏与升迁既是满足员工物质需求和精神需求的重要手段，也是激励员工的主要方式，并且升迁往往还是员工职业生涯发展规划中的一个主要目标。

(6)加强员工的训练与教育。对员工进行培训是为了提高员工的工作技能，主要是为了满足企业当前的工作需要；对其进行教育则是为企业培养未来所需的人才，主要是着眼于未来考虑。对于员工而言，接受训练与教育是其职业发展的重要内容之一。通过参加训练与教育，可以增进其技能、丰富其理论、转变其观念、变革其思维，进而则可促进其职业发展，使其成为有用人才，为组织做出更大的贡献。

2. 呼叫中心员工职业生涯

搭建合理的晋升阶梯，为员工的职业发展拓宽道路，满足员工个人价值被企业认同的愿望，实现员工自我实现的需要。从员工最低技能认证上岗作为基本员工要求，通过半年到一年的业务岗位专业知识培训和自我学习提高，对其进行能力评估。

专业咨询发展方向：新客户代表—熟练客户代表—业务绩效突出客户代表—咨询师。

运营管理发展方向：新客户代表—熟练客户代表—业务绩效突出客户代表—组长(负责新员工上岗指导)—值班长(负责现场管理工作)。

【案例思考】

1. 有关激励的技巧

正面的赞赏可以激励员工保持改善后的工作水平。

主管人员表示，当员工的工作水平有所改善的时候，他们都会尽量给与赞赏。但实际上，很多员工却表示就算他们工作出色，也甚少得到主管的赏识。

正面的赞赏是激励员工竭力工作的有效方法。在适当的时候，对力求进步的员工说些适当的话，员工会十分受用；相反，员工若得不到鼓励，就会大大降低工作的热诚。

2. 付出后的收获

处理员工工作表现和不良工作习惯的问题，需要付出时间。当员工有进步时，记得要及时加以适当鼓励，确保你付出时间后，能收到效果。最佳的收获，就是员工继续改进自己的工作。

3. 员工需要得到赞赏

很多时候，正在改善自己工作水平的员工知道自己的工作有进步，都希望得到别人的赞赏。如果主管一句鼓励的话都没有，员工就会觉得主管只顾找错处而不重视员工的进步，这会让员工泄气。如果员工认为主管只会挑毛病而没有鼓励，他很快就会故态复萌，回复到原来不理想的工作水平或不良的工作习惯上。

事实上，就算我们力求完美，有时也会忘了在适当的时候给与别人赞赏。我们每天都匆忙地处理日常的工作以及许多随之而来的问题，很容易忘了去赞赏工作表现好的员工。主管的工作目标往往只看“当前急务”和在限期内达成工作进度。在这样的情况下，很容易会忽视员工的进步。

你与员工讨论如何保持已改善的工作水平，对双方都有好处。只要适当地处理，就可以对员工的工作有积极的影响。赞赏员工的进步，往往能使员工保持现有水准，受到激励的员工会继续把工作做好，并且对自己更有自信。

4. 何时需要讨论

当你见到员工的工作水平或习惯有改善时，就算是轻微的改善，你也可以与员工讨论如何保持改善后的工作水平。只要员工朝正确的方向改善，就算未达到标准，也是值得维持下去的。员工的工作水平虽然不一定有重大的改进，但必须有显著的进步，而可以确实地指出。

要使讨论收到最大的效果，在发觉员工表现有改善时你就应该立刻提出讨论。这样，你就可以把员工在改善工作方面所付出的努力和你给他的赞赏有效地联结起来。当员工知道良好的工作水平会受到赞赏，他就愿意继续改进自己的工作。

你可能已发觉，员工继续改善工作表现时，你要给的积极赞赏也渐渐减少。当然，如果问题再出现你就需要和他讨论，要他回复到正常的工作水平上。如果他持续地有所改善，你只需偶尔表示赞赏，就可以使他继续改进。

5. 赞赏员工必须诚恳

由于这是一次积极的讨论，你可能想借这个机会，讨论与其他员工工作表现有关的问题。例如，你可能会认为这是个适当时机，提醒员工应该有更大的改进，或者谈些其他工作上的问题。

6. 赞赏要明确

对于工作表现有改善的员工，一般性的赞赏远不及明确地指出他们的工作改善的具体情形及其重要来得有效。试分析以下两个例子的不同之处：

“近来你的工作大有进步，我很欣赏。”

“过去两星期，你的错误率减少了 3%，我实在很欣赏，因为这样可以节省金钱、时间和原料。”

虽然第一个例子没有什么不对，但效果并不明显。第二个倒子就有效得多，它明确地说明员工改善的地方。明确的赞赏表示出主管的诚意，使员工认为“我所做的工作真是重要，的确值得赞赏”。

7. 赞赏的益处

有时你会问：“为什么要赞赏员工？他们拿薪水，就得工作。”答案很简单。你身为主管，别人是根据你及员工的工作表现来评价你，员工的工作表现就是你的工作表现。当员工的工作有所改善，你助他们一臂之力，就是帮了自己。你个人、员工、工作小组及整个机构都会因工作水平改善而获益。

8. 熟能生巧

你多与员工讨论如何保持改善后的工作水平，你也越会运用讨论技巧。最初与员工讨论时，你可能会觉得有点不自在。尤其是当你不善于赞赏别人，而员工又不习惯接受别人的赞赏时，那就更加尴尬。但是，当员工知道这是在衷心赞赏他们，而你又明白这些讨论对工作小组的成功影响甚大时，这些不自然的情形很快就会消失。

呼叫中心激励策略有 20 条可供选择，它们分别为：①必须实施的激励战略，制定反映当前公司和呼叫中心战略的组织管理严密的激励计划；②调查和提出员工所喜欢的激励方案种类；③激励要符合激励规律；④要能提高员工士气和团队精神；⑤根据情况调整激励计划；⑥为短期目标提供长期的奖励机制；⑦要有经常性的报酬奖励；⑧将奖励公开化，如将获奖者的照片张贴于表扬栏上或公司的网站上；⑨通过电子邮件、简报和企业内部网宣传获奖者的名字；⑩在特别日子颁奖；⑪跟踪报道特别、实际的成绩，并广泛宣传；⑫不定期举办实时表彰；⑬改变激励的频度、计划和价值涵义；⑭清晰地阐述实施计划和标准的原因，避免含糊不清；⑮选出2～3个在每季度进一步改变的重点目标，因为季度目标可能已经改变；⑯经常沟通；⑰允许呼叫中心主管和座席代表查看他们的表现情况；⑱薪酬、培训、升迁的激励方式要恰当选择；⑲物质激励与精神鼓励要相互配合；⑳实行结果与过程平衡的激励策略。

有效的激励对员工有什么样的作用？

参考文献

[1] (美) Bayer M. 计算机电话系统——CTI 与呼叫中心[M]. 姜晓铭,杨水超,等,译. 北京:电子工业出版社,2002.

[2] 赵溪. 客户服务导论与呼叫中心实务 [M]. 2 版. 清华大学出版社,2007.

[3] 武洪明,许湘岳. 职业沟通教程[M]. 北京:人民出版社,2011.

[4] 王可任,张翠玲. 呼叫中心接线员培训手册[M]. 北京:人民邮电出版社,2009.

[5] 赵溪. 呼叫中心运营与管理[M]. 北京:清华大学出版社,2010.

[6] 方位津. 实用口才训练教程[M]. 3 版. 北京:首都经济贸易大学出版社,2009.

[7] 北京应用技术大学. 呼叫中心基础知识及发音训练[M]. 北京:外语教学与研究出版社,2011.

[8] 邓泽民. 沟通能力训练[M]. 北京:科学出版社,2010.

[9] 陈桃源,朱晓蓉. 职场沟通与交流能力训练教程[M]. 北京:高等教育出版社,2011.

[10] 杨红兵. 呼叫中心人力资源管理[M]. 成都:成都时代出版社,2011.

[11] 刘宇. 呼叫中心座席员培训教程[M]. 北京:人民邮电出版社,2009.

[12] 重庆市电力公司. 95598 电力客服中心呼叫中心运营管理手册[M]. 北京:中国电力出版社,2007.

[13] 曹倩. 呼叫中心职业素质及职业生涯规划[M]. 北京:清华大学出版社,2013.

[14] 陈岩,姚琼魏. 呼叫中心管理[M]. 北京:经济管理出版社,2003.

[15] 张立平. 职业教育与职业培训双支撑下的人才培养模式探究——以呼叫中心人才培养模式的改革与实践为例[J]. 职业技术教育,2010. 10

[16] 宫冠英. 呼叫中心实训教程[M]. 北京:清华大学出版社,2011

[17] 杜丽芳. 基于 CRM 的呼叫中心的运营管理[J]. 中国市场,2010(52)

[18] 庞鸿藻. 略论呼叫中心运营战略管理及绩效评估[J]. 现代财经,2008(05).

[20] 顺丰内部培训部. 客户代表工作手册. 顺丰速递,2009.

[21] 中国就业培训技术指导中心. 呼叫服务师[M]. 北京:中国劳动社会保障出版社,2009.

[22] 中国电信. 10000 号客服代表营销服务专业知识及技能. 中国电信内部培训教材,2007.

[23] 客户世界网站. http://www. ccmw. net.

[24] CIT 论坛. http://www. ctiforum. com.

[25] 呼叫中心世界网. http://www. ccwchinese. com.

[26] 企业网. http://www. d1net. com.

[27] 中国服务外包网. http://chinasourcing. mofcom. gov. cn.

[28] 呼叫中心与 BPO 行业资讯网. http://www. 51callcenter. com.

[29] 呼叫中心协会. http://www. cncba. org.

[30] 呼叫中心管理与外包学院. http://www. ccmuchina. com.